高等院校互联网+新形态教材·经管系列(二维码版)

商业银行经营学
理论、实务与案例(微课版)

黄 莉 曹 明 主 编

清华大学出版社
北京

内 容 简 介

在开放性大学背景下，线上线下混合式授课模式蔚然成风，然而与之相配套的线下教材与线上授课视频却比较缺乏。编写本书配套课程视频(随书附)，旨在结合大量通俗易懂的实务、案例来普及商业银行基本知识与基本理论，重点展现 2015 年利率市场化后商业银行经营管理的变化与商业银行数字化转型内容。本书的特点可概括为"实用、有趣、新颖"。除了 9 章的银行基本理论与知识点外，本书还涵盖了通俗易懂的 35 个银行实务案例、18 个银行知识窗、13 个银行财商典型实例。其中，每章节都融入银行金融知识点与银行课程思政内容。笔者将近十年商业银行课程所积累的教学经验与实践经验汇集于本书。此外，本书还是践行本课程教育实验的一个成果。希望使"应用型本科院校"金融投资或相关经济管理专业的本科生以及"金融经济小白"的社会人士，都能轻松掌握银行的基本知识与基本理论，熟悉现代商业银行的主要业务，把握银行的最新发展趋势，并形成一定的银行财商思维以有效地服务于当下及未来的理财与工作生活实践。

图书在版编目(CIP)数据

商业银行经营学：理论、实务与案例：微课版/黄莉，曹明主编. —北京：清华大学出版社，2021.7(2025.1 重印)
高等院校互联网+新形态教材. 经管系列：二维码版
ISBN 978-7-302-57816-1

Ⅰ. ①商… Ⅱ. ①黄… ②曹… Ⅲ. ①商业银行—经营管理—高等学校—教材 Ⅳ. ①F830.33

中国版本图书馆 CIP 数据核字(2021)第 055707 号

责任编辑：梁媛媛
封面设计：李　坤
责任校对：王明明
责任印制：杨　艳

出版发行：清华大学出版社
　　　　　网　　　址：https://www.tup.com.cn, https://www.wqxuetang.com
　　　　　地　　　址：北京清华大学学研大厦 A 座　　　　邮　　编：100084
　　　　　社 总 机：010-83470000　　　　　　　　　　邮　　购：010-62786544
　　　　　投稿与读者服务：010-62776969, c-service@tup.tsinghua.edu.cn
　　　　　质量反馈：010-62772015, zhiliang@tup.tsinghua.edu.cn
　　　　　课件下载：https://www.tup.com.cn, 010-62791865
印 装 者：三河市天利华印刷装订有限公司
经　　销：全国新华书店
开　　本：185mm×260mm　　　　　印　张：14.5　　字　数：350 千字
版　　次：2021 年 8 月第 1 版　　　印　次：2025 年 1 月第 5 次印刷
定　　价：49.00 元

产品编号：086226-01

前　言

在开放性大学背景下，线上线下混合式授课模式蔚然成风，然而与之相配套的线下教材与线上授课视频却比较缺乏。编写本书配套课程视频(随书附)，旨在结合大量通俗易懂的实务、案例来普及商业银行基本知识与基本理论。除了 9 章的银行基本理论与知识点外，本书还涵盖通俗易懂的 35 个银行实务案例、18 个银行知识窗、13 个银行财商典型实例。其中，每章节都融入银行金融科技知识点与银行课程思政内容。

本书共 9 章，在基本、常规化理论框架下，编写重点展现了 2015 年利率市场化后商业银行经营管理的变化与商业银行数字化转型的内容。本书的特点可概括为"实用、有趣、新颖"。实用主要表现为本书的体系既基本按照传统的商业银行经营管理教材的体系编写，又做了一定的调整，对纯理论的内容尽量删减，同时充实与强化实务性强、与现实社会经济联系密切又具有较强可操作性的内容；有趣则体现在本书各章设置实务案例、知识窗与财商小剧场，这一方面可以拓宽读者的知识面，另一方面可以增强本书的知识性、趣味性与生动性；新颖主要是对于原有学科体系中部分已经发生较大变化的内容及时给予更新。此外，为方便教学，各章均设有本章提要、学习目标、开篇阅读(案例)与思考、本章小结、练习与思考(大部分经典习题选自历年银行从业资格考试)等板块，以帮助读者加深对内容的理解、消化与吸收。

本书由厦门理工学院黄莉老师担任第一主编，拟定写作提纲并负责全书的总撰、统稿及润色；厦门理工学院曹明老师担任第二主编，参与各章节的统稿。同时，本书是践行本课程教育实验的一个成果，即本书前面各章节的资料收集与基本内容采编是由黄莉老师授课班级部分学生参与，尽管受限于专业基础与写作经验，但学生团队在辅助本书前期编写过程中付出了艰辛的努力，体现了应有的专业素养。他们分别是万羽乐、王燕珊、朱立杏、刘淳、朱璟熙、陈少荣、陈林、张诗雅、李昱萱、苏晓雯、苏烨琳、张晨晨、沈舒凡、张翼腾、周芷依、周依倩、郑凌云、侯梓菁、唐围、郭丽诗、郭钰莹、曹毓铄、谢紫萱。(按姓氏笔画排序，排名不分先后)

本书在编写期间得到厦门理工学院领导、教研室同人及清华大学出版社的大力支持与帮助，在此表示衷心感谢。笔者将近十年商业银行课程所积累的教学经验与实践经验汇集于本书。希望使"应用型本科院校"金融投资或相关经济管理专业的本科生，以及"金融经济小白"的社会人士，都能轻松掌握银行的基本知识与基本理论，熟悉现代商业银行的主要业务，把握银行的最新发展趋势，并形成一定的银行财商思维以有效地服务于当下及未来的理财与工作生活实践。

2019 年，习近平总书记再次强调"金融活，经济活；金融稳，经济稳"。商业银行是金融体系的核心。因此，在我国结构转型攻坚时期，商业银行面临转型带来的新现象与新问题，这对本书银行实务案例的补充具有一定的挑战性，不妥之处在所难免，恳请各位专家及广大读者批评、指正。

编　者

目录

Contents

第一章　商业银行导言

【本章提要】

　　传统商业银行的业务主要集中在经营存款和贷款方面，在消费者金融消费过程中发挥着信用中介与支付中介的基本职能。但伴随着人工智能、区块链、云计算、大数据、移动互联、物联网及其他还没有商用的前沿技术的发展，拥有这些金融科技技术的科技公司，有机会取代原有商业银行的金融中介地位。早在 1994 年比尔·盖茨提出震撼宣言"金融服务是必要的，但银行却不是必要的"。因此，商业银行应该拥抱金融科技，让金融科技渗透到现实商业银行的经营场景及经营决策中以避免被金融科技公司取代。本章在着重阐述商业银行发展历程、性质、职能、组织结构及制度的基础上，介绍了金融科技在商业银行经营场景与经营决策中的应用。

【学习目标】

- 熟悉并掌握商业银行的发展历程、性质、经营目标及职能。
- 了解商业银行的组织结构及制度。
- 了解金融科技在商业银行经营场景与经营决策中的应用。
- 构建逻辑、辩证与批判等科学思维。理解金融科技的哲学基础与金融科技为民要义，树立与时俱进、终身学习的理念；同时，充分理解党和国家"构筑人类利益共同体、命运共同体和责任共同体"的战略意义。

 开篇阅读与思考

金融的学科体系——现代金融系统中的商业银行经营学

　　金融的学科体系如表 1-1 所示。

表 1-1　金融的学科体系

宏观金融分析	微观金融分析	
重点讨论：货币供求均衡、金融经济关系、通货膨胀与通货紧缩、金融危机、金融体系与金融制度、货币政策与金融宏观调控、国际金融体系等问题	金融决策分析：主要研究金融主体投融资决策行为及其规律	金融中介分析：主要研究金融中介机构的组织、管理和经营

续表

宏观金融分析	微观金融分析	
主要分支学科包括中央银行学、货币政策分析、金融监管学、国际金融学等	主要分支学科包括金融市场学、证券投资学、公司财务学、金融工程学、金融风险管理、金融资产定价等	主要分支学科包括投资银行学、商业银行经营学、保险学、微观银行学等

(资料来源：庄毓敏. 商业银行业务与经营[M]. 5 版. 北京：中国人民大学出版社，2008.)

问题分析

商业银行与投资银行是什么关系？

第一节　商业银行发展历程

课前思考

　　商业银行的起源是什么？商业银行的发展趋势是什么？什么是混业经营投行化道路？

一、商业银行的起源与发展

　　从历史角度来看，银行起源于意大利，取自意大利语 Banca 或 Banco 的英文 Bank(银行)，原意是指存放钱财的柜子，后来泛指专门从事存贷款与办理汇兑结算业务的金融机构。中文"银行"是指专门从事货币信用业务的机构。由于优越的地理环境和较快发展的社会生产力，14—15 世纪欧洲不同国家与地区间的商业往来日益密切，但受限于封建割据，货币的名称与成色在不同国家与地区之间存在较大差异。因此，货币兑换商的出现实现了跨国跨地区商品的交换。此后，17 世纪资本主义经济发展与国际贸易规模的进一步扩大，促进了英国经济蓬勃发展的同时，基于经济对金融的助推作用，亦促成最早资本主义股份制银行——英格兰银行的产生，这意味着现代商业银行业逐步形成。

　　现代商业银行的雏形是资本主义商业银行，是资本主义生产方式的产物，主要通过以下两条路径产生。

　　第一条路径是旧的高利贷性质的私人银行转型成为现代商业银行。随着资本主义生产关系的建立，高利贷银行因利息过高影响资本家的利润，面临着贷款需求锐减的困境和关闭的威胁。因此，顺应时代的变化，高利贷银行逐步降低贷款利率，最后转型为资本主义商业银行，如西欧由金匠转化而来的旧式银行主要是通过这条路径逐步转型的。

　　第二条路径是资本主义时期以股份公司形式构建现代商业银行。基于资本主义企业组织原则建立起来的股份制银行，一般规模庞大、资本雄厚与利息较低，满足了资本家利润的需求。大多数商业银行是按这条路径构建现代商业银行的，这在最早建立资本主义制度的英国表现尤为明显，如英格兰银行。自英格兰银行成立之后，欧洲各资本主义国家都先后成立了资本主义商业银行。

与西方资本主义商业银行相比，我国银行起步较晚，较早的记载可追溯到南北朝时期的寺庙典当业。而我国近代银行业是在 19 世纪中叶西方资本主义商业银行入侵我国后才开始兴起的，它以 1897 年上海成立的中国通商银行为标志。

尽管各国商业银行形成的条件与时间点不一致，但其发展基本上都是遵循英国式融通短期资金模式与德国式综合银行模式。历史演进到现代商业银行阶段，德国式综合银行模式发展为商业银行与投资银行混业经营的模式，即全能银行模式。

二、商业银行的发展趋势

从 12 世纪圣殿骑士团、意大利银行业，到 16 世纪荷兰股票证券票据市场，再到 17—18 世纪之后英法银行体系和 20 世纪美国的"金融立国"。历史是一个路径相依的过程。现代欧美金融市场逐步形成以银行为中心、分权制衡的 "银行货币信用体系"。在这样一个路径相依的历程中，现代商业银行业经历了与投资银行业的三段分合历程。

第一阶段是 20 世纪 30 年代之前，现代商业银行与投资银行混业经营。此阶段西方经济持续繁荣促使资本市场繁荣，商业银行频频涉足投资银行业务。同时，各国政府对证券业缺少有效的法律和监管，这些都为 1929 年至 1933 年的经济危机埋下了祸根。

第二阶段是 20 世纪 30—70 年代，现代商业银行与投资银行分业经营。此阶段我们以世界经济金融中心的美国为例，美国国会通过了《格拉斯—斯蒂格尔法案》，严格禁止商业银行从事投资银行业务，实行商业银行与投资银行分业管理，把货币市场和资本市场人为地分割开来。以美国为代表的西方国家，坚持商业银行分业经营管理模式近半个世纪。

第三阶段是 20 世纪 80 年代以来，现代商业银行与投资银行混业经营。此阶段经历了金融自由化浪潮、技术工具的革新、金融衍生工具创新与发展以及政府在金融管制方面的创新，西方商业银行逐渐摆脱分业管制的束缚，走上了混业经营的投行化道路。其中，英国与日本分别在 1986 年与 1998 年进行了"大爆炸"式的金融改革，突破了传统分业管理的条条框框，实行了全能银行体制。1999 年 11 月美国颁布了《金融现代化法案》，废除了主宰美国银行体制多年的《格拉斯—斯蒂格尔法案》。

尽管 2015 年新修订的《中华人民共和国商业银行法》(以下简称《商业银行法》)并未放开商业银行从事投资银行业务，但是在国际金融市场资产呈现资本化、证券化及基金化特点的背景下，我们可以预见未来中国商业银行必将融入国际金融市场，走上混业经营的投行化道路。现实亦是如此，中国很多商业银行已经跑马圈地似地纷纷直接或间接控股投资银行，名正言顺地开展投资银行业务。例如，2015 年 3 月 11 日兴业银行正式发文表示兴业银行控股子公司兴业国际信托有限公司持有华福证券有限责任公司 4.35% 的股权。2015 年 5 月 20 日《第一财经日报》报道交通银行控股收购巴西银行，据公开资料巴西银行具备巴西多功能银行全业务牌照，核心业务板块主要包括公司信贷、私人银行和金融市场三大类。

知识窗

分业经营与混业经营之优劣分析

分业经营的优点：限制商业银行从事证券交易，使其存款不易通过证券投资进入风险极大的股市中，以有效降低银行运行风险；限制商业银行同时从事投资银行业务，避免银行就与其存在资金往来企业的内部财务情况等内幕信息提前作出反应，从而获取利润，但这违背了市场"公平、公正、公开"的原则；促进专业分工，表现为商业银行专注于信贷业务，投资银行专注于投资业务，各司其职，有利于其深入挖掘自身业务优势，形成专业化发展模式；除此之外，其客观上可以降低金融机构风险和被市场淘汰的概率，以弱化金融机构间的竞争。但分业经营亦存在很大不足，即其对于商业银行业务的限制，制约了本国银行业的国际竞争力的发展。

分业经营的优点是混业经营的弊端，它易产生不公平的内幕交易，同时不利于一国金融监管当局履行监管职责。而分业经营的弊端恰恰是混业经营的优点，它有利于银行业充分利用其资源实现规模效益、降低运营成本、扩大利润来源；同时有利于降低投资银行业务风险促进其业务发展，有助于银行扩大业务经营范围以加剧竞争、提高国际综合竞争力。

综合来看，两种经营模式优劣互补并没有明显的好坏之分，现代商业银行业与投资银行业分分合合的现状亦证明这一点。一个国家选择混业经营模式需要考量本国经济状况，即在安全与效率两要素之间选择与制衡。

第二节　商业银行概述

课前案例

厦门农商银行"蔡塘模式" 助力厦门城中村改造

所谓"蔡塘模式"是指蔡塘社区以全社入股的方式建起了蔡塘社区发展中心，厦门农商银行为其提供 3 亿元贷款支持，并量身定制直接分配到个人的"专款专用、分期使用、利率优惠"的专属金融服务方案。通过在该行获得分期贷款完成入股资金筹集，社区居民家庭资产 70 多万元，每年可获分红 3 万元。

据了解，蔡塘是厦门农商银行建立的首批信用社区，所谓信用社区，是指社区居民整体拥有良好信用记录，居民有诚信意识，共同营造具有良好信用环境的社区。信用环境提升有利于社区居民融资等金融活动。蔡塘社区十多年来没有一个居民出现不良贷款记录。为解决被征地人员参加基本养老保险意愿而资金缺乏的困难，厦门农商银行推出"老无忧"社保贷款。银行提供较优惠贷款利率，按户发放。此外厦门农商银行还推出了"富民安置工程"置业贷款等为保障民生而提供的具有地域特色的信贷产品。"融资贵、融资难"一直是困扰企业的大问题之一。为了帮助创业者实现梦想，厦门农商银行从三个维度入手，为创业者提供资金支持：一是与厦门市妇联合作，推出妇女创业贴息贷款，借助金融产品服务提高妇女自身创业能力，截至 2014 年 9 月 7 日已累计发放妇女创业贷款金额达 4075 万元，惠及妇女创业者近千名；二是与厦门市团委合作推出青年创业小额贷款，为创业青年提供配套金融服务，截至 2014 年 9 月 7 日已累计发放此项贷款金额 2.8 亿元，惠及创业青年 1000 余人；三是与厦门市人力资源与社会保障局合作，作为厦门市小额担保贷款主办银行，推出失业人员小额担保贷款，2014 年 9 月 7 日已累计发放金额达 2 亿元，帮助 1000 余名失业人员通过创业实现脱贫梦致富想。

(资料来源：人民网-福建频道，2014 年 9 月 7 日)

问题分析

1. "蔡塘模式"中商业银行发挥了什么职能，如何实现银行经营目标与蔡塘发展的双赢？

2. "蔡塘模式"中商业银行为何愿意与妇联、团委、人力资源与社会保障局协同合作？进一步思考，商业银行在其他业务开展场景中还会与哪些机构合作？商业银行同业间是否也存在"开放、合作、共赢"？

现代商业银行在国民经济中居于重要地位，它对整个社会经济活动产生显著影响。一方面，商业银行是整个国民经济活动的中枢，是社会主体经济业务往来的金融中介机构，其中，结算业务可以加速社会资金流转、提高资金使用效率，并给企业的经济活动和居民日常生活带来极大便利；另一方面，商业银行对全社会货币供给具有重要影响，它可以大量吸收活期存款并利用贷款派生存款，从而影响社会货币供给规模。除此之外，商业银行已成为社会经济活动的信息中心，它可以为社会经济主体提供业务咨询服务，可以调整产业结构、产品结构及国民经济中其他各项重要比例关系，从而实现经济稳定持续发展。

一、商业银行的性质

2015年新修订的《商业银行法》规定：商业银行是指依照该法和《中华人民共和国公司法》设立的吸收公众存款、发放贷款、办理结算等业务的企业法人。结合商业银行的发展历程，其性质是以追求利润最大化为目标，以金融资产和负债为对象，全能化多职能的金融企业，简单来讲其具有企业性与特殊性。

企业性是指与一般工商企业一样，商业银行具有现代企业的基本特征，即拥有从事业务经营所需自有资金，需独立核算、自负盈亏，亦需要把追求利润最大化作为经营目标，这是商业银行产生和发展的基本前提与其经营的内在动力。特殊性是指与一般工商企业有所不同，商业银行是特殊企业。主要表现：一是商业银行经营对象和内容具有特殊性。一般工商企业以物质产品和服务为经营对象以从事产品生产和流通业务，而商业银行以金融资产和负债为经营对象以经营货币和货币资本业务。二是商业银行对整个社会经济的重要性和其受整个社会经济的影响具有特殊性。特别是如果商业银行倒闭对整个社会经济的影响远大于任何企业，而其受整个社会经济影响也较任何实体企业更显著。三是商业银行责任具有特殊性。一般工商企业只对股东和使用自己产品客户负责，而商业银行除了对股东和客户负责之外，还必须对整个社会经济负责。

除此之外，有别于国家的中央银行、银保监、中国银行业协会及政策性银行，商业银行是特殊的金融企业。中央银行、银保监、中国银行业协会分别对应实施政策制定、监督管理及协同辅助等职责，它们都不以营利为经营目标，不对客户办理具体信贷业务；而政策性银行是指由政府创立，以贯彻政府经济政策为目标，在特定领域直接或间接地从事政策性融资活动，不以营利为目的的专业性金融机构，其充当政府发展经济、促进社会进步、进行宏观经济管理工具。例如，1994年我国设立了国家开发银行、中国进出口银行、中国农业发展银行三大政策性银行，均直属国务院领导。2015年3月国务院明确国开行定位为开发性金融机构，从政策性银行序列中剥离。但目前银监会在统计口径中仍将国家开发银行与政策性银行并列统计。

二、商业银行的经营目标

结合商业银行的性质，商业银行的经营目标归纳起来是安全性与流动性下的效益性最大化，简单来讲就是"三性"，即安全性、流动性、营利性。

安全性目标指商业银行应努力避免各种不确定因素对自身影响，以保证商业银行的稳健经营和发展。商业银行之所以必须坚持安全性目标，主要是因为其特殊性。流动性目标指商业银行能够随时满足客户提现和必要贷款需求的支付能力，包括资产流动性和负债流动性两重含义。其中，资产流动性指资产在不发生损失情况下迅速变现的能力，既包括速动资产数量，又包括速动资产不足时其他资产在不发生损失情况下转变为速动资产的能力。营利性目标指商业银行经营活动的最终目标，这一目标要求商业银行以追求银行盈利最大化为其经营管理第一要义，即利润最大化。

三、商业银行的职能

商业银行在现代经济活动中发挥的职能主要有信用中介、支付中介、信用创造、金融服务、调节经济与风险管理六项。其中，信用中介与支付中介是商业银行的两项基本职能，其他职能是在这两项基本职能的基础上衍生而来的。商业银行在发挥其职能服务于消费者金融消费时，其与资金需求者和资金供给者之间分别形成债务债权关系，即间接融资。

(一)基本职能

商业银行的基本职能包括信用中介职能与支付中介职能。

信用中介职能是商业银行最基本也最能反映其经营活动特征的职能，其实质是指商业银行通过负债业务，把社会上的各种闲散货币资金集中到银行，再通过资产业务，把它投向社会经济各部门。商业银行在发挥这一信用中介职能时，作为货币资本的贷出者和借入者实现货币资本的融通，实现资本盈余与短缺之间的调剂，不改变货币资本的所有权，改变的只是其使用权。

支付中介职能是商业银行利用活期存款账户，为客户办理各种货币结算、货币收付、货币兑换和转移资金等货币经营业务的职能。它有两个明显的作用：一是使商业银行持续拥有比较稳定的廉价资本来源；二是可节约社会流通费用与增加生产资本投入。从历史上看，商业银行的支付中介职能要早于信用中介职能。

现代商业银行所提供的转账结算、支付汇兑等服务主要是面向其存贷款客户，因而支付中介职能就要以信用中介职能为存在前提；而支付中介职能发挥得好，又能促进银行存贷款业务的扩大，使银行信用中介功能得到更充分的展现。例如，2015 年后被金融消费者广泛使用的第三方支付平台如支付宝、微信等的出现，不仅不会弱化商业银行信用中介与支付中介职能，反而会增强这两项职能。这主要是因为客户选择余额宝、理财通进行货币资金管理的前提是必须在商业银行开立活期存款账户，此时商业银行仍发挥着信用中介与支付中介的职能。

(二)信用创造职能

信用创造职能又称货币创造职能，是在支付中介和信用中介职能的基础上产生的。它是指商业银行通过吸收活期存款、发放贷款以及从事投资业务衍生出更多存款货币，从而扩大社会货币供给量。信用创造是商业银行的特殊职能，这一职能是在信用中介职能得以发挥的基础上派生而来的。商业银行以外的金融机构不具有这一职能。

商业银行形成数倍于原始存款的派生存款是有前提条件的，即扣除上缴中央银行的法定存款准备金后，在支票流通和转账结算基础上存款不提现以实现原始存款扩张。其中，存款准备金率降低，可极大地促进派生存款的产生。例如，2020 年 3 月 16 日中国人民银行实施普惠金融定向降准，对普惠金融领域贷款占比考核达标银行给予 0.5 个或 1.5 个百分点的存款准备金率优惠，并对此次考核中得到 0.5 个百分点存款准备金率优惠的股份制商业银行额外降准 1 个百分点。

(三)金融服务职能

金融服务职能是商业银行利用其在充当信用中介和支付中介过程中所获得的大量信息为客户提供其他金融服务，即担保、信托、租赁、保管、咨询、经纪、代理融通等业务。商业银行作为支付中介和信用中介，同国民经济各部门、单位以及个人发生多方面经济业务。因此，金融服务职能是从支付中介职能和信用中介职能中派生而来的。

伴随人工智能、区块链、云计算、大数据、移动互联、物联网及其他还没有商用的前沿技术的发展，商业银行金融服务职能正在发挥着越来越大的作用，使整个商业银行业发生了革命性变化，推动了"电子银行""网上银行""移动银行""数字银行""开放银行""远程银行"业务的发展。例如，2018 年 7 月浦发银行"API Bank"发布会率先提出"开放银行"发展理念及业务形态。

(四)调节经济职能

调节经济职能是商业银行通过其信用中介活动调剂社会各部门间资金余缺，同时结合央行货币政策和国家其他宏观政策，调节投资消费比例并引导资金流向，实现产业结构调整及消费对生产的引导作用，也可通过国际金融市场融资活动以调节本国国际收支状况。例如，2020 年 4 月 17 日中央政治局召开会议指出，稳健的货币政策要更加灵活适度，运用降准、降息、再贷款等手段，保持流动性合理充裕，引导贷款市场利率下行，把资金用到支持实体经济特别是中小微企业上。

(五)风险管理职能

风险管理职能是商业银行通过借入高风险资金而向资金需求者发行低风险间接证券，以承担管理信用风险与市场风险，实现金融市场风险套利职能，商业银行在履行这一职能时，往往会与中央银行配合。例如，2020 年 2 月 28 日中国人民银行面向公开市场业务一级交易商开展了 2020 年第二期央行票据互换活动，费率为 0.10%，操作量为 50 亿元，期限 3 个月。

📖 知识窗

2015 年至今中国人民银行存款准备金政策调整

2015 年至今中国人民银行存款准备金政策调整如表 1-2 所示。

表 1-2 2015 年至今中国人民银行存款准备金政策调整

单位：%

年份	公布时间	生效日期	大型金融机构		中小型金融机构	
			调整后	调整幅度	调整后	调整幅度
2020	2020 年 4 月 3 日	2020 年 5 月 15 日	11.50	-0.50	9.50	-0.50
		2020 年 4 月 15 日	12.00	-0.50	10.00	-0.50
	2020 年 1 月 1 日	2020 年 1 月 6 日	12.50	-0.50	10.50	-0.50

续表

年份	公布时间	生效日期	大型金融机构		中小型金融机构	
			调整后	调整幅度	调整后	调整幅度
2019	2019 年 9 月 6 日	2019 年 9 月 16 日	13.00	−0.50	11.00	−0.50
	2019 年 1 月 4 日	2019 年 1 月 25 日	13.50	−0.50	11.50	−0.50
		2019 年 1 月 15 日	14.00	−0.50	12.00	−0.50
2018	2018 年 10 月 7 日	2018 年 10 月 15 日	14.50	−1.00	12.50	−1.00
	2018 年 6 月 24 日	2018 年 7 月 5 日	15.50	−0.50	13.50	−0.50
	2018 年 4 月 17 日	2018 年 4 月 25 日	16.00	−1.00	14.00	−1.00
2017	2017 年 9 月 30 日	2018 年 1 月 25 日	部分达标银行降准 0.50%～1.50%			
2016	2016 年 2 月 29 日	2016 年 3 月 1 日	17.00	−0.50	15.00	−0.50
2015	2015 年 10 月 23 日	2015 年 10 月 24 日	17.50	−0.50	15.50	−0.50
	2015 年 8 月 25 日	2015 年 9 月 6 日	18.00	−0.50	16.00	−0.50
	2015 年 6 月 27 日	2015 年 6 月 28 日	部分银行定向降准 0.50%			
	2015 年 4 月 19 日	2015 年 4 月 20 日	18.50	−1.00	16.50	−1.00
	2015 年 2 月 4 日	2015 年 2 月 5 日	19.50	−0.50	17.50	−0.50

注: (1) 表中所指"大型金融机构"是指工农中建等国有或股份制银行以及一些较大的城市商业银行;"中小型金融机构"是指股份制商业银行和地方性金融机构,如城市信用合作社、农村信用合作社、农村合作银行、农村商业银行、股份制城市商业银行和跨区域股份制商业银行,以及数量众多的一些非银行金融机构等。

(2) 2015 年 6 月 27 日,部分银行定向降准 0.50%是指:①对"三农"贷款占比达到定向降准标准的城市商业银行、非县域农村商业银行降低存款准备金率 0.50 个百分点;②对"三农"或小微企业贷款达到定向降准标准的国有大型商业银行、股份制商业银行、外资银行降低存款准备金率 0.5 个百分点。

(3) 2017 年 9 月 30 日,部分达标银行降准 0.50%～1.50%是指单户授信 500 万元以下的小微企业贷款、个体工商户和小微企业主经营性贷款,以及农户生产经营、创业担保、建档立卡贫困人口、助学等贷款,人民银行决定统一对上述贷款增量或余额占全部贷款增量或余额达到一定比例的商业银行,凡前一年上述贷款余额或增量占比达到 1.50%的商业银行,存款准备金率可在人民银行公布的基准档基础上下调 0.5 个百分点;前一年上述贷款余额或增量占比达到 10%的商业银行,存款准备金率可按累进原则在第一档基础上再下调 1 个百分点。

第三节　商业银行组织结构与制度

什么是商业银行组织结构? 什么是商业银行制度? 建立商业银行制度的基本原则是什么?

一、商业银行的组织结构

商业银行有多种不同组织形式，以发挥其职能满足不同社会主体需求。其受商业银行规模限制，亦受限于政府监管要求。一般而言，商业银行的组织结构区分内外部，即外部组织结构与内部组织结构。

(一)商业银行外部组织结构

商业银行外部组织结构主要有单一银行制、分行制与银行控股公司制三种类型。

单一银行制又称独家银行制，指商业银行不设立分支机构。这种组织结构主要集中在美国。美国作为联邦制国家，为了保护中小银行以实现平衡发展，一些经济相对落后的州政府禁止或者限制他区银行到本州设立分行以阻止金融渗透，防止本州银行被吞并。但单一银行制本身与美国经济外向发展存在矛盾。截至1993年年底，美国全国已有39个州及哥伦比亚特区通过立法程序，允许商业银行无条件在其地区内开设分行。1994年9月美国国会通过《瑞格—尼尔跨州银行与分支机构有效性法案》。由于历史原因，至今美国仍有不少商业银行实行单一银行制的组织结构。

分行制是指法律允许商业银行除了总行外，可在本地或国内外各地设立分支机构，而总行普遍在各大中心城市设立。这种组织结构起源于英国股份制银行。与单一银行制相比，分行制更适应现代经济发展需要，是当代商业银行主要的外部组织结构。

银行控股公司制又称集团制，是指由成立股份公司的一家集团来收购或控制若干独立银行，这些独立银行的业务与经营决策归属于股份公司。这种组织结构在美国最为流行，它可以克服美国长期实行单一银行制而造成银行资金实力较弱、抵御风险与参与市场竞争能力不足的缺陷。它有两种类型，即非银行控股公司和银行控股公司。前者是由主营业务不是银行业务的大企业控制银行股而组织起来的，后者由一家大银行直接组织控股公司，而其他较小银行从属于这家大银行。近年我国银行控股公司发展迅速，已然成为商业银行规避《商业银行法》分业经营限制的一种方式。例如，中国工商银行参股工银亚洲、中国银行参股中银保险、中国建设银行参股建信基金、交通银行参股交银租赁。

(二)商业银行内部组织结构

商业银行大都是按《公司法》组织起来的股份制银行，其内部组织结构体系大致相同，一般可分为四个系统，即决策系统、执行系统、监督系统和管理系统。决策系统主要由股东大会和董事会及董事会以下设置的各种委员会构成。执行系统由总经理(行长)、副总经理(副行长)及各业务职能部门组成。监督系统由股东大会选举产生的监事会、董事会中的审计委员会及银行的稽核部门组成。管理系统是在董事长、总经理(行长)主持下，由经营管理、资金财务管理、资产管理、个人金融管理及国际业务管理5个方面组成。这是从静态意义上来认识商业银行的组织体系。从动态意义上讲，一家商业银行的内部组织结构体系状况和该银行的文化背景、银行规模及银行所面临的市场有很大的关系。

二、商业银行制度

商业银行制度是一个国家用法律形式所确定的该国商业银行体系、结构及组成这一体系的原则总和。其建立的基本原则是有利于银行业竞争、有利于保护银行体系的安全、使银行保持适当的规模。这三个基本原则强调保护竞争、保障安全及保持适度规模。但随着经济金融全球化及金融自由化的趋势，外界对上述三项原则中的保护竞争、保障安全两原则没有异议，但对保持适度规模原则，学界尚存在不同观点，实践中也存在不同的做法。例如，20世纪90年代银行业发生的并购浪潮实质上是银行追求新的竞争优势和应对国际金融危机的必然结果：其有利于扩大规模以增强竞争优势；有利于实现优势互补以拓展业务范围；有利于采用最先进的管理和经营手段进行金融创新以更好地服务于社会；有利于银行提高盈利能力；有利于推动社会经济发展和高科技产业发展。然而超大规模银行的出现，对银行业发展和国际金融业发展也带来新问题：一是大银行因规模大以至于管理难度增大；二是大银行因信用创造能力强以至于干扰中央银行货币政策效果；三是文化冲突难以避免。

典型股份制商业银行的内部组织结构如图1-1所示。

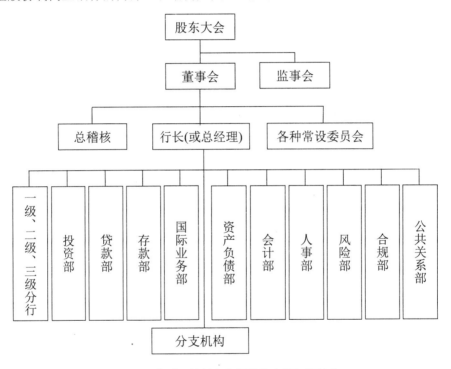

图1-1 典型股份制商业银行的内部组织结构

第四节 商业银行与金融科技

金融科技在商业银行经营场景与经营决策中如何应用？

随着人工智能、区块链、云计算、大数据、移动互联、物联网及其他还没有商用的前沿技术的发展，拥有这些金融科技技术的科技公司，有机会取代原有商业银行的金融中介地位。比尔·盖茨早在1994年就提出震撼宣言："金融服务是必要的，但银行却不是必要的。"

因此，商业银行应该拥抱金融科技，让金融科技应用到现实商业银行的经营场景及经营决策中以避免被金融科技公司取代。

2019 年 9 月，中国人民银行印发《金融科技(FinTech)发展规划(2019—2021 年)》(以下简称《规划》)，明确提出未来三年金融科技工作的指导思想、基本原则、发展目标、重点任务和保障措施。《规划》指出，金融科技是技术驱动的金融创新。金融业要以习近平新时代中国特色社会主义思想为指导，全面贯彻党的十九大精神，按照全国金融工作会议要求，秉持"守正创新、安全可控、普惠民生、开放共赢"的基本原则，充分发挥金融科技赋能作用，推动我国金融业高质量发展。

以下通过中国建设银行案例，可以了解金融科技在商业银行经营场景及经营决策中的应用。

课中案例

建设银行新一代核心系统建设工程(以下简称新一代)自 2010 年 12 月启动实施，于 2017 年 6 月竣工投产，历时 6 年半、投入约 9500 人、版本变更超 2 万次，是中国金融业有史以来最为庞大的系统建设工程。

新一代从"业务建模"开始。核心系统建设业界常见的做法是把精力放在 IT 系统本身上，就系统论系统，纠结或考虑最多的是系统选择什么样的技术路线，做成"胖核心"还是"瘦核心"，是"单核心"还是"双核心"等问题。然而，建设银行新一代核心系统建设与众不同，它打破了业界常规做法。"我们从一开始目标就非常明确，就是要业务先行——站在企业级视角规划系统。"

中国建设银行信息总监金磐石表示，建设银行的新一代核心系统建设工程不是简单对现有系统的优化改造或单纯开发一个或数个全新系统，也不仅仅是对某些新技术的创新应用，而是包括业务转型、IT 转型、实施转型在内的全方位数字化转型。

金磐石告诉记者，在系统建设之前，建设银行率先从企业级视角进行业务建模，把建设银行集团，包括海内外、子公司所有的业务、产品、流程全都梳理了一遍，围绕企业的六大价值链，即"产品管理、营销支持、产品运营、业务支持、风险管控、决策与报告"，分析现在系统存在的问题、明确未来的发展目标、了解业界最好的水平、有针对性地进行设计。

"业务建模是将银行的战略能力需求以及日常操作性需求，通过结构化、层次化、标准化的方法，用流程模型、数据模型、产品模型和用户体验模型来描述，建设银行共提炼出 26 个业务方向，102 个转型举措，形成了 114 个业务组件。"金磐石如是说，"这些业务组件几乎涵盖了所有的业务功能。"

流程建模是用标准化的方式对业务流程进行分层细化表述，通过流程建模，建设银行的业务流程由当时的 11000 个三级活动大幅降低到 969 个，并且其中近一半活动可以跨部门共享复用。数据建模是从企业级的视角对全行的业务数据、业务指标进行规范化、标准化的梳理，为经营管理提供准确的决策依据。 产品建模是采用结构化、标准化的方法梳理出具有广泛"共性"的基础产品，同时提炼出对基础产品进行配置的产品条件，建设银行共梳理出 201 个基础产品，并以装配方式构建出 2 万多个可售产品。用户体验建模是用结构化、标准化的方法描述人机交互界面，按照渠道分类建立统一、专业化的界面框架和设计标准，优化设计，实现人机交互界面的统一、易用，提升用户体验。

"业务流程再造打破了原有机制和既有流程，业务建模也遇到了相当大的阻力。"面对改革过程中可能出现的困难和阻力，我们早在工程启动时就做好了心理准备，也预见到这种结果。企业级必须坚持，任何阻碍都阻挡不了我们实施全面业务建模的决心。"金磐石自信地说，"通过搭建统一企业级业务模型，建设银行因过去部门级、竖井式需求所引起的内部IT系统重复建设、外部系统客户体验差等问题将从根本上得到解决。"

(资料来源：金融电子化，2019年7月31日)

 # 财商小剧场

什么是银行财商？为什么要构建银行财商？

财商是与钱打交道的能力，即认识、创造、驾驭和应用财富的能力。财商的价值在于改变错误的财富思维，改善行为方式，最终助力人们实现财富自由。银行财商是在银行领域内认识、创造、驾驭和应用财富的能力。

【思考 1】很多人认为互联网技术改变了金融本质，如 P2P。有了互联网技术，未来金融市场上完全可以"去中介化"，你认同这个说法吗？

【问题解析】金融的本质是中介化。伴随互联网技术的发展，金融是否会"去中介化"，这题目是在问是否伴随互联网技术发展，你在金融市场借、贷资金不需要商业银行等金融中介。

首先，金融市场最重要的特征是信息不对称。因为金融市场交易的是看不见、摸不着的东西，天生是信息不对称的重灾区，所以消除信息不对称的"中介机构"在金融市场上就显得非常重要。金融市场有两个非常重要的金融中介，即商业银行和投资银行。其次，商业银行需要对借贷者的信用情况进行调查，降低贷款过程中的信息不对称。而 P2P 结构只是民间借贷的网络化，互联网加持的 P2P 等线上信息中介平台没有改变其民间信用的脆弱性，也暴露了民间金融有效需求的不足。最后，商业银行投行化是商业银行未来发展的方向。在可预见的未来，商业银行和投资银行作为金融市场重要的金融中介，不会消失，即不会出现金融完全脱媒。反而，伴随互联网技术的发展，商业银行可以借由金融科技大力发展数字银行等。

既然日常工作生活中我们不可避免地要与银行打交道，那么只有"知己知彼"才能"百战不殆"。通过系统掌握银行基本理论知识，熟悉现代银行各项业务，把握最新发展趋势及综合分析相关问题，可以构建我们的银行财商思维，形成银行领域内认识、创造、驾驭和应用财富的能力。

【思考 2】中央银行降低存款准备金率会影响你的钱包吗？商业银行加息会不会影响你的投资？

【问题解析】人们一旦听到财金新闻提到"降准"这个词语，就欢天喜地地讨论股市会上涨多少？哪些行业、哪些股票会受益？与之相反，人们听到"提高存款准备金率"或"加息"就一片悲鸣。2020 年全球新冠疫情背景下美联储一句无限量量化宽松让四次熔断的美股市场，甚至全球市场应声回涨了一些。很多人不明白这些金融现象背后其实是现代经济运行的最重要逻辑：国家通过商业银行体系调控整个社会的信用规模和经济冷热。那么国家是怎么通过银行体系来调控经济的呢？国家通过中央银行来发行货币再经过整个商业银行体系进行吸储、房贷以进行信用创造。如果把经济体看作农田、央行看作巨大水库，其发行的法定货币是水库中的水，那么银行体系就像巨型水利工程中大大小小的送水站以直接影响社会信贷规模与经济冷热。央行把水利工程中的闸门——存款准备金的龙头拧大一点或拧小一点，都会马上让我们感到钱多了或是钱荒了。

每天都有不同储户有提现的需求，所以银行必须留存一小部分钱以作应对，这部分钱就被称为存款准备金，这个留存的比例就被称为存款准备金率。如果中央银行觉得市场上钱太多或太少，完全可以通过调节存款准备金率来控制货币乘数。例如，存款准备金率10%，货币乘数是它的倒数即10。在存款准备金率为20%时，100元基础货币通过信用创造变成市场上500元钱流通。但此时若中央银行认为经济不好就放点水，把存款准备金率降低到10%，那么市场流通的钱变成了 1000 元。所以降准就是降低存款准备金率，即中央银行给经济放水。反之，提高存款准备金率就意味着收缩。所以现在你明白了降准时大家欢天喜地是因为市场上钱变多了以至于大家投资机会也变多了。

但是，刚才这个例子是一个假设的世界，在现实生活中情况要更加复杂。例如，银行放贷意愿，个人与企业的现金持有量都会影响商业银行信用创造的职能。

📚 本章小结

（1）2015 年新修订的《商业银行法》规定：商业银行是指依照该法和《中华人民共和国公司法》设立的吸收公众存款、发放贷款、办理结算等业务的企业法人。结合商业银行的发展历程，其性质是以追求利润最大化为目标，以金融资产和负债为对象，全能化多职能的金融企业，简单来讲具有企业性与特殊性。

（2）现代商业银行的雏形是资本主义商业银行，是资本主义生产方式的产物，主要通过以下两条路径产生：第一条路径是旧的高利贷性质的私人银行转型成为现代商业银行，如西欧由金匠转化而来的旧式银行主要通过这条路径逐步转型；第二条路径是资本主义时期以股份公司形式构建现代商业银行，如英格兰银行。自英格兰银行成立之后，欧洲各资本主义国家都先后成立了资本主义商业银行。

（3）尽管各国商业银行形成的条件与时间不一致，但其发展基本上都是遵循英国式融通短期资金模式与德国式综合银行模式。历史演进到现代商业银行阶段，德国式综合银行模式发展为商业银行与投资银行混业经营的模式，即全能银行模式。

（4）商业银行的经营目标归纳起来是安全性与流动性下的效益最大化，简单来讲就是"三性"，即安全性、流动性、营利性。

（5）商业银行在现代经济活动中发挥的职能主要有信用中介、支付中介、信用创造、金融服务、调节经济与风险管理六项。其中，信用中介与支付中介是商业银行的两项基本职能，其他职能是在这两项基本职能的基础上衍生而来的。商业银行在发挥其职能服务于消费者金融消费时，其与资金需求者和资金供给者之间分别形成债务债权关系，即间接融资。

（6）商业银行有多种不同组织形式，以发挥其职能满足不同社会主体需求。其受商业银行规模限制，亦受限于政府监管要求。一般而言，商业银行的组织结构区分内外部，即外部组织结构与内部组织结构。商业银行外部组织结构主要有单一银行制、分行制与银行控股公司制三种类型。商业银行大都是按《公司法》组织起来的股份制银行，它的内部组织结构体系大致相同，一般可分为四个系统，即决策系统、执行系统、监督系统和管理系统。这是从静态意义上来认识商业银行的组织体系。从动态意义上讲，一家商业银行的内部组织结构体系状况和该银行的文化背景、银行规模及银行所面临的市场有很大的关系。

(7) 商业银行制度是一个国家用法律形式所确定的该国商业银行体系、结构及组成这一体系的原则总和。其建立的基本原则是有利于银行业竞争、有利于保护银行体系的安全、使银行保持适当的规模。这三个基本原则强调保护竞争、保障安全及保持适度规模。

(8) 随着人工智能、区块链、云计算、大数据、移动互联、物联网及其他还没有商用的前沿技术的发展，拥有这些金融科技技术的科技公司，有机会取代原有商业银行的金融中介地位。比尔·盖茨早在 1994 年就提出震撼宣言："金融服务是必要的，但银行却不是必要的。"因此，商业银行应该拥抱金融科技，让金融科技应用到现实商业银行的经营场景及经营决策中以避免被金融科技公司取代。

 练习与思考

一、名词解释

1. 商业银行

2. 信用中介

3. 支付中介

4. 《格拉斯—斯蒂格尔法案》

5. 分行制

6. 银行控股公司制

7. 流动性

8. 营利性

9. 商业银行制度

二、简答题

1. 什么是商业银行的性质？

2. 商业银行有哪些职能？

3. 什么是商业银行的外部组织结构？

4. 建立商业银行体系的基本原则有哪些？

三、单选题

1. 中国银行保险监督管理委员会依法依规对全国银行业和保险业实行统一监督管理，成立于(　　)？

　　A. 2003 年　　　　　B. 2005 年　　　　　C. 2010 年　　　　　D. 2018 年

2. 我国的信托业先后经历(　　)次大规模的清理整顿。

　　A. 4　　　　　　　B. 5　　　　　　　C. 3　　　　　　　D. 6

3. 1979 年，新中国成立后的第一家信托投资公司是(　　)。

　　A. 上海国际信托投资公司　　　　　　　B. 广州国际信托投资公司

C. 中国国际信托投资公司　　　　　　　　D. 中华国际信托投资公司

4. 下列选项中，属于商业银行可以发放信用贷款的客户是(　　)。

　　A. 个人信誉良好的本银行客户经理的父亲

　　B. 个人信誉良好的本银行行长

　　C. 个人信誉良好的本银行董事

　　D. 个人信誉良好的公司职员

5. 银行业金融机构不包括(　　)。

　　A. 商业银行　　　　B. 城市信用合作社　　C. 政策性银行　　D. 基金管理公司

6. 银行业从业人员应当以高标准职业道德规范行事，品行正直，恪守(　　)的原则。

　　A. 守法合规　　　　B. 诚实信用　　　　　C. 专业胜任　　　　D. 勤勉尽职

四、多选题

1. 商业银行资本的作用主要有(　　)。

　　A. 吸收损失　　　　　　　B. 维持市场信心　　　　　　C. 为银行提供融资

　　D. 扩大贷款份额　　　　　E. 限制银行业务过度扩张

2. 下列选项中，属于我国的商品期货市场的有(　　)。

　　A. 大连商品交易所　　　　　　　　B. 郑州商品交易所

　　C. 上海期货交易所　　　　　　　　D. 中国金融期货交易所

3. 下列选项中，属于金融市场发展对商业银行形成的挑战的有(　　)。

　　A. 对银行资产和负债的价值影响会不断加大

　　B. 银行风险管理难度会加大

　　C. 会放大银行的风险事件

　　D. 会减少银行的资本来源以及优质客户的流失

　　E. 会造成银行体制结构的崩溃

4. 下列选项中，属于国家政策性银行的有(　　)。

　　A. 中国银行　　　　　　B. 中国农业银行　　　　　C. 中国农业发展银行

　　D. 中国进出口银行　　　E. 国家开发银行

📹 微课视频

　　扫一扫获取本章相关微课视频。

1.1 商业银行起源与发展.mp4

1.2 商业银行概述.mp4(1)

1.2 商业银行概述.mp4

1.3 商业银行组织结构.mp4

第二章　商业银行资本金

【本章提要】

　　1988 年 7 月西方 12 国中央银行在瑞士通过《巴塞尔协议Ⅰ》统一国际银行业资本金内涵与资本充足率标准及确立商业银行双重资本国际规范。此后巴塞尔委员会陆续于 2004 年与 2010 年分别出台《巴塞尔协议Ⅱ》与《巴塞尔协议Ⅲ》，从而继续保持资本充足率的重要性并丰富其内涵以加强银行表内外风险监管。会计意义上的资本金等于资产减去负债的净额，它是银行经营的先决条件。商业银行资本金需要从数量与结构两要素来满足金融监管当局要求以保障银行稳健经营。它可以填补银行经营过程中的偶发性资金短缺；可以抵御风险、弥补损失与有效保护存款人及其他债权人的合法权益；可以保障银行安全经营与风险管理。本章在着重阐述商业银行资本金构成、资本充足性测定及策略以及经济资本的基础上，介绍我国银行业资本监管策略与金融科技在银行业金融资本充足性与金融监管机构银行业资本监管的应用。

【学习目标】

- 了解巴塞尔协议的发展历程及其关于银行资本充足性的规定。
- 熟悉并掌握商业银行资本金构成、资本充足性测定及策略与经济资本。
- 了解我国银行业资本监管策略与金融科技在银行业金融资本充足性与金融监管机构银行业资本监管的应用。
- 构建逻辑、辩证与批判等科学思维。涵养诚信、遵纪守法的底线思维、社会责任意识与勇于担当的家国情怀。理解金融科技的哲学基础与金融科技为民要义，树立与时俱进、终身学习的理念。

开篇案例与思考

　　2019 年 2 月 11 日国务院总理李克强主持召开国务院常务会议。会议决定，支持商业银行多渠道补充资本金以进一步疏通货币政策传导机制，在坚持不搞"大水漫灌"时加强对民营小微企业等的金融支持。允许符合条件的银行同时发行多种资本补充工具。具体来看：一是提高商业银行永续债发行审批效率，降低优先股与可转债等准入门槛，允许符合条件的银行同时发行多种资本补充工具；二是引入基金与年金等长期投资者参与银行增资扩股，支持商业银行理财子公司投资银行资本补充债券，鼓励外资金融机构参与债券市场交易。事实上，自 2018 年以来我国就陆续出台鼓励银行资本工具创新相关政策，明确支持商业银行探索资本工具创新并拓宽资本工具发行渠道。

(资料来源：新华网，2019 年 2 月 11 日)

问题分析

1. 国家鼓励商业银行发行哪些资本补充工具并对它们进行优劣分析？

2. 商业银行资本金充足性有助于银行自身稳健经营与存款用户资金安全，但这是必要而非充分条件，资本金充足性效用还需要银行从业人员与社会大众恪守诚信伦理与树立风险责任意识，为什么这么说呢？请结合本章的后续知识点深入思考。

第一节　巴塞尔协议与银行资本充足性

　　什么是巴塞尔委员会？什么是巴塞尔协议？三次巴塞尔协议关于商业银行资本充足性规定有什么区别与联系？

20 世纪 70 年代以来商业银行经营环境发生了巨大变化。在布雷顿森林体系崩溃与金融创新浪潮冲击下，汇率与利率多变加大了银行经营的难度与风险，而金融衍生工具发展既为银行提供了新市场，亦使银行安全与流动性目标面临挑战。与此同时，全球各金融机构与金融市场间关系变得更复杂更依赖，国家间资本流动亦更频繁难以控制，一旦一家银行破产倒闭引致的金融危机会波及全世界。例如，20 世纪 80 年代墨西哥债务危机引发了拉美危机。金融危机国际化趋势使各国银行监管当局意识到防范国际银行业风险迫在眉睫。1975 年 2 月，根据英格兰银行总裁理查森建议，国际清算银行发起并主持瑞士巴塞尔市聚会，与会成员有比利时、荷兰、加拿大、英国、法国、意大利、德国、瑞典、日本与美国十国集团成员国及瑞士与卢森堡两个观察员国的中央银行代表，会后建立"国际清算银行关于银行管理和监督活动常设委员会"以监督及协调国际银行活动。该常设委员会简称巴塞尔委员会。

一、《巴塞尔协议 I 》与银行资本充足性

巴赛尔市聚会后，为加强保护银行资本金以促进国际银行体系稳健发展，并消除国际金融市场上国际银行间不平等竞争条件。1988 年 7 月，巴塞尔委员会通过《巴塞尔协议 I 》，旨在通过制定资本对信贷风险资产比例及确定防止信用风险的最低资本充足率以构建国际银行稳健经营环境。主要包括以下三方面内容。

(一)统一监管资本定义

《巴塞尔协议 I 》首创国际银行业监管资本划分的统一标准。它将银行资本划分为核心资本与附属资本两大类，核心资本又称一级资本，附属资本又称二级资本。核心资本包括实收普通股、永久非累积优先股、公开储备；附属资本包括普通准备金、混合资本工具、长期附属债务、重估储备、非公开储备。其中，普通股包括资本盈余、盈余公积、未分配利润等。

(二)建立资产风险衡量体系

《巴塞尔协议Ⅰ》主要关注信用风险，它将风险资产分为表内外两个部分进行核算。并依托信用风险水平大小赋予风险资产不同风险权重。风险越小的资产，其风险权重越小；反之，则越大。

(1) 表内风险资产计算公式如下。

$$表内风险资产 = \sum 表内资产额 \times 风险权重 \qquad (2\text{-}1)$$

各项表内资产货币数额乘以其对应风险权重后进行累加，得到值即为银行表内风险资产。其中表内资产风险权重可分为 0、20%、50%、100%四档。具体如下所述。

第一档是四类：0 风险权重资产，主要包括现金、以本币定值并以此通货对中央银行融通资金的债权、用现金或用经济合作与发展组织成员国中央政府债券做担保或由经济合作与发展组织成员国中央政府担保贷款、对经济合作与发展组织成员国或对国际货币基金组织达成与其借款总体安排相关的特别贷款协议国的中央政府或中央银行其他债权。

第二档是五类：20%风险权重资产，主要包括托收中的现金款项、对多边发展银行债权及由此类银行提供担保或以这类银行债券作抵押债权、对经济合作与发展组织成员国国内注册银行债权及由经济合作与发展组织成员国国内注册提供担保贷款、对非本国经济合作与发展组织成员国的公共部门机构债权及由这些机构提供担保贷款、对经济合作与发展组织成员国以外国家注册银行余期在 1 年以内的债权和由经济合作与发展组织成员国以外国家法人银行提供担保及余期在 1 年内贷款。

第三档是一类：50%风险权重资产，主要包括完全以居住用途的房产作抵押的贷款。

第四档是六类：100%风险权重资产，主要包括对私人机构债权、不动产与其他投资、房屋设备与其他固定资产、对公共部门所属商业公司债权、对经济合作与发展组织成员国之外国家的中央政府债权、所有其他资产。

(2) 表外风险资产计算公式如下。

$$表内风险资产 = \sum 表外资产额 \times 信用转换系数 \times 同类表内资产风险权重 \qquad (2\text{-}2)$$

设定信用转换系数，依据相同类别和性质的表内资产进行风险计算，将表外授信业务纳入资本监管。其中信用转换系数分为 0、20%、50%、100%、其他五档。具体如下所述。

第一档是两类：0 信用转换系数表外业务，主要包括类似初始期限在 1 年以内或可以在任何时候无条件取消承诺。

第二档是一类：20%信用转换系数表外业务，主要包括有自行偿付能力与贸易有关的或有项目。

第三档是三类：50%信用转换系数表外业务，主要包括某些与交易相关的或有项目、票据发行融通与循环包销便利、其他初始期限 1 年以上承诺。

第四档是三类：100%信用转换系数表外业务，主要包括直接信用代替工具，如保证和承兑、销售与回购协议及有追索权资产销售，远期资产购买、超远期存款及部分缴付款项股票与代表承诺一定损失的证券。

第五档是未在资产负债表上列示的衍生工具及其他市场合约。这类业务与利率和汇率有关而需要特别处理。银行将有风险的合约转换成等价信贷，再将等价信贷与事前确定的风险权重相乘得到表外风险资产。在计算合约等价信贷时，合约风险可分为潜在风险和现时风险。

合约现时风险是确定值，而潜在风险则需要通过以下对应的四类信用转换系数计算。一是 0 信用转换系数合约：1 年及以内期限利率合约；二是 0.5%信用转换系数合约：1 年以上期限利率合约；三是 1%信用转换系数合约：1 年及以内期限货币合约；四是 5%信用转换系数合约：1 年以上期限货币合约。

据此，合约等价信贷计算公式如下。

$$等价信贷=合约面值×潜在风险转换系数+即时风险 \tag{2-3}$$

【例 2-1】某银行与客户签订一份两年期的利率互换合约，合约面值为 50000 元，如果客户违约给银行造成即时损失为 2000 元，则合约等价信贷为

$$50000×0.5\%+2000=2250(元)$$

(三)确立资本充足率监管标准

《巴塞尔协议Ⅰ》规定商业银行总资本充足率不得低于 8%，核心资本充足率不得低于 4%。资本充足率是资本金与风险加权资产总额比值。其计算公式如下。

$$总资本充足率=\frac{总资本}{风险加权资产总额}×100\% \tag{2-4}$$

$$核心资本充足率=\frac{核心资本}{风险加权资产总额}×100\% \tag{2-5}$$

其中：

$$总资本=核心资本+附属资本 \tag{2-6}$$

$$风险加权资产总额=表内风险资产+表外风险资产 \tag{2-7}$$

$$表内风险资产=\sum 表内资产额×风险权重$$

$$表内风险资产=\sum 表外资产额×信用转换系数×同类表内资产风险权重$$

$$等价信贷=合约面值×潜在风险转换系数+即时风险$$

以上统一监管资本定义、建立资产风险衡量体系、确立资本充足率监管标准三方面内容是《巴塞尔协议Ⅰ》规定商业银行资本充足性的逻辑与依据，尽管协议规定不具有强制性，但它是国际银行业重要公约，对各国商业银行有很强约束力。但是它仅涉及信用风险，对市场风险、操作风险、流动性风险与经营风险等非信用风险缺乏可操作性，这会导致出现已有监管约束助推国际银行业资本套利现象，如资产证券化将助推信用风险转化为市场风险等其他风险以降低监管机构资本金要求，或银行采用银行控股制外部组织结构以逃避监管机构资本金要求。同时，该协议在计算资本充足率时经合组织成员国与非经合组织成员国划分标准带有鲜明"国别歧视"，这与巴塞尔委员会"消除国际金融市场上国际银行间不平等竞争条件"的初衷相违背。

二、《巴塞尔协议Ⅱ》与银行资本充足性

1988 年《巴塞尔协议Ⅰ》是以规范信用风险为主的跨国规范，没有考虑其他风险，对信用风险权重的简单测度扭曲了银行风险资产的真实性。因此，1996 年巴塞尔委员会对其进行了修正，将市场风险纳入资本金需求计量，目的是要求银行在面临市场风险时持有更多资本。两年后巴塞尔委员会又讨论了操作风险作为潜在金融风险的重要性，并在 2001 年公布了诸多准则与报告来应对操作风险。至此，银行已将信用风险、市场风险与操作风险纳入监管资

本考量范围以规范银行风险承受能力。

2004 年 6 月，巴塞尔委员会颁布新的监管资本要求准则《巴塞尔协议Ⅱ》，其目的是通过引入与银行所面临更加一致的风险为基础的监管资本要求，鼓励银行识别当前及未来风险并通过改进现有风险管理体系以管理风险资产，构建更具前瞻性的资本监管方案。而这种方案主要包括以下三方面内容，又称三大支柱。具体如下所述。

(一)第一支柱

第一支柱指最低风险资本要求。《巴塞尔协议Ⅱ》继续采用资本充足率作为银行稳健经营与安全运行的核心指标，明确商业银行总资本充足率不得低于 8%，核心资本充足率不得低于 4%。要求资本要全面覆盖信用风险、市场风险与操作风险，并允许银行引入内部评估法计量各类风险敞口，根据自身风险来确定其资本要求。相比《巴塞尔协议Ⅰ》，《巴塞尔协议Ⅱ》引入核心一级资本以约束银行风险资产。

(二)第二支柱

第二支柱指监督检查与外部监管。银行监管机构必须对每家银行的风险计量程序及资本充足程度进行监督审查，以确保风险评估方案与自身资本要求的合理性。主要以现场检查与非现场监管的方式，检查与评价银行内部资本充足率评估情况及其监管资本达标能力。

(三)第三支柱

第三支柱指市场约束与信息披露。它指通过银行披露信息(包括资本充足率、资本构成、风险敞口、风险管理策略与风险管理水平等信息)，让承担过多风险的银行接受更大市场约束以迫使其降低风险。此内部评估过程中市场监管可以有效补充第一支柱与第二支柱之不足。

《巴塞尔协议Ⅱ》的三大支柱保持原有《巴塞尔协议Ⅰ》资本充足率要求，同时增加了监管约束与市场约束两项新要求。它构建的资本充足性要求对风险更加敏感并能防范更多类型的风险。

三、《巴塞尔协议Ⅲ》与银行资本充足性

2008 年全球金融危机使商业银行遭遇严峻考验，为实现商业银行经营管理目标与加强国际协调，各国金融监管机构与巴塞尔委员会围绕资本金管理对银行监管资本提出更高要求。相比《巴塞尔协议Ⅱ》，《巴塞尔协议Ⅲ》核心一级资本保留了最低资本要求，但新增了留存超额资本要求、逆周期超额资本要求、系统重要性银行附加资本要求。

商业银行经营管理目标是在保证资金安全性、保持资产流动性基础上争取最大的盈利。而资本充足性约束有助于实现银行经营管理目标。存款人、社会公众、银行自身均对此有要求。银行持有充分资本金是其风险管理的要求，也是在安全经营基础上追求更多利润的保障。

银行资本充足性标准具有多样性。银行资本充足性测定是一项复杂的工作，常用方法有最直观比率分析法及综合诸多因素综合分析法。2010 年 9 月，巴塞尔委员会坚持基于风险资本监管的逻辑思路对《巴塞尔协议Ⅱ》进行完善与强化。《巴塞尔协议Ⅲ》主要包括以下三个方面的内容。

(一)强化资本充足率监管标准

资本监管框架始终是巴塞尔委员会监管框架核心,也是本轮金融监管改革的主要内容,《巴塞尔协议Ⅲ》全面强化了资本充足率监管三要素。

第一是提升了资本工具损失吸收能力。《巴塞尔协议Ⅲ》强调资本数量与资本质量同等重要。它提高各类资本工具标准与损失吸收能力。一级资本在银行持续经营条件下吸收损失,其中包含留存收益的普通股在一级资本中占主导地位;二级资本仅在银行破产清算条件下承担损失。

第二是增强风险加权资产计量的审慎性。《巴塞尔协议Ⅲ》提高了资产证券化交易业务风险的权重。它涉及内部模型法下的市场风险资本要求、定性标准及场外衍生品与证券融资交易业务信用风险资本要求。

第三是提高最低风险资本要求。《巴塞尔协议Ⅲ》明确三层次最低资本要求。2015年以前,包括普通股与留存收益的核心一级资本充足率要求由2%提高到4.5%;一级资本充足率由4%提高到6%;总资本充足率为8%,并且规定商业银行资本充足率不得低于最低资本要求;同时通过留存资本缓冲与逆周期资本缓冲来应对监管资本顺周期效应缺陷与系统性风险挑战。此外,针对2008年金融危机暴露出的"大而不倒"问题,2015年11月金融稳定理事会公布35家"全球系统性重要银行",对它们采取更加审慎严格的监管措施,即全球系统性重要银行核心资本要求提高到8%;二级资本要求将根据重要程度达到1.5%~3%;特大银行总资本充足率可高达11%~12%。为了遵循审慎监管原则,中国监管当局在中国银行、中国农业银行、中国工商银行与中国建设银行这四家全球系统性重要银行基础上增加中国交通银行、中信银行与招商银行三家系统性重要银行。

商业银行最低资本要求如表2-1所示。

表2-1 商业银行最低资本要求

单位:%

资本要求	核心一级资本	一级资本	总资本
最低资本要求	4.5	6	8
留存资本要求	2.5		
最低资本要求加上留存资本要求	7	8.5	10.5
逆周期资本要求	0~2.5		
系统重要性银行附加资本要求	1~3.5		

(二)引入杠杆率监管标准

杠杆率监管指标作为资本充足率补充指标,将普通股或核心资本作为分子及将所有表内外风险暴露作为分母进行计算,以控制商业银行资产规模的过度扩张。杠杆率监管指标要求自2015年开始银行必须披露杠杆率信息并于2018年正式纳入第一支柱。其中杠杆率不能低于3%,以此扩大资本对风险的覆盖范围及提高资本对风险的敏感度、降低监管资本套利的可能性。

(三)建立流动性风险量化监管标准

《巴塞尔协议Ⅲ》提出两个流动性量化监管指标:①流动性覆盖率同,用于衡量30天内短期压力情景下单个银行流动性状况；②净稳定融资比率，用于度量中长期内银行可供使用稳定资金来源是否能支持其资产业务的发展。正常情况下，商业银行流动性覆盖率和净稳定融资比率都不得低于100%，以此降低银行系统流动性风险及提高抵御金融风险能力。

《巴塞尔协议Ⅲ》还规定银行主要资产在出现巨额亏损并可能引发银行破产的情况下，银行应维持多大规模资本总额及构建何种质量资本组合以大幅度提高银行一级资本充足率要求。

相比《巴塞尔协议Ⅱ》，《巴塞尔协议Ⅲ》通过强化资本充足率监管标准、引入杠杆率监管标准及建立流动性风险量化监管标准三方面来确保落实。

知识窗

核心资本与附属资本内涵

核心资本包括实收普通股、永久非累积优先股、公开储备。普通股是指商业银行股金资本的基本形式，它是一种权利证明。永久非累积优先股是指兼具固定付息债券与普通股双重特性的股金资本，但商业银行没有法律义务支付累积未分配优先股股息及该股息不能从税前盈利中扣除。公开储备是指通过保留盈余与其他盈余的方式在资产负债表上明确反映的储备。普通股包括资本盈余、盈余公积、未分配利润等。资本盈余又称资本公积或资本公积金，主要是指股票溢价即银行普通股发行价超出票面价值的差额；除此之外，资本盈余还包括资本增值部分，如接受捐赠等。盈余公积是指商业银行按规定从净利润中提取的各种积累资金。未分配利润是指商业银行净利润经过弥补亏损、提取盈余公积和向投资者分配利润后留存在银行的历年结存利润，它是无法进入股市、经济发展缓慢或税率较高时银行增加资本金的常用方法。

附属资本包括非公开储备、重估储备、普通准备金、混合资本工具和长期附属债务。非公开储备是指储备不公开在资产负债表上标明，但却反映在损益表内并为银行监管机构所接受。资产重估储备是指物业重估储备和证券重估储备。普通准备金是指用于防备不确定性损失的准备金或呆账准备金。混合资本工具是指兼具股本性质与债务性质的混合工具，如英国永久性债务工具；长期附属债务包括普通无担保及初次所定期限最少5年以上的次级债务资本工具与不可回购优先股。

第二节 巴塞尔协议框架下银行资本充足性测定

什么是资本充足性？资本充足性测定方法有哪些？

商业银行从事经营活动必须注入资本金。根据会计学定义一般公司资本金等于资产总值减去负债总额后的净值，即所有者权益。而依据巴塞尔协议，商业银行具有双重资本特点，即所有者权益称为一级资本或核心资本，长期附属债务称为二级资本或附属资本。迄今巴塞尔委员会制定了三次巴塞尔协议，规定商业银行资本充足性的逻辑与依据，尽管协议规定不具有强制性，但它是国际银行业重要公约，对各国商业银行有很强的约束力，也成为各国监管机构判断银行资本充足性的重要依据。

一、银行资本充足性

商业银行资本金过多或过少都不利于银行稳健经营。过多将导致机会成本增加，过少则使银行抵御风险能力减弱。基于巴塞尔协议关于银行资本充足性的规定，资本充足性是指银行资本金数量必须超过金融监管机构规定并能足够保障日常正常经营与维护银行信誉的最低金额。银行资本金应实现银行风险资产安全与效益的动态平衡，这是衡量银行业务经营状况是否稳健的重要标志。资本充足性具有资本数量充足性与资本结构合理性两个方面的含义。

(一)资本数量充足性

在数量方面，银行监管资本数量因其规模而不同，银行资本金应足够抵御其风险资产所面临的风险，即当风险资产所面临的不确定性变为现实时，银行资本金足够弥补由此产生的损失。资本金数量与银行资本成本有关，银行资本金数量越多，说明其用于支付股息红利、债券利息与管理费用的金额越大；银行资本金数量越多，表明其不可税前抵扣权益资本相关收益金额越大。高资本量通常意味着高资本成本，必然加重银行经营负担并降低银行盈利能力；高资本量通常反映银行资金管理效率低下，缺乏高效吸收存款、快速回收贷款或低成本非信贷投资三种能力。因此银行资本金准备应当总量适度，如果过高会影响其业务开展及资产扩张，这也与股东利益相违背。

【例2-2】若某银行税后资产收益率为2%，资本与风险加权资产比例率8%，则资本收益率为

$$资本收益率=\frac{净利润}{资本金}=\frac{风险加权资产总额×税后资产收益率}{风险加权资产总额×资本准备金率}=\frac{2\%}{8\%}=25\%$$

若资本与风险加权资产比率降为6%，则资本收益率为

$$资本收益率=\frac{净利润}{资本金}=\frac{风险加权资产总额×税后资产收益率}{风险加权资产总额×资产准备金率}=\frac{2\%}{6\%}=33\%$$

显然经济基本面好时，股东更偏爱低资本金准备。现实情况下，资本数量充足性取决于银行倒闭的风险值，即银行负债总值超过其资产总值的概率值。资本充足只是相对于银行资产负债表表内显性状况而言，资本数量充足并不意味着商业银行没有倒闭风险。

(二)资本结构合理性

在结构方面，银行资本充足性是指在资本数量充足性前提下银行不同种类资本金数额与资本金总额的比例应合理，即普通股、优先股、留存盈余、长期附属债务等应在资本总额中占有合理比重，以尽量降低商业银行的经营成本与经营风险，增强进一步筹资的灵活性及符合金融监管机构对不同资本种类的监管要求与银行"三性"经营目标。不同规模的银行资本结构存在差异性，小银行主要依赖自身未分配利润而较少通过金融市场获取资本；而大银行资本结构中股票溢价与未分配利润通常占有较大比重，此外它还会凭借良好信誉扩大资本性次级债券比例。

资本数量充足性与资本结构合理性是实现商业银行资本充足性的两个维度，其也从监管角度严格地约束着商业银行财务杠杆的过度运用。这主要是因为相比股权资本，债务资本可以较低成本扩充银行自有资本金及推动银行资产业务发展，它可增加银行股权价值，即财

务杠杆银行每股盈余一般超过同类型非财务杠杆银行，如《巴塞尔协议Ⅲ》规定一级资本不得低于风险加权资产的 6%，即要求长期附属债务等二级资本不得超过总资本额 25%，这就从金融监管机构角度限制了银行财务的杠杆效应。

二、银行资本充足性测定

《巴塞尔协议Ⅲ》明确了三层次最低资本要求。2015 年以前，包括普通股与留存收益的核心一级资本充足率要求由 2%提高到 4.5%；一级资本充足率由 4%提高到 6%；总资本充足率为 8%，并且规定商业银行资本充足率不得低于最低资本要求；同时通过留存资本缓冲与逆周期资本缓冲来应对监管资本顺周期效应缺陷与系统性风险挑战。此外，针对 2008 年金融危机暴露出的"大而不倒"问题，2015 年 11 月金融稳定理事会公布 35 家"全球系统性重要银行"，对它们采取更加审慎严格的监管措施，即全球系统性重要银行核心资本要求提高到 8%；二级资本要求将根据重要程度达到 1.5%~3%；特大银行总资本充足率可高达 11%~12%。为了遵循审慎监管原则，中国监管当局在中国银行、中国农业银行、中国工商银行与中国建设银行这四家全球系统性重要银行的基础上增加中国交通银行、中信银行与招商银行三家系统性重要银行。其中，对于最重要的银行信用风险，其对应风险资产权重计量时区分标准法与内部评级法，前者采纳外部评级公司评级结果，后者采用银行内部评级结果，这是《巴塞尔协议Ⅲ》关于覆盖信用风险资产的银行资本充足性测定的核心内容，它有助于银行稳健经营。尽管《巴塞尔协议Ⅰ》仅涉及信用风险，对市场风险、操作风险、流动性风险与经营风险等非信用风险缺乏可操作性。但对比《巴塞尔协议Ⅲ》银行资本充足性测定发现，非信用风险资产所对应的资本充足性测定逻辑与信用风险资产所对应的资本充足性测定一致。此外，对商业银行风险正确认识与评估是决定其资本充足性的重要依据。

信用风险又称违约风险，主要指借款人或交易对象因各种原因不愿或无力履行合同条件而构成违约以致银行遭受损失的可能性。银行借款人或交易对象信用等级下降也可使银行持有的相应资产贬值，这也属于信用风险。总之，信用风险存在于一切信用活动中，银行所有业务都有可能面临信用风险，其中以信贷业务信用风险最大，如 2015 年以来，世界性不良资产问题反映信用风险对银行的严重影响。严重信用风险不仅可能威胁银行自身的经营安全，还可能导致银行信用体系与支付体系崩溃而引发货币金融危机。

市场风险主要是指国内外市场资金价格变化而引致银行资产价值下降的可能性，主要表现为利率风险与汇率风险。利率风险是指金融市场利率变动使银行筹集运用资金时遭受损失，主要表现为经济主体筹集运用资金时选择时机或方式不当，而必须支付高于市场均值利息或收到低于市场均值收益。利率市场化程度越高，影响利率变动的因素就越复杂，对银行利率风险管理能力的要求就越高。汇率风险是指汇率变动使银行持有资产与负债实际价值发生变动所带来的损失。对于既有本币资产又有外币资产的银行来说，汇率风险无处不在，如1985 年 9 月 22 日"广场协议"后日本汇率高企引致国内银行非日币资产价值下降，并演变为国内通货膨胀下国内实际利率过低甚至负利率以致国内银行信贷资产价值下降。

流动性风险主要是指银行掌握可用于即时支付的流动性资产无法满足支付需要，从而使其丧失清偿能力的可能性。它是银行破产倒闭的直接原因，但实际情况往往是由于其他风险长时间隐藏积累，最后以流动性风险形式爆发出来，因此防范流动性风险必须与控制其他风险相结合，如 2008 年欧美金融危机源于银行次级住房抵押贷款多重证券化，最后以流动性风险形式爆发并引致全球货币金融危机。

经营风险主要是指银行日常经营中由各种自然灾害、意外事故等引起的发生损失的可能性。它存在于银行各种经营项目与各个业务环节中，其产生根源多与某种人为因素有关，从而决定了经营风险的多变性与不确定性。银行经营诸多风险因素事先不易把握，会在短时间内造成严重危害以致银行措手不及，因此经营风险还具有突发性特征，如1995年2月27日百年银行巴林银行倒闭仅仅源于其新加坡分公司经理多次错漏账户违规操作累积的风险。

银行经营者应采用各种策略与方法规避以上各种风险及将其降到可接受范围内。其中，保持银行资本的充足性是应对各种银行风险的重要策略。银行资本充足性测定包括测定指标与测定方法两方面内容。

(一)测定指标

1. 资本与存款比率

资本与存款比率是指银行资本对存款的耐力程度。为防止出现流动性风险，银行应该保持一定资本与存款比率。但由于银行流动性风险主要源于贷款与投资变现能力不足，因而改用资本与总资产比率为测定指标。

2. 资本与总资产比率

资本与总资产比率一般在8%左右，这在一定程度上表明银行抵御资产意外损失的能力。但是该指标未能考虑到资产结构对资本量的影响，以短期证券、贷款为主资产结构的经营风险远高于以长期贷款、投资为主资产结构的经营风险，其对资本的需求不同。该指标无法反映上述差异，因此公认的资本与资产总量比率难以形成。

3. 资本与风险加权资产比率

银行风险加权资产会随其资产结构的变化而变化，凸显原先资本与资产比率不足。而资本与风险加权资产比率可说明银行资本充足性。比率中风险资产不包括银行一、二级准备金在内的资产。同时，这一指标将不必用资本给予保障的资产排除在外，在较大程度上体现了资本"抵御资产意外损失"的功能，更具有科学性。但美中不足的是该指标并未考虑到不同类别资产的风险差异，即未考虑不同风险资产对资本需求量不同。

(二)测定方法

1. 分类比率法

分类比率法又称纽约公式，该公式根据银行资产风险程度差异性将其资产分为六类并对各类资产规定资本要求比率。其中，无风险资产是指现金、存放同业、短期国债与一、二级准备金等流动性强的资产，此类资产流动性高风险低而无须资本担保，其风险权数为0；风险较小资产是指5年期以上政府债券、政府机构债券与安全性较好的信用担保；贷款等风险较小资产是指流动性较高风险较小的资产，其风险权数为5%；普通风险资产是指除政府公债之外的证券投资与证券贷款，它流动性较差风险较大，主要指有价证券，其风险权数为12%；风险较高资产是指对财务状况较差、信用水平较低与担保不足债务人所发放的贷款，其风险权数为20%；有问题资产是指超过偿付期限贷款、可疑贷款，银行持有此类资产遭受损失概率很大，其风险权数为50%；亏损资产与固定资产是指银行投入因损失而收不回来的资产，而固定资产是指银行运用资本购买的被固化资本。两类资产应由银行资本金抵偿，其风险权数为100%。

分类比率法计量以上六类资产的加权平均值与其各自资本资产比率要求即风险权数乘积的总和，就可得出银行最低资本量。

2. 综合分析法

综合分析法是指影响资本充足性的因素包括银行经营管理水平、资产流动性、收益与留存收益、存款结构的潜在变化、银行股东的特点与信誉、银行营业费用数量、营业活动有效性、银行满足本地区现在与未来竞争需要能力等。

综合分析法在某些方面具有一定主观性，因而可以影响分析结论的准确性，所以在实际工作中通常应将综合分析法及分类比率法综合运用。

3.《巴塞尔协议》方法

(1) 1988年《巴塞尔协议Ⅰ》对银行资本充足性测定采用全新衡量方法，其规定总资本充足率应达到8%与核心资本充足率应达到4%。即

$$总资本充足率=\frac{总资本}{风险加权资产总额}\times100\%$$

$$核心资本充足率=\frac{核心资本}{风险加权资产总额}\times100\%$$

其中：

$$总资本=核心资本+附属资本$$
$$风险加权资产总额=表内风险资产+表外风险资产$$
$$表内风险资产=\sum 表内资产额\times风险权重$$
$$表外风险资产=\sum 表外资产额\times信用转换系数\times同类表内资产风险权重$$
$$等价信贷=合约面值\times潜在风险转换系数+即时风险$$

【例2-3】已知某银行核心资本为70万元人民币，附属资本为30万元人民币，总资产为1500万元人民币。该银行的资产负债表内外项目如表2-2所示。

表2-2 该银行的资产负债表内外项目

项 目	金额(万元)	风险权重(%)	转换系数(%)
表内项目			
现金	75	0	
短期政府债券	300	0	
国内银行存款	75	20	
住宅抵押贷款	75	50	
企业贷款	975	100	
表外项目			
支持政府发行债券的备用信用证	150	20	100
对企业的2年期贷款承诺	300	100	50

要求：请根据《巴塞尔协议Ⅰ》要求计算该银行资本充足率与核心资本充足率，并分析资本充足情况。

表内风险资产$=\sum$表内资产额×风险权重

$\qquad =75\times0\%+300\times0\%+75\times20\%+75\times50\%+975\times100\%$

$\qquad =1027.5(万元)$

表外风险资产$=\sum$表外资产额×信用转换系数×同类表内资产风险权重

$\qquad =150\times100\%\times20\%+300\times50\%\times100\%$

$\qquad =180(万元)$

风险加权资产总额=表内风险资产+表外风险资产

$\qquad =1027.5+180$

$\qquad =1207.5(万元)$

总资本=核心资本+附属资本

$\qquad =70+30=100(万元)$

$$总资本充足率=\frac{总资本}{风险加权资产总额}\times100\%$$

$\qquad =100\div1207.5\times100\%\approx8.28\%>8\%$

$$核心资本充足率=\frac{核心资本}{风险加权资产总额}\times100\%$$

$\qquad =701207.5\times100\%\approx5.8\%>4\%$

所以该银行满足资本充足性的要求。

(2) 2004 年《巴塞尔协议Ⅱ》银行资本充足性测定要求银行总资本充足率为 8%与核心资本充足率至少为 4%，其中，附属资本最高不得超过核心资本的 100%，并且作为附属资本的次级债务和中期优先股的总额不得超过核心资本的 50%。但是在风险加权资产计算方面，在原来考虑了信用风险基础上进一步考虑市场风险与操作风险。风险加权资产等于信用风险加权资产与市场风险、操作风险加权资产的总和。即

$$资本充足率=\frac{资本}{信用风险加权资产+市场风险加权资产+操作风险加权资产} \tag{2-8}$$

其中：

总资本(核心资本与附属资本之和)与风险加权资产总额比率不得低于 8%，即

$$总资本充足率=\frac{总资本}{风险加权资产总额}\times100\%$$

$$=\frac{核心资本+附属资本}{信用风险加权资产总额+12.5\times市场风险总额+12.5\times操作风险总额}\times100\%\geqslant8\% \tag{2-9}$$

核心资本与风险加权资产总额比率不得低于 4%，即

$$核心资本充足率=\frac{核心资本}{风险加权资产总额}\times100\%$$

$$=\frac{核心资本}{信用风险加权资产总额+12.5\times市场风险总额+12.5\times操作风险总额}\times100\%\geqslant4\% \tag{2-10}$$

【例 2-4】已知某银行核心资本为 67.5 万美元，附属资本为 30 万美元，信用风险加权资产为 875 万美元，市场风险资本要求为 10 万美元，操作风险资本要求为 20 万美元。请根据《巴塞尔协议Ⅱ》要求计算银行总资本充足率与核心资本充足率，并分析该银行资本充足性

情况。

$$总资本充足率=\frac{总资本}{风险加权资产总额}\times100\%$$

$$=\frac{核心资本+附属资本}{信用风险加权资产总额+12.5\times市场风险总额+12.5\times操作风险总额}\times100\%$$

$$=\frac{67.5+30}{872+12.5\times10+12.5\times20}\times100\%$$

$$=\frac{97.5}{1250}=7.8\%<8\%$$

所以该银行不满足总资本充足性要求。

$$核心资本充足率=\frac{核心资本}{风险加权资产总额}\times100\%$$

$$=\frac{核心资本}{信用风险加权资产总额+12.5\times市场风险总额+12.5\times操作风险总额}\times100\%$$

$$=\frac{67.5}{872+12.5\times10+12.5\times20}\times100\%$$

$$=5.4\%>4\%$$

所以该银行满足核心资本充足性要求。

(3) 2010年《巴塞尔协议Ⅲ》银行资本充足性测定与《巴塞尔协议Ⅱ》无较大差别。非信用风险资产所对应的资本充足性测定逻辑与信用风险资产所对应的资本充足性测定一致。

第三节　银行资本策略与我国银行业资本监管

课前思考

什么是分子分母策略？通过增加留存收益来提高商业银行资本的方式存在哪三大限制因素？《巴塞尔协议Ⅲ》框架下我国银行业资本监管有什么规定？

巴塞尔协议框架下银行资本充足性要求最低资本限额应与银行资产结构决定的资产风险相联系，资产风险越大，资本限额则越高；同时银行股本被认为是最重要的一级资本或核心资本。因此，银行资本要求量与银行资本结构及资产结构直接相关。

一、银行资本策略

(一)分子对策

分子对策指根据《巴塞尔协议》中的资本计算方法尽量提高银行资本总量及改善与优化资本结构。银行资本计划应建立在其经营目标所需银行资本金数额及金融监管机构所规定的银行最低资本限额要求基础上。实施过程中提高核心资本往往会带来股东权益与每股收益稀释或股息发放太少引致股价下跌等不良后果。因此不可过分提高核心资本。筹集附属资本一般成本较低及带来银行杠杆收益，但监管层对其有数量限制以制约附属资本扩张。资本筹集常用的方法有内源资本策略与外源资本策略，即资本筹集来源可分为银行体系的内部和外部。一般来说补充核心资本首选内源资本，而补充附属资本则首选外源资本。

1. 内源资本策略

成本较低的内源资本补充方式是银行的首选方式。但需要特别注意的是，银行在实施过程中必须充分考虑留存收益与股利政策两个要素。

1）留存收益

为保证银行拥有充足资本金支持，银行通常通过增加留存收益以提高银行资本金，但这策略存在一定局限性。一是银行与金融监管机构决定的适度资本金数额，若以资本资产比率来描述银行资本充足性，那么内源资本可支持的资本增长与资本资产比率是成负相关关系的，即银行资本资产比率越低，则内源资本可支持的资本增长越大，反之则越小。二是银行创利能力，内源资本可支持的资本增长与银行创利能力成正相关关系，即在银行股利政策不变的情况下留存收益数额由银行盈利能力决定，若银行创利能力越高则内源资本可支持资本增长越大，反之则越小。

2）股利政策

合理的股利分配政策可为企业扩大规模提供资金来源，为企业树立良好形象以吸引潜在投资者与债权人并激发投资者投资公司的热情，这对投资者投资行为有极大的借鉴作用。这是投资者实现其投资收益的重要依据，也是潜在投资者评价银行价值的重要指标。因此银行股利政策可以影响投资者的行为并对银行市场价值产生重要影响。实际上股利政策是增加银行资产的限制因素，在相对稳定的情况下银行股利水平与银行净收益成正相关关系，即股利发放水平越高，当期资产增长率越低。

2. 外源资本策略

发行普通股、优先股、中长期资本债券与资本票据是银行资本外部筹集的重要方式。为充分扩张银行资本核心部分，银行通常通过发行普通股与优先股以增强银行资本及优化资本结构。但银行本身与金融监管机构对该方式看法不同，金融监管机构认为以该方式满足银行核心资本要求及在很大程度上增加核心资本，可以说该方式是最理想的筹集外源资本的方式；而银行本身则认为普通股与优先股成本较高，发行普通股会导致普通股股份增加而使每股收益减小及产生股东权益与每股净收益被稀释现象，因此商业银行会选择补充附属资本以增加资本总量。

各银行核心资本总量监管要求不同以至于实施外源资本策略不一样。发行新股是核心资本不足银行的首推策略，另外银行还可通过发行非积累性优先股或将资本盈余部分以股息股票形式发给股东；而对于核心资本已占到总资本50%以上的银行，要使银行资本总额获得最大程度的满足，就需要通过发行债务方式来获取附属资本。

（二）分母对策

根据《巴塞尔协议》，分母对策在于优化资产结构以尽量降低风险权数高的资产在总资产中的比重。此外，应实施表外业务经营策略以尽可能选择转化系数小与相应风险权数小的表外业务。因此分母对策的重点是压缩银行风险资产规模及调整银行风险资产结构。

1. 压缩银行风险资产规模

银行风险资产规模越大则银行对资本需求就越强。对资本不足的银行来说其为提高资本的风险资产比率，可通过出售部分高风险资产或市价水平较高的金融资产来缩小银行风险资产规模，以解决银行内部留存收益与资本增长需求不匹配或银行难以通过扩大外源资本方式来获取资本的现象。由于银行资产具有现金存量高、金融债券比例高与房产等固化资本相对少的特点，因此银行压缩风险资产规模要遵循其资产管理要求，通过有效资产组合以确保银行资产规模的合理性。

其中，银行现金存量受限于客户日常提取存款进行日常交易的需要、金融监管机构法定存款准备金的规定、在央行与其他往来银行存足够清偿资金、向代理行支付现金换取服务需要四方面限制。若银行能很好地满足以上四方面需求则说明这家银行资金流动性较强。以银行各种证券投资与贷款为主要构成的银行金融债权是银行收入的基本来源，它所占比例较高。银行证券投资主要包括银行持有高流动性及低风险金融资产，这类资产能满足银行流动性与营利性双重需求，因此不能简单地降低该类资产的规模而应通过有效投资组合来降低风险及提高资产流动性与营利性。贷款是银行资产的主要部分，通常我们用银行存贷比来衡量银行贷款总额的大小，而经济是否景气会对存贷比产生重要影响，即经济不景气银行就需要缩减资产规模以此来减少经营风险。

2. 调整银行资产结构

在银行总资产不变的情况下，为提高资本充足率，银行通常会进行资产结构优化与调整，尤其是证券投资与贷款的优化与调整。

其中，银行多选择信誉等级较高的金融证券作为证券投资对象。由于证券投资空间广阔，市场存在各种可供选择的证券，它们在性质与期限上存在很多差异，因此银行会选择投资多个不同类型、不同期限的证券以进行有效投资组合，以此把投资风险尽可能降到最低来维持营利性与流动性之间的平衡。贷款是风险较大的资产且变现能力较弱，要通过优化及调整贷款结构来提高资本充足率。银行通过贷款组合或创造衍生工具，可以尽量减少高风险权重资产占总资产的比重并增加低风险权重资产占总资产的比重，并以此来减轻银行的风险负担。除此之外，银行必须重视表外业务管理。

为保证银行正常运行以满足银行经营与盈利需要，银行就必须保持一定量资本，因此银行在经营过程中必须充分合理地运用分子分母对策以提高银行资本的充足率。

二、我国银行业资本监管

在《巴塞尔协议》银行资本充足性框架下，我国金融监管机构制定了适合我国国情的银行业资本充足性监管方针和政策。

(一)银行业监管资本构成

银行业监管资本又称最低资本，是指金融监管当局规定银行必须持有资本的最低量。2012年6月银监会发布《商业银行资本管理办法(试行)》，其中，监管资本包括一级资本和二级资本，一级资本又包括核心一级资本与其他一级资本。

1. 核心一级资本

核心一级资本是指银行持续经营条件下无条件吸收损失的资本工具，具有永久性、清偿顺序排在所有其他融资工具之后的特征。它包括实收资本、普通股、资本公积可计入部分、盈余公积、一般风险准备、未分配利润与少数股东资本可计入部分。

2. 其他一级资本

其他一级资本是指非累积性、永久性、不带有利率跳升与其他赎回条款及本金与收益都应在银行持续经营条件下参与吸收损失的资本工具。它包括其他一级资本工具与其溢价(如优先股与其溢价)及少数股东资本可计入部分。

3. 二级资本

二级资本是指在破产清算条件下可以用于吸收损失的资本工具,二级资本受偿顺序列在普通股之前、一般债权人之后,不带赎回机制,不允许设定利率跳升条款,收益不具有信用敏感性特征,必须含有减计或转股条款。它包括二级资本工具(如符合条件次级债、可转债与符合条件超额贷款损失准备金)、溢价、超额贷款损失准备可计入部分及少数股东资本可计入部分。

4. 资本扣减项

资本扣减项是指商誉、其他无形资产(土地使用权除外)、由经营亏损引起的净递延税资产、贷款损失准备缺口、资产证券化销售利得、确定收益类养老金资产净额、直接或间接持有本银行股票、对资产负债表中未按公允价值计量项目进行套期形成的现金流储备及商业银行自身信用风险变化导致其负债公允价值变化带来的未实现损益。

2013年以来我国银行业发展迅速,大部分银行面临资本约束与监管标准趋严,这意味着金融监管机构对银行动态补充资本提出更高要求。我国银行资本补充中普通股、优先股与二级资本债券发行已经常态化,但常态化银行资本补充不足以满足日益提高的金融监管机构银行资本充足性要求。因此,国务院召开常务会议决定支持商业银行通过永续债补充资本金,疏通货币政策传导机制。对于我国银行业来说永续债是新型补充资本渠道。永续债没有固定期限或到期日为机构存续期,具有一定损失吸收能力及可计入银行其他一级资本。它是国际银行业补充其他一级资本较常用的一种工具,有比较成熟的模式,有利于优化银行资本结构及增强银行抵御风险的能力与信贷投放能力,同时也有利于丰富我国债券市场品种结构及满足长期投资人资产配置需求。

(二)银行业资本充足率监管

以监管资本为基础计算的资本充足率,是监管部门限制银行过度承担风险、保证金融市场稳健运行的重要工具。

1. 资本充足率计算

资本充足率是指银行持有符合规定的监管资本与风险加权资产之间的比率。商业银行应当按照以下公式计算资本充足率。

$$资本充足率 = \frac{总资本 - 对应资本扣减项}{风险加权资产} \times 100\% \tag{2-11}$$

$$一级资本充足率 = \frac{二级资本 - 对应资本扣减项}{风险加权资产} \times 100\% \tag{2-12}$$

$$核心一级资本充足率 = \frac{核心一级资本 - 对应资本扣减项}{风险加权资产} \times 100\% \tag{2-13}$$

其中，商业银行总资本包括核心一级资本、其他一级资本与二级资本；商业银行加权资产包括信用风险加权资产、市场风险加权资产与操作风险加权资产。

2. 资本充足率监管要求

中国银监会(现中国银保监会)于 2012 年颁布《商业银行资本管理办法(试行)》(以下简称《管理办法(试行)》)建立了与《巴塞尔协议Ⅲ》接轨的资本监管制度，其明确提出四层次的监管资本要求：第一层次是最低资本要求，即核心一级资本充足率不小于 5%，一级资本充足率不小于 6%，资本充足率不小于 8%；第二层次是储备资本要求与逆周期资本要求，即储备资本要求计提 2.5%，逆周期资本要求计提 0～2.5%；第三层次是系统重要性银行附加资本要求为 1%；第四层次是第二支柱资本要求，即针对特殊资产组合的特别资本要求与针对单家银行的特定资本要求。2013 年 1 月 1 日《管理办法(试行)》正式实施后，在经济基本面未发生较大变化的前提下我国系统重要性银行与非系统重要性银行的资本充足率分别不得低于 11.5%和 10.5%。2013 年以来我国商业银行对资本充足性的重视程度逐年提高。表 2-3 以中国银行为例反映了 2013 年至 2019 年我国银行业监管资本的变迁。

表 2-3　2013 年至 2019 年中国银行资本充足率

单位：百万元；%

各项指标(根据《资本管理办法》计量)/年份	2013 年	2014 年	2015 年	2016 年	2017 年	2018 年	2019 年
一级资本净额	802861	1000841	1142110	1205826	1280013	1350770	1546517
核心一级资本净额	802861	929096	1042396	1106112	1180299	1251056	1346623
资本净额	1040740	1234879	1335327	1414052	1526537	1683893	1927188
核心一级资本充足率	9.55	10.48	11.06	10.98	10.85	11.08	10.99
一级资本充足率	9.55	11.29	12.12	11.96	11.77	11.96	12.62
资本充足率	12.38	13.93	14.17	14.03	14.04	14.92	15.72

数据来源：2013—2019 年《中国银行资产充足率报告》。

表 2-3 中所示的 2013 年至 2019 年中国银行核心一级资本净额、资本充足率以及核心资本充足率等指标大体呈上升趋势，由此可看出中国银行重视资本管理，逐步提高资本充足率以降低银行风险。这也侧面反映了金融国际化与自由化背景下，中国金融监管机构重视中国银行业的资本充足性。

(三)银行业杠杆率监管

2011 年 4 月中国银监会(现中国银保监会)发布《中国银行业实施新监管标准指导意见》(以下简称《指导意见》)，确立了我国银行业实施新监管标准的政策与框架。除了前面所提及的资本充足率监管以外，《指导意见》中为防止银行业杠杆率过度积累引入了杠杆率监管要求，要求银行业杠杆率不低于 4%，即一级资本占调整后表内外资产余额的比例不低于 4%，弥补资本充足率不足以控制各家银行及银行体系杠杆率积累。为推动商业银行转变发展模式及提高发展质量，设定银行业杠杆率监管标准是必要的。

(四)银行业资本监管策略

我国银行业资本监管面临两大难题。一是银行资本自我累积能力差、筹资渠道较少、资本来源单一及银行盈利能力与部分国际知名银行还存在较大差距，我国银行业过于倚重传统信贷业务，金融创新与中间业务仍需开疆拓土。二是银行风险管理能力偏弱。银行必须在风险与收益间寻求最佳平衡点。国内银行业风险管理理念相对落后，同时国内银行业风险管理组织构架还不完善，风险管理部门往往容易受制于其他部门与管理层的影响而无法充分发挥其监督作用。

基于巴塞尔协议框架，我国银行业资本监管策略有三条路径。一是拓宽筹资渠道。开办新业务、寻求多种融资筹资渠道以补充资本；积极主动引进境外战略投资伙伴以多方面开展金融创新业务。二是优化资本结构。资本结构调整选择条件在于通过比较各种融资方式的成本与收益从而达到资本成本最小；银行需要根据自身实际情况与发展目标优化资本结构以降低风险。三是增强风险管理。提高对银行风险管理的重视程度，引进与时俱进的管理人才与管理技术，完善内部评估体系以落实资本风险管理措施。

第四节　经济资本与金融科技

课前思考

　　什么是经济资本？商业银行如何配置经济资本？商业银行进行风险绩效考核时加入了什么要素以及是如何加入的？金融科技如何应用到银行业金融资本充足性与金融监管机构银行业资本监管？

除了会计意义上的账面资本(又称所有者权益)、监管资本外，随着银行经营实践的深化，经济资本逐渐成为银行风险经营的工具。经济资本不能等同于账面资本，也不能等同于监管资本，但它与两者又相互联系，它是基于账面资本与监管资本的防止非预期损失的资本。巴塞尔协议框架下，金融监管机构对我国银行业监管趋严以至于常态化监管资本不足以满足银行资本充足性需求。一方面，银行业要拓宽筹资渠道，开办新业务、寻求多种融资筹资渠道以补充资本，并积极主动引进境外战略投资伙伴以多方面开展金融创新业务；另一方面，要优化资本结构，通过比较各种融资方式的成本与收益从而达到资本成本最小。但更为重要的是，银行业需要根据自身实际情况与发展目标优化资本结构以降低风险，这就需要通过对银行经济资本进行度量以尽可能覆盖银行非预期损失。

一、经济资本含义与计量

经济资本又称风险资本，是指一定置信度水平下为抵补未来一定期限内银行资产或投资组合面临的非预期损失所需要的资本。因此经济资本不是银行实实在在拥有的资本，其本质是风险概念，又称为风险资本。

经济资本计量实质上是对非预期损失的计量。从银行审慎经营与稳健经营角度出发，银行持有资本数量应大于经济资本。在计量经济资本时，面对不同风险应采取不同计量方法；面对相同风险也可以采用不同计量方法。

二、经济资本配置模式

银行需合理进行经济资本配置使各业务单元收益与风险匹配，以保证经济资本被分配到使用效率最高的业务领域，最终实现风险调整后的收益最大化。

一般而言，商业银行分配经济资本可采取自上而下、自下而上或两者相结合的模式，具体如表2-4所示。

表2-4　自上而下、自下而上模式

模　式	内　容
自上而下	基于确定的资本总量，综合考虑各经营维度经济资本占用与风险回报，在遵循一定原则(如目标资本回报要求)的基础上，将有限经济资本按照不同经营维度进行层层分解
自下而上	先对每个业务单元进行风险计量以确定相应经济资本需求，再将这些经济资本由底层向上逐级汇总以形成全行经济资本分配方案

在配置经济资本时商业银行所采用的方法有系数法、收入变动法与资本变动法。中国商业银行主要采用系数法，其基本思路是对银行每种资产都配置一定经济资本，即经济资本满足资产属性(指资产余额、资产期限、资产质量等)函数，同时给每一类资产确定一个经济资本分配系数。根据资产对象不同系数可分别在交易基础与资产组合上测算得到。可用公式表示如下。

$$经济资本=f(资产属性)=f(余额，期限，质量)$$
$$=资产余额×经济资本分配系数 \tag{2-14}$$

三、银行业风险绩效考核

现代商业银行的核心目标是银行价值最大化。价值最大化并不等于利润最大化，它是利润最大化与风险最小化的有机结合，而通过经济资本计量非预期损失对应的资本有助于实现银行价值最大化。同时，为更好地反映银行的经营绩效与风险程度，许多商业银行将风险因素纳入银行绩效评价体系之中，达到风险与绩效同时分配与考核的目的。目前国际上主流的银行业风险绩效评价方法有两种，即经济增加值(EVA)与风险调整后的资本回报率(RAROC)，如表2-5所示。

表2-5　经济增加值与风险调整后的资本回报率

方　法	内　容
经济增加值	又称经济利润，是扣除全部资本机会成本后的剩余利润，即资本收益与资本成本之间的差额。其计算公式如下： 　　　EVA=税后净营业利润-经济资本×资本成本　　　(2-15) EVA＞0：说明银行资产使用效率高，银行价值增加； EVA＝0：说明银行利润仅能满足债权人与投资者预期获得的最低报酬，银行价值不变； EVA＜0：此时即使会计报表反映净利润为正，仍表明银行经营状况并不理想，银行价值减少； EVA对权益资本成本进行了确认与计量，其核心特点是考虑机会成本，表示经营项目净利润与投资者用同样资本投资其他项目所获最低收益之间的差额

方　　法	内　　容
风险调整后的资本回报率	又称经济资本回报率，是经风险调整后的净收益与经济资本比率。其计算公式如下 $$RAROC = \frac{经风险调整后税后净利润}{经济资本} \quad (2\text{-}16)$$ 其中，经风险调整后： $$税后净利润=总收入-资金成本-经营成本-风险成本-税项 \quad (2\text{-}17)$$ RAROC 已成为银行业公认的最有效的风险绩效考核方法之一。它的核心思想是在评价商业银行盈利能力时充分考虑风险成本，将风险带来的未来可预期损失量化为当期成本，与银行成本等一并计入当期损益，为可能发生的非预期损失做资本准备，使银行收益与所承担风险相对应

四、金融科技应用

经济资本计量工作量大且烦琐，如何结合金融科技让它服务于经济资本计量已经成为银行业金融资本充足性与金融监管机构银行业资本监管的新课题，事实上银行业金融资本充足性与金融监管机构银行业资本监管是一个问题的两面。

2019 年 12 月 5 日，中国人民银行启动金融科技创新监管试点工作。为贯彻党的十九届四中全会精神，落实《金融科技(FinTech)发展规划(2019—2021 年)》(银发〔2019〕209 号文印发)，中国人民银行积极构建金融科技监管基本规则体系，探索运用信息公开、产品公示、社会监督等柔性管理方式，努力打造包容审慎的金融科技创新监管工具，着力提升金融监管的专业性、统一性和穿透性。按照《国务院关于全面推进北京市服务业扩大开放综合试点工作方案的批复》(国函〔2019〕16 号)，中国人民银行支持在北京市率先开展金融科技创新监管试点，探索构建符合我国国情、与国际接轨的金融科技创新监管工具，引导持牌金融机构在依法合规、保护消费者权益的前提下，运用现代信息技术赋能金融提质增效，营造守正、安全、普惠、开放的金融科技创新发展环境。2020 年 1 月 14 日，央行营管部向社会公示首批金融科技创新监管试点应用，即中国版金融科技"监管沙箱"。这次试点工作有利于我国建设国际一流金融科技生态以形成具有全球影响力的金融科技中心。此外，这次公示 6 个试点项目涉及国有商业银行、全国性股份制商业银行、大型城市商业银行、清算组织、支付机构、科技公司等 10 家机构，主要聚焦物联网、大数据、人工智能、区块链、API 等前沿技术在金融领域的应用，涵盖数字金融等多个应用场景，旨在纾解小微企业融资难融资贵问题、提升金融便民服务水平、拓展金融服务渠道等。

我们有理由相信金融科技与经济资本计量的结合指日可待。

知识窗

"监管沙箱"内涵

"监管沙箱"理念由英国金融行为监管局(FCA)率先提出。作为金融创新重要试点模式，"监管沙箱"在很多国家得到应用并积累了很多成熟经验。但英国"监管沙箱"更多是由 FCA 监管，中国则引入更多机制。

通俗而言"监管沙箱"通过提供缩小版真实市场允许企业对创新产品、服务模式大胆尝试，及时发现并规避产品缺陷与风险隐患。监管者可通过测试掌握创新本质有效评估风险及确定开放范围，并判断其对现有监管规则的影响，从而在风险可控前提下促进金融科技创新以引导金融科技向有利于消费者权益方向发展。中央银行科技司司长李伟在"2019年中国科技上海高峰论坛"上表示央行借鉴"监管沙箱"理念，探索更符合中国特色和中国国情的创新监管框架。这个框架首先要划定刚性底线，以现有法律法规、部门规章与基础规范性文件等为准，从业务合规、技术安全、风险可控等方面明确守正创新。同时设置柔性边界，运用信息披露、公众监督等柔性监管方式，为科技创新营造宽松适度的发展环境。还要预留充足的创新空间，让持牌机构享有平等创新机会，给有价值的金融创新预留充足的发展空间。

(资料来源：金融时报，2020年1月15日)

财商小剧场

【思考1】银行资本保持充足性，存款人存在商业银行的钱就安全了吗？

【问题解析】在和银行打交道的过程中，老百姓最怕银行破产倒闭以致自己的钱取不出来。2013年网传江苏射阳农商行要倒闭，结果上千人惊慌失措跑到银行网点要求提取全部现金。为避免市场恐慌累积形成羊群效应，射阳农商行紧急调取大量现金保障兑付，这才平息了事态。其实，从2015年开始存款人就不必再担心这种问题了。

2015年开始，即使银行破产倒闭，存款人50万元以下存款也能够得到全额赔付，这就是我们今天要讲的银行存款保险制度。这和我们之后要回答的第二问题"为什么中央银行是金融市场上的'最后贷款人'"及前面所讲授银行资本金充足性知识点是一个系列。因为金融市场恐慌心理会产生多米诺骨牌效应，我们要"事前预防，事中治疗"。存款保险制度就是事前给金融系统打了一剂强心针，避免银行挤兑给市场造成的恐慌与信心崩塌累积形成羊群效应。此制度的作用，一个强有力的证据就是从1933年世界性的经济大萧条以来，稳步实行该制度的美国银行业确实没有再发生大规模银行破产倒闭事件。因此美国著名经济学家费里德曼认为银行存款保险制度是1933年以来美国货币领域最大的一件事。

进一步思考，2013年以后马云阿里系推出余额宝后，很多银行仿效推出自己的"宝宝"类银行理财产品。你觉得你所购买的银行发行的"宝宝"类理财产品是否也在银行存款保险制度保障范围内？

【思考2】为什么中央银行是金融市场上的"最后贷款人"？

【问题解析】最后贷款人是指在发生问题后中央银行可以向银行类金融机构提供短期信贷以向市场注入流动性，这相当于把危机传播路径卡断以终结危机引致的蝴蝶效应的泛化，这是给金融体系设置的最后的安全屏障。

那么，市场为什么需要央行充当"最后贷款人"角色呢？这是因为金融市场靠信息维系日常运作。你可以把任何形式金融危机理解成预言的自我实现。因此要遏制危机必须打破预言。而金融市场发生任何问题累积后往往就成为流动性问题，即资金枯竭导致市场恐慌性抛售局面，这给市场释放压力和消极信号。此时发生问题银行抵押自有资产以迅速拿到现金及补充流动性，那么自我实现预言就会被打破以至于危机得以遏制。这就是央行"最后贷款人"角色，即央行在银行出现流动性问题时接受银行抵押资产并补充银行流动性。接下来举两个耳熟能详的金融危机例子，你就会明白其中的道理。

第一个例子是著名的 1929 年经济危机。1929 年 10 月美国股市发生崩盘引致许多金融机构(不仅仅银行)挤兑清盘。全球经济大地震瞬间进入大萧条模式。当时包括美国在内的西方世界奉行古典经济学理论，即绝对自由市场理论占绝对上风时期。因此美国政府包括美联储主张按兵不动，要让市场发挥"看不见的手"的自由机制以自我自愈。结果危机愈演愈烈，短短 3 年 30%银行破产。这主要是因为美联储当时没有履行"最后贷款人"职责，对银行挤兑反应麻木迟钝以至于银行连环倒闭，企业陷入绝境进一步助推危机中多米诺骨牌的倒塌。

第二个例子是 2008 年美国次级抵押贷款证券化引致的全球货币金融危机。尽管世界金融市场复杂程度不如 1929 年，但是各国央行及时干预使得这次危机持续时间短得多，也没有出现大的社会动荡。从这个意义上看，作为全球系统的"最后贷款人"，这次危机全球央行守住了金融市场安全的最后壁垒。

通过两次危机对比，我们明白央行作为市场"最后贷款人"的重大作用，即央行为金融机构提供持续的流动性支持以阻止市场的连锁反应，并防止恐慌通过各种渠道传播导致整个世界系统的崩溃。

进一步思考，"央行出手救市：2015 年 6 月至 7 月中国 A 股市场股灾"案例中中国人民银行是否充当了"最后贷款人"角色？

📚 本章小结

(1) 1975 年 2 月根据英格兰银行总裁理查森的建议，国际清算银行发起并主持瑞士巴塞尔市聚会，与会成员有比利时、荷兰、加拿大、英国、法国、意大利、德国、瑞典、日本与美国十国集团成员国及瑞士与卢森堡两个观察员国的中央银行代表，会后建立"国际清算银行关于银行管理和监督活动常设委员会"以监督及协调国际银行活动。该常设委员会简称巴塞尔委员会。

(2) 巴赛尔市聚会后，为加强保护银行资本金以促进国际银行体系稳健发展，并消除国际金融市场上国际银行间不平等竞争条件，1988 年 7 月巴塞尔委员会通过《巴塞尔协议Ⅰ》，旨在通过制定资本对信贷风险资产比例及确定防止信用风险的最低资本充足率以构建国际银行稳健经营环境。主要包括以下三方面内容：统一监管资本定义、建立资产风险衡量体系、确定资本金充足率监管标准。

(3) 2004 年 6 月巴塞尔委员会颁布新的监管资本要求准则《巴塞尔协议Ⅱ》，其目的是通过引入与银行所面临更加一致风险为基础的监管资本要求。鼓励银行要识别当前及未来的风险并通过改进现有风险管理体系以管理风险资产，构建更具前瞻性的资本监管方法。主要包括以下三方面内容(又称三大支柱)。具体包括最低风险资本要求、监督检查与外部监管、市场约束与信息披露。《巴塞尔协议Ⅱ》的三大支柱保持原有《巴塞尔协议Ⅰ》资本充足率要求，同时增加了监管约束与市场约束两项新要求。它构建的资本充足性要求对风险更加敏感并能防范更多类型的风险。

(4) 2008 年全球金融危机使商业银行遭遇严峻考验，为实现商业银行经营管理目标与加强国际协调，各国金融监管机构与巴塞尔委员会围绕资本金管理对银行监管资本提出更高要求。相比《巴塞尔协议Ⅱ》，《巴塞尔协议Ⅲ》核心一级资本保留最低资本要求，但新增留存超额资本要求、逆周期超额资本要求、系统重要性银行附加资本要求。主要包括三方面内容,即强化资本充足率监管标准、引入杠杆率监管标准、建立流动性风险量化监管标准。

(5) 核心资本包括实收普通股、永久非累积优先股、公开储备。普通股是指商业银行股金资本基本形式,它是一种权利证明。附属资本包括非公开储备、重估储备、普通准备金、混合资本工具和长期附属债务。

(6) 商业银行从事经营活动必须注入资本金。根据会计学定义,一般公司资本金等于资产总值减去负债总额后的净值,即所有者权益。而依据巴塞尔协议,商业银行具有双重资本特点,即所有者权益称为一级资本或核心资本,长期附属债务称为二级资本或附属资本。迄今巴塞尔委员会制定了三次巴塞尔协议,规定商业银行资本充足性的逻辑与依据,尽管协议规定不具有强制性,但它是国际银行业重要公约,对各国商业银行有很强约束力,也成为各国监管机构判断银行资本充足性的重要依据。

(7) 基于巴塞尔协议关于银行资本充足性的规定,资本充足性指银行资本金数量必须超过金融监管机构的规定并能足够保障日常正常经营与维护银行信誉的最低金额。银行资本金应实现银行风险资产安全与效益的动态平衡,这是衡量银行业务经营状况是否稳健的重要标志。资本充足性具有资本数量充足性与资本结构合理性两方面含义。

(8) 银行经营者应采用各种策略与方法规避信用风险、市场风险、操作风险、流动性风险与经营风险以及将其降到可接受范围内,其中,保持银行资本充足性是应对各种银行风险的重要策略。银行资本充足性测定包括测定指标与测定方法两方面的内容。

(9) 1988 年《巴塞尔协议 I》对银行资本充足性测定采用全新衡量方法,其规定总资本充足率应达到 8%、核心资本充足率应达到 4%,即

$$总资本充足率=\frac{总资本}{风险加权资产总额}\times100\%$$

$$核心资本充足率=\frac{核心资本}{风险加权资产总额}\times100\%$$

其中:

$$总资本=核心资本+附属资本$$
$$风险加权资产总额=表内风险资产+表外风险资产$$
$$表内风险资产=\sum 表内资产额\times风险权重$$
$$表外风险资产=\sum 表外资产额\times信用转换系数\times同类表内资产风险权重$$
$$等价信贷=合约面值\times潜在风险转换系数+即时风险$$

(10) 2004 年《巴塞尔协议 II》银行资本充足性测定要求银行总资本充足率为 8%,核心资本充足率至少为 4%。其中,附属资本最高不得超过核心资本的 100%,并且作为附属资本的次级债务和中期优先股的总额不得超过核心资本的 50%。但是在风险加权资产计算方面,在原来考虑了信用风险基础上进一步考虑市场风险与操作风险。风险加权资产等于信用风险加权资产与市场风险、操作风险加权资产的总和,即

$$资本充足率=\frac{资本}{信用风险加权资产+市场风险加权资产+操作风险加权资产}$$

其中:

总资本(核心资本与附属资本之和)与风险加权资产总额比率不得低于 8%,即

$$总资本充足率=\frac{总资本}{风险加权资产总额}\times100\%$$

$$\frac{核心资本+附属资本}{信用风险加权资产总额+12.5\times市场风险总额+12.5\times操作风险总额}\times100\%\geqslant8\%$$

核心资本与风险加权资产总额比率不得低于4%，即

$$核心资本充足率=\frac{核心资本}{风险加权资产总额}\times100\%$$

$$\frac{核心资本}{信用风险加权资产总额+12.5\times市场风险总额+12.5\times操作风险总额}\times100\%\geqslant4\%$$

(11) 分子对策是指根据《巴塞尔协议》中资本计算方法尽量提高银行资本总量及改善与优化资本结构。银行资本计划应建立在其经营目标所需银行资本金数额及金融监管机构所规定银行最低资本限额要求的基础上。实施过程中提高核心资本往往会带来股东权益与每股收益稀释或股息发放太少引致股价下跌等不良后果。因此不可过分提高核心资本。筹集附属资本一般成本较低及带来银行杠杆收益，但监管层对其有数量限制以制约附属资本扩张。资本筹集常用方法有内源资本策略与外源资本策略，即资本筹集来源于银行体系内部还是外部。一般来说，补充核心资本首选内源资本，补充附属资本则首选外源资本。

(12) 根据《巴塞尔协议》分母对策在于优化资产结构以尽量降低风险权数高资产在总资产的比重。此外加强表外业务经营策略以尽可能选择转化系数小与相应风险权数小的表外业务。因此，分母对策重点是压缩银行风险资产规模及调整银行风险资产结构。

(13) 银行业监管资本又称最低资本，是指金融监管当局规定银行必须持有资本的最低量。2012年6月中国银监会(现中国银保监会)发布《商业银行资本管理办法(试行)》，其中，监管资本包括一级资本和二级资本，一级资本又包括核心一级资本与其他一级资本。

(14) 中国银监会(现中国银保监会)于2012年颁布《商业银行资本管理办法(试行)》(以下简称《管理办法(试行)》)建立了与《巴塞尔协议Ⅲ》接轨的资本监管制度，其明确提出四层次的监管资本要求：第一层次是最低资本要求，即核心一级资本充足率不小于5%，一级资本充足率不小于6%，资本充足率不小于8%；第二层次是储备资本要求与逆周期资本要求，即储备资本要求计提2.5%，逆周期资本要求计提0~2.5%；第三层次是系统重要性银行附加资本要求为1%；第四层次是第二支柱资本要求，即针对特殊资产组合的特别资本要求与针对单家银行的特定资本要求。2013年1月1日《管理办法(试行)》正式实施后，在经济基本面未发生较大变化的前提下我国系统重要性银行与非系统重要性银行的资本充足率分别不得低于11.5%和10.5%。2013年以来，我国商业银行对资本充足性的重视程度逐年提高。

(15) 基于巴塞尔协议框架，我国银行业资本监管策略有三条路径。一是拓宽筹资渠道。开办新业务、寻求多种融资筹资渠道以补充资本；积极主动引进境外战略投资伙伴以多方面开展金融创新业务。二是优化资本结构。资本结构调整选择条件在于通过比较各种融资方式的成本与收益从而达到资本成本最小；银行需要根据自身实际情况与发展目标优化资本结构以降低风险。三是增强风险管理。提高对银行风险管理的重视程度，引进与时俱进的管理人才与管理技术，完善内部评估体系以落实资本风险管理措施。

(16) 经济资本是指一定置信度水平下为抵补未来一定期限内银行资产或投资组合面临的非预期损失所需要的资本。因此经济资本不是银行实实在在拥有的资本，其本质是风险概念，又称为风险资本。商业银行分配经济资本可采取自上而下、自下而上或两者相结合的模式。

练习与思考

一、名词解释

1. 公开储备

2. 风险加权资产

3. 经济资本

4. 资本充足性

5. 巴塞尔委员会

6. 信用风险

7. 流动性风险

8. 资本与风险资产比率

9. 其他一级资本

二、简答题

1. 核心资本和附属资本的区别是什么?

2. 简述商业银行提高资本充足率的途径。

3. 简述《巴塞尔协议》发展历程。

4. 简述我国银行业资本监管策略。

三、单选题

1. 《巴塞尔协议》规定,银行核心资本比率应大于或等于(　　　)。

    A. 1.25%　　　　　　B. 4%　　　　　　　　C. 8%　　　　　　　　D. 50%

2. 下列选项中,属于商业银行提高资本充足率办法的是(　　　)。

    A. 增加资本　　　　　　　　　　　　B. 降低风险加权总资产

    C. 前面两者同时实施　　　　　　　　D. 上述行为均可

3. 资本办法要求我国核心一级资本充足率和资本充足率分别为(　　　)。

    A. 5%和6%　　　　B. 6%和8%　　　　C. 5%和8%　　　　D. 8%和5%

4. 银行资本发挥的作用比一般企业资本发挥的作用更为重要,下列不属于银行资本作用的是(　　　)。

    A. 避免银行倒闭　　　　　　　　　　B. 维持市场信心

    C. 限制银行业务过度扩张和承担风险　　D. 满足银行正常经营对长期资金的需要

5. 根据《巴塞尔协议Ⅲ》的要求,储备资本要求为(　　　)。

    A. 6%　　　　　　　B. 1%　　　　　　　C. 8%　　　　　　　D. 2.5%

6. 《巴塞尔协议》的第三大支柱是市场约束,其运作机制主要是依靠(　　　)的利益驱动。

    A. 监管机构　　　B. 利益相关者　　　C. 高级管理层　　　D. 风险管理部

7. 《巴塞尔协议Ⅱ》构建了"三大支柱"的监管框架,其中,"第二支柱"指的是(　　　)。

    A. 市场纪律　　　B. 信息披露　　　　C. 监督检查　　　　D. 最低资本要求

8. ( )已经成为先进银行广泛应用的管理工具。

    A. 账面资本   B. 监管资本   C. 经济资本   D. 负债资本

9. 在99%的置信度上，1年之内为弥补银行的非预期损失所需要的资本为50亿元，这里的50亿元是( )。

    A. 账面资本   B. 监管资本   C. 经济资本   D. 金融资本

10. EVA>0，表明银行的资产使用效率( )。

    A. 高   B. 低   C. 不变   D. 二者不相关

四、多选题

1. 依据银行资本来源渠道，可将资本分为( )。

    A. 一级资本   B. 二级资本   C. 内源资本

    D. 外源资本   E. 外部资本

2. 以下选项中，属于核心一级资本的有( )。

    A. 一般风险准备   B. 未公开储备   C. 资本公积

    D. 未分配利润   E. 实收资本

3. 商业银行的核心资本主要包括( )。

    A. 完全缴足的普通股   B. 非累积性优先股   C. 未分配利润

    D. 股票发行溢价   E. 企业发展基金

4. 商业银行的自有资金来源包括( )。

    A. 股本   B. 公积金   C. 未分配利润

    D. 发行金融债券   E. 吸收存款

5. 以下选项中，属于外来资金形成渠道的有( )。

    A. 吸收存款   B. 向中央银行借款   C. 发行债券

    D. 发行股票   E. 同业拆借

6. 下列选项中，属于《巴塞尔协议Ⅱ》第一支柱覆盖的风险有( )。

    A. 操作风险   B. 声誉风险   C. 信用风险   D. 市场风险

7. 《巴塞尔协议Ⅲ》中，关于扩大资本覆盖面，增强风险捕捉能力的说法正确的有( )。

    A. 提高资产证券化交易风险暴露的风险权重

    B. 大幅度提高了证券化风险暴露的风险权重

    C. 大幅度提高内部模型法下市场风险的资本要求和定性标准

    D. 大幅度提高场外衍生品和证券融资交易的交易对手信用风险的资本要求

    E. 在第二支柱框架下明确了商业银行全面风险治理结构的监管要求

8. 下列选项中，属于《巴塞尔协议》支柱内容的有( )。

    A. 最低资本要求   B. 市场约束   C. 外部监管   D. 外部评级

9. EVA的缺点包括( )。

    A. 评价指标的一致性和可比性难以保障

    B. 指标明确

    C. 指标调整复杂

D. 指标未关注到非财务指标，忽略股东以外的利益相关者

E. 管理导向清晰

10. 商业银行经济资本管理的意义包括(　　)。

A. 资源配置　　　　　　B. 绩效管理　　　　　　C. 风险控制　　　　D. 客户管理

 微课视频

扫一扫获取本章相关微课视频。

2.1 资本金构成.mp4　　　　2.2.1 构建银行财商(一).mp4　　　　2.2.2 构建银行财商(二).mp4

第三章 商业银行负债

【本章提要】

负债是商业银行实现"三性"经营目标的主要资金来源。作为金融中介，负债是商业银行最基本与最主要的业务。纵观世界银行史，普遍认为 20 世纪 60 年代是商业银行负债形式裂变的分水岭：在此之前银行负债以存款负债为主；在此之后银行负债除了存款负债外还包括非存款负债，与此同时银行存款创新得到蓬勃发展。此外，利率市场化在负债定价多样化演化过程中发挥着承前启后的重要作用。中国利率市场化在 2015 年年底之前基本已完成，金融机构有自主决定利率的权利；当然还有很多需要完善的地方。但无论如何，银行存款定价利率市场化落地将有助于我国银行业更好地差异化定价以服务于储户。本章在着重阐述商业银行负债概述、传统存款类型、存款定价、存款创新、存款稳定性经营策略与银行非存款负债来源及经营策略的基础上，将介绍金融科技在商业银行负债业务的应用。

【学习目标】

- 熟悉并掌握商业银行负债概述、传统存款类型、存款定价、存款创新、非存款负债来源。
- 了解商业银行存款稳定性经营策略及非存款资金经营策略。
- 了解金融科技在商业银行负债业务的应用。
- 构建逻辑、辩证与批判等科学思维、创新意识与创新兴趣。理解金融科技的哲学基础与金融科技为民要义，树立与时俱进、终身学习的理念。

 **开篇案例与思考**

"钱荒"冲击波：流动性压力成常态

2013 年 6 月 20 日银行间市场发生了一次里氏九级的"强烈地震"，这给市场敲响了警钟。当天，银行间市场交易员的圈子里弥漫着超乎寻常的紧张气氛，交易员们通过各种通信工具，不计成本地向其他机构借钱，一些大行的总行还紧急发公文，要求做好头寸管理。隔夜拆借利率一度冲高到 25%，质押式回购利率冲高到 30%。此前的 5 月份，隔夜拆借利率仅为 4%左右。货币市场的恐慌情绪也蔓延至整个金融市场，"钱荒"期间沪深两市大跌，债市收益率快速上行。

（资料来源：经济参考报，2013 年 12 月 18 日）

问题分析

2013 年 6 月 20 日，作为金融中介的商业银行为什么会发生"钱荒"？

第一节　商业银行负债概述

> 什么是商业银行负债？商业银行负债由什么构成？

商业银行负债是指商业银行承担的能以货币计量、需要用银行自有资产或提供劳务去偿还的债务。它代表商业银行对其债务人所承担的全部经济责任，是支撑商业银行资产业务的重要资金来源。商业银行负债可分为广义负债与狭义负债两种类型。广义负债主要是指除了自有资本以外的银行一切资金来源。狭义负债主要是指非资本性债务，其中资本性债务隶属于三次《巴塞尔协议》界定的监管资本范畴。本章所述商业银行负债皆为狭义负债。

商业银行负债有三大特点，即现实优先存在的经济义务、负债资金数量能用货币计量、债务偿付前负债始终存在，如常见的"借新债还旧债"，只是原有负债的延期而不构成新负债。银行负债有五大作用。其一，它是银行吸收资金的主要手段，也是银行经营的先决条件。其二，它是银行保持流动性的重要手段并决定着银行的盈利水平。其三，它将社会闲散资金合法聚集以推动社会经济发展。其四，它构成社会流通中的存款货币量，而流通中的现金货币量主要来源于中央银行发行的基础货币。其五，它是银行同社会各界联系的主要渠道。

商业银行负债按照资金来源、负债性质、负债意愿可划分为三种不同类型。第一，银行负债按资金来源可划分为存款负债、借入性负债与结算性负债。其中借入性负债是指银行通过金融市场或直接向中央银行融通资金，按照借款期限长短可分为长期借款与短期借款。结算性负债主要是指银行结算过程中占用的客户资金，主要包括汇出汇款与应解汇款。第二，银行负债按负债性质可划分为存款负债与非存款负债。其中非存款负债包括借入性负债与结算性负债，具体指联行存款、同业存款、借入款项、拆入款项及发行债券。第三，银行负债按负债意愿可划分为主动负债与被动负债。其中向央行借款、向同业拆借等为主动负债，居民储蓄与对公存款为被动负债。因此，存款负债称为被动负债而非存款负债被称为主动负债。

商业银行负债经营要遵循依法筹资、成本控制、量力而行、结构合理四个原则。因此银行负债经营必须综合考虑各种因素以保证负债结构的合理性。

知识窗

基础货币、狭义货币、广义货币、广义货币供应量与货币供给

货币供给是指一定时期内一国商业银行体系向经济中投入、创造、扩张或收缩货币的行为。货币供给是一个经济过程，即银行系统向经济中注入货币的过程。许多国家都将控制货币供应量的主要措施放在 M1 层次，使之成为国家宏观调控的主要对象，而货币供应量是国

家宏观经济指标中的货币金融指标。这主要是因为 M1 是狭义货币，其中 M1 中的银行活期存款随时可以成为支付手段，同现钞一样具有很强的流动性；同时 M1 作为现实购买力对社会经济生活影响巨大。

我国的 M1 包括 M0(又称基础货币、货币基数或强力货币)与活期存款。它是指流通于银行体系以外的现钞与铸币，包括居民手中的现钞与单位的备用金但不包括银行的库存现金；它购买力最强可随时作为流通手段与支付手段。M1 包括现金(即基础货币，简称 M0)与活期存款，其中活期存款包括企事业单位活期存款、农村存款、机关团体部队存款。此外，我们所熟悉的 M2 又称广义货币，是指银行存款中的定期存款、储蓄存款与各种短期信用工具。

接下来我们以 2020 年新冠疫情下货币供给相关数据来直观地理解基础货币、狭义货币、广义货币与广义货币供应量。

2020 年新冠疫情对全球经济造成严重冲击，对中国经济也造成严重冲击。但 2020 年 7 月 10 日人民银行举行的 2020 年上半年金融统计数据新闻发布会指出，总体看当前流动性合理充裕及广义货币供应量高于去年。具体而言，6 月末广义货币 M2 的余额是 213.49 万亿元，同比增长 11.1%，增速与上月末持平，比上年同期高 2.6 个百分点。狭义货币 M1 的余额是 60.43 万亿元，同比增长 6.5%，增速比上月末低 0.3 个百分点，比去年同期高 2.1 个百分点。流通中货币 M0 的余额是 7.95 万亿元，同比增长 9.5%，上半年净现金投放是 2270 亿元。

(资料来源：PBC 清廉金融，2020 年 7 月 11 日)

第二节 商业银行存款负债

课前思考

传统存款种类有哪些？我国利率市场化进展如何？存款定价要注意什么？存款创新要遵循什么原则？市场有哪些存款创新品种？

在商业银行负债中，存款是最基本、最主要与最传统要素，存款经营直接影响着商业银行的盈利水平与风险状况。不同类型存款对应不同利率，它对银行盈利水平与风险状况影响也不同。因此，存款负债经营要注意不同类型存款间成本变化及结构关系以提高银行盈利水平与降低银行经营风险。

一、传统存款类型

传统存款类型可按存款提取方式、存款持有人、存款币种、存款来源与信用性质四种方式来划分。具体如下所述。

第一，按存款提取方式可划分为活期存款、定期存款与储蓄存款。其中，活期存款又称交易账户或支票存款，它无确定存款期限，即存款人可随时存取与转让存款。持有存款客户可用各种方式提取存款，如支票、本票、汇票、电话转账、自动出纳机或其他电传手段等。我国银行活期存款主要来自企业与单位存款。它具有四个特点：货币支付与流通手段职能以提高银行信用创造能力；强存款派生能力以有效提高银行盈利水平；因流动性大存取频繁及需提供多种服务以至于营业成本较高而只能支付储户较低利息；银行扩大信用联系客户的重要渠道。

定期存款是指银行与存款客户事先商定存款期限且客户到期取款时可获一定利息的存款。例如，定期整存整取存款按存单开户日挂牌公告相应定期储蓄存款利率计算利息；存续期内遇利率调整，不论调高或调低均按存单开户日所定利率计付利息且不分段计息；储户提前支取，全部提前支取或部分提前支取部分按支取日挂牌公告活期储蓄利率计息，未提前支取部分仍按原存单所定利率计付利息。它为非交易账户。目前各国定期存款形式多样，包括可转让存单、不可转让存单、存折与清单等。它一般要到期才能提取。如果持有到期存单的客户要求续存则银行通常要签发新存单。它具有三个特点：存款稳定性好与银行稳定资金来源，这主要因为定期存款期限较长且按规定一般不能提前支取；资金利率高于活期存款，其稳定性明显强于活期存款，因此银行对应存款准备金率明显较低，可把所吸收定期存款绝大部分贷放出去而为银行带来可观收益；营业成本低于活期存款，这主要是因为在存款期间几乎不用提供任何服务，银行为定期存款所支付的各项管理费用即营业成本很低。

储蓄存款是指存款人为积蓄货币与取得利息收入而开立的存款账户，它不能签发支票，它的支取凭证是存折而存折不能流通转让，存款人也不能透支。但国内外关于储蓄存款的概念有不一样定义，如美国把储蓄存款定义为"存款者不必按照存款契约要求而按照存款机构所要求任何时间，在实际提取日7天以上时间提出书面申请提款的一种账户"。它主要可分为活期储蓄存款与定期储蓄存款两大类。根据2015年新修订的《商业银行法》规定办理储蓄业务，银行应当遵循"存款自愿、取款自由、存款有息、为存款人保密"原则。

第二，按存款持有人可划分为企业存款、财政性存款、同业存款与个人存款。其中财政性存款是一种非常重要的存款方式。地方财政存款、机关团体未支取前的经费、地方金库存款与基本建设存款都属于财政性存款。

第三，按存款币种可划分为本币存款与外币存款。

第四，按存款来源与信用性质可划分为原始存款与派生存款。原始存款是指银行吸收并能够增加其准备金的存款，它包括银行吸收现金存款或中央银行对银行贷款所形成的存款。相比原始存款，派生存款是指银行以原始存款为基础、运用信用流通工具与转账结算方式发放贷款及其他资产业务时所衍生出来的、超过最初部分存款的存款。它是银行体系业务经营过程整体运行的结果。它的产生过程是指银行吸收存款、发放贷款，形成新存款额并最终导致银行体系存款总量增加的过程，用公式表示，即

$$派生存款 = \frac{原始存款}{\dfrac{1}{法定存款准备金率} - 1} \tag{3-1}$$

派生存款创造必须具备两大基本条件：一是部分准备金制度。准备金数额与派生存款量直接相关。银行提取准备金占全部存款比例称作存款准备金率。存款准备金率越高则提取准备金越多，而银行可用资金就越少，派生存款量也相应减少，反之亦然；二是非现金结算制度。现代信用制度下银行向客户贷款通过增加客户在银行存款账户余额进行，客户则通过签发支票以完成支付行为。因此，银行在增加贷款或投资时增加了存款额，即创造出派生存款。如果客户以提取现金方式向银行获取贷款则不会形成派生存款。

传统存款类型可按存款提取方式、存款持有人、存款币种、存款来源与信用性质四种方式来划分。但现实中传统存款类型的划分与以上方式存在差异，如以2020年中国工商银行最新存款利率为例。其中，活期存款利率0.3%；整存整取定期存款利率3个月1.35%、6个月1.55%、1年1.75%、2年2.25%、3年2.75%与5年2.75%；零存整取、整存零取、存本取

息利率为 1 年 1.35%、3 年 1.55%、5 年 1.55%；定活两便利率按 1 年内定期整存整取同档次利率打六折执行；通知存款利率中 1 天通知存款 0.55%、7 天通知存款 1.1%。

课中案例

招商银行创新金融工具

招商银行新推出的"零花钱大作战"与"小招喵智能储蓄罐"吸引了众多家长的目光，也受到了孩子们的喜爱。"零花钱大作战"是招商银行 App 的一项新功能。登录招商银行 App，即可通过"转账"进入"零花钱大作战"页面，绑定小朋友(16 周岁以下)的银行卡，通过约定奖励计划，快速有趣地给小朋友发放零花钱，资金入账小朋友专属银行卡。

"小招喵智能储蓄罐"是招商银行联合 360 推出的一款新型智能金融科技产品。它具备存钱罐和儿童手表双重功能，且需要配套招商银行 App 的新功能"零花钱大作战"使用。例如，小朋友的招行卡绑定了"小招喵智能存钱罐"，当发放零花钱时，智能存钱罐将显示到账金额和当前活期余额。小朋友还可以通过智能存钱罐(即儿童手表的屏幕)自主查看余额，获得储蓄成就感和满足感。

(资料来源：金融投资报 2018-7-23)

问题分析

1. 结合招商银行"零花钱大作战"与"小招喵智能储蓄罐"思考，相比传统存款，这样的存款创新是怎样帮助银行获客、留客、活客的？

2. 基于招商银行创新金融工具，结合后续创新四原则知识点，进一步思考还可以在此基础上有何创新设计？其他商业银行针对"零花钱与储蓄罐"有何创新设计？

知识窗

存款证明

存款证明业务是指银行为存款人出具证明，证明存款人在前某时点的存款余额或某时期的存款发生额，证明存款人在银行存在以后某时点前不可动用存款余额。凡因出国留学、探亲、旅游、移民定居、经商或其他目的需要开具资信证明的居民个人与非居民个人，均可向银行开办个人存款证明业务机构申请办理此项业务。中国建设银行个人资信证明如图 3-1 所示。

图 3-1 中国建设银行个人资信证明

(资料来源：中国建设银行官网)

二、存款定价

金融市场发达国家利率自由浮动，因此商业银行可自主定价。但自主定价不等于自由定价，在近乎完全竞争的金融市场单个银行长期对存款定价几乎没有控制力，决定存款定价的主导因素是整个市场而非单个银行。利率市场化在负债定价多样化演化过程中发挥着承前启后的重要作用。2016年时任中国人民银行行长周小川在中国发展高层论坛上发表演讲时表示：中国利率市场化在2015年年底之前已基本完成，无论是贷款还是存款利率管制都已经取消，金融机构有自主决定利率的权利；当然还有很多需要完善的地方，但应该说利率市场化已有决定性的进展，金融机构都有利率的自主定价权。利率改革后续还有很多任务，如中央银行对利率指导的传导机制尚待健全，利率形成机制还需在市场不断磨合以逐渐完善。但无论如何，银行存款定价利率市场化落地将有助于我国银行业更好地差异化定价以服务于储户。

银行存款定价有目标利润定价法、边际成本定价法、市场渗透法、高层目标定价法与价格表定价法五类方法。

目标利润定价法是指在银行存款基础上加上银行既定目标利润率。它把存款定价与银行成本结合起来，如存款服务相关费用。边际成本定价法是指当市场利率频繁变动时，利用平均成本为存款定价变得不可靠。当利率下降时，筹集新资金边际成本可能大大低于银行所筹全部资金平均成本。一些与平均成本相比看起来无利可图的贷款与投资若以较低边际成本来衡量似乎会很有利，反之亦然。市场渗透法是指通过提供明显高于市场利率或向客户收取远远低于市场标准的费用来吸引更多客户。这种方法有助于银行快速扩张，但通常是以利润损失为代价的。高层目标定价法为客户中高存款余额者而设计。银行利用精心设计的广告方案向高净值客户提供全方位金融服务并收取较高费用，而对其他存款账户尤其是低余额高进出账户按照盈亏平衡原理定价。这可以抓住存款大户、控制小额存款，有利于控制成本并获取较高盈利，但其缺点是对银行社会形象有负面影响。价格表定价法是指银行将各种存款收费标准及计息规定列成表格张榜公布。价格表按收费条件可分为免费定价、固定费率与有条件免费定价三类。这种定价法严格按银行实际成本确定，安全可靠且透明度高。

市场渗透法与高层目标定价法分别适用于特定时期或特定对象，其他三类银行存款定价方法较常见，它们都考虑银行成本以进行存款定价。此外，存款定价不仅影响银行存贷利差，还会影响客户对存款余额与存款组合的决定并最终影响银行利润。因此，银行应通过合理存款定价弥补为吸引客户存款而提供服务的对应成本以此保护银行盈利能力。以下就银行吸收存款产生的成本进行介绍。

(一)存款成本分类

银行存款成本包括利息成本、非利息成本、资金成本、可用资金成本、相关成本、加权平均成本与边际存款成本七类成本。

第一，利息成本是指银行按约定存款利率以货币形式报酬付给存款人的开支。它可分为固定利率与浮动利率。固定利率是在一定存款期内按约定利率计息并保持不变的一种利率，我国存款一般按固定利率计息。浮动利率是在一定存款期内存款利率以市场上某种利率作基准并在一定范围浮动计息的一种利率。其中，基准利率是利率市场化机制形成的核心，它是整个利率体系中起主导作用的基础利率，其水平与变化决定着其他各种利率及金融资产价格水平与变化，如市场经济国家一般以中央银行再贴现率为基准利率。在中国利率政策中，1年期存款利率具有基准利率的作用，在此基础上其他存款利率经过复利计算确定。

第二，非利息成本又称经营成本、其他成本或服务成本，是指利息以外所有开支。它包括银行工作人员工资、建筑物与设备折旧、办公费用及广告宣传费用等。营业成本又分变动成本、固定成本与混合成本。在我国利息成本基本上由国家统一规定，因此经营成本成为银行成本的控制重点。

第三，资金成本指为吸收存款而支付的一切费用，即利息成本与经营成本之和。公式如下。

$$资金成本率 = \frac{利息成本 + 营业成本}{吸收的全部存款资金} \times 100\% \tag{3-2}$$

第四，可用资金成本又称为银行资金转移价格，是指银行可用资金所负担的全部成本。它是确定银行可用资金(营利性资产)价格的基础，因而决定着银行营利性资产收益率，它的利润是资金转移价格溢价。因此它是银行资金成本分析重点。银行吸收存款资金不能全部用于贷款与投资业务，必须进行扣除。扣除部分是法定存款准备金与必要超额准备部分。经扣除后资金才可作为营利性资产来源的资金。其中，存款准备金是指金融机构为保证客户提取存款与资金清算需要而准备的资金。金融机构按规定向中央银行缴纳的存款准备金占其存款总额的比例是存款准备金率。法定存款准备金率由中央银行规定，初始作用是保证存款支付与清算，之后才逐渐演变成为货币政策工具，中央银行通过调整它以影响金融机构信贷资金供应能力从而间接调控货币供给量。超额准备金率由商业银行自主决定。在我国，中国人民银行对各金融机构法定存款准备金按旬考核，如果金融机构按法人统一存入中国人民银行准备金存款低于上旬末一般存款余额的8%，那么中国人民银行对其不足部分按每日0.06%的利率处以罚息。

第五，相关成本是指吸收存款的相关因素所可能带来的但未包括在以上四种成本之中的支出，如风险成本、连锁反应成本。风险成本是指因存款增加而引起银行风险增加所要付出的代价，如利率敏感性存款增加相应带来的利率风险；保值储蓄贴补率取决于物价上涨的风险；或是因存款总额增长提高了负债与资本的比例从而增加的资本风险。

连锁反应成本是指银行为吸收新存款所增加的服务与利息支出而相应对原有存款增加的开支，如提高定期储蓄存款利率，提高利率不仅是新增存款的利率而且包括原有定期存款的利率，这就会大大增加银行利息支出。

第六，加权平均成本是指所有存款资金的每单位平均借入成本。其公式如下

$$加权平均成本 = \frac{\sum 每种存款的资金来源总量 \times 每种存款的单位平均成本}{各种存款资金来源总量之和} \tag{3-3}$$

第七，边际存款成本是指银行新增一个单位存款所要增加的经营成本。其公式如下

$$边际存款成本 = \frac{新增利息 + 新增经营成本}{新增存款数量} \tag{3-4}$$

(二)存款成本控制

1. 存款结构与成本选择

从存款期限结构与利率结构来看，存款期限越长利率越高成本也就越高；反之亦然。虽然活期存款利息成本较低但经营成本较高，但活期存款总成本不一定较低。在银行经营实践

中，对存款结构选择需要正确处理四大关系，即正确处理低息、中息、高息存款各自占存款总量的比重关系，尽量扩大低息存款吸收以降低利息成本相对数；正确处理不同存款利息成本与营业成本关系以不断降低营业成本；正确处理信贷能力与活期存款间关系，活期存款发展必须以不减弱银行信贷能力为条件；正确处理定期存款与信用创造能力间关系，定期存款增加不以提高自身比重为目标而应与银行存款派生能力相适应。

2. 存款总量与成本控制

在银行经营实践中存款成本与总量之间的关系可概括为四种不同组合：同向组合模式，即存款总量增加成本随之上升；逆向组合模式，即存款总量增长成本下降；总量单向变化模式，即存款总量增加成本不变；成本单向变化模式，即存款总量不变成本增加。

由此可见，存款成本不仅与存款总量有关而且与存款结构、单位成本内固定成本与变动成本比率及利息成本与经营成本占总成本比重有密切关系。因此，银行在经营过程中应努力实现逆向组合模式与总量单向变化模式，在不增加货币投入与开支情况下尽可能组织更多存款，走内涵扩大再生产之路，在实践中不能单纯依靠提高存款利率、增设营业网点、增加员工办法来增加存款市场，而应在改善存款结构、创新存款品种、提高服务质量与服务效率上下功夫。

三、存款创新

(一)存款创新原则

存款创新原则包括规范性、营利性、连续性与社会性原则。其中，规范性原则是指创新要依据银行存款所固有功能进行设计，期限越长利率越高，对不同利率形式、计息方法、服务特点、期限差异、流通转让程度、提取方式等进行选择、排列与组合以创造多样性存款品种，如20世纪80年代至90年代初我国银行普遍曾热衷于有奖储蓄存款 "创新"。营利性原则是指多种存款品种平均成本以不超过原有存款平均成本为原则。银行存款创新最终以获取利润为目标。它应当是客户需求与银行供给动机的有效组合。连续性原则是指银行存款工具创新必须坚持连续开发创新的原则。金融服务新产品没有专利权不受知识产权保护，一家银行推出有市场潜力的存款工具很快会被其他银行模仿与改进。因此，我国银行应进行合理取舍及改进以力求推陈出新，创造出适合我国国情的存款新品种。社会性原则是指存款工具创新不能有损社会宏观经济效益，它应当有利于平衡社会经济发展所必然出现的货币供求矛盾以合理调整社会生产与消费关系，以及缓和社会商品供应与货币购买力之间的矛盾。

(二)存款创新产品

传统存款类型可按存款提取方式、存款持有人、存款币种、存款来源与信用性质四种方式划分。其中，以按存款提取方式来划分传统存款类型最为常见，包括活期存款、定期存款与储蓄存款。因此我们以西方存款创新产品为例，从活期存款产品创新、定期存款产品创新与储蓄存款产品创新三个角度来说明。

第一，常见活期存款产品创新包括 NOW 账户、超级 NOW 账户、货币市场存款账户、协定账户与货币市场共同基金。

可转让支付命令账户又称 NOW 账户，它由美国储蓄贷款协会1972年创办，是以支付命令取代支票计息的新型支票账户。它既可用于转账结算又可支付利息，年利率略低于储蓄存款且使用规定支付命令进行提款并可像支票一样自由转让流通。超级可转让支付命令账户简称超级 NOW 账户，是 NOW 账户的延伸。它是 1983 年银行争取美国当局批准银行开办的另一种新型账户。相比 NOW 账户，它的先进之处在于没有利率上限而是由银行根据货币市场利率变动每周进行调整。但它规定开户初期最低存款金额必须达到 2500 美元且账户日均余额不得低于最低存款金额，否则按类似普通 NOW 账户利率水平计息。

货币市场存款账户于 1972 年由美国货币市场基金会首创，是储蓄与投资相结合的账户。其特点是储户对象不限，个人、非营利机构与工商企业都可以开户，但要求开户最低存款金额为 2500 美元且平均余额不低于 2500 美元；存款利率没有上限；存款没有最短期限；银行不必为货币市场存款账户保留法定存款准备金。

协定账户是一种可以在活期存款账户、NOW 账户与货币市场存款账户三者间自动转账的新型活期存款账户。银行与客户达成协议：储户授权银行可将款项存在活期存款账户、NOW 账户或货币市场存款账户中的任何一个账户上。银行开立这三种账户，对前两个账户规定最低余额，超过最低余额的款项由银行自动转入同一储户货币市场共同基金上，以便取得更高利息；反之亦然。

货币市场共同基金是美国 20 世纪 70 年代初创立的小额信托投资，其目的是广泛吸收社会闲散资金用于社会投资。货币市场共同基金是特殊类型的共同基金，购买者按固定价格(通常为 1 美元)购入若干基金股份，货币市场共同基金管理者就利用这些资金投资于可获利的短期货币市场，如国库券与商业票据等。

第二，常见定期存款产品创新包括可转让大额定期存单、货币市场存单、新型期日指定定期存款与定活两便存款账户。

可转让大额定期存单(CDs)，是由商业银行发行可在市场转让的存款凭证，由美国花旗银行于 1961 年首创，原本是为了逃避最高利率限制(又称"Q 条例")与存款准备金规定(又称"D 条例")，也是银行对相应市场份额下降所作出的竞争性反应。其主要特点是流通性与投资性，具体表现在 CDs 可自由转让流通及有活跃的二级市场；CDs 存款面额固定且金额较大；存单不记名便于流通；存款期限范围为 3～12 个月，以 3 个月居多且最短 14 天。

货币市场存单(MMCD)，是浮动利率存单。它的利率以某种货币市场指标利率为基础，按约定时间间隔浮动。它是由美国储蓄机构于 1987 年首创的不可转让新型定期存单。它期限为半年且最低面额为 1 万美元，银行可向该存单支付相当于半年期国库券平均贴现率水平的最高利率，但不得高于"Q 条例"规定的银行利率上限(0.25%)。它的储户对象是各类个人投资者。按存入最低金额要求不同可分为大额货币市场存单、中额货币市场存单与小额货币市场存单。

新型期日指定定期存款在日本银行界颇为流行，是指存入期限为 1 年以上、最长为 3 年的定期存款，在存入 1 年后只要提前 1 个月指定支取日期任何时候都能支取。该存款对象为享受税收优惠的个人。根据存款期限不同其利率采用定期存款利率复利计算，若中途解约则与定期存款相同。

定活两便存款账户是预先规定基本期限但又含某些活期存款性质的存款账户。定活两便体现在该存单可在定期存款与活期存款间自由转换。它有按期提款义务。但在基本期限前提取按照活期存款计息，超过基本期限提款则按基本存款与定期存款利息计息。定活两便存款账户不能完全代替活期支票账户，因为它只作提款凭证而不像支票那样具有转账与流通功能。

第三，常见储蓄存款产品创新包括自动转账服务账户、股金提款单账户与个人退休金账户。

自动转账服务账户是指存款可在储蓄存款账户与支票存款账户间按约定自动转换的存款账户。它于 1987 年在电话转账服务账户基础上发展起来。储户首先需要在银行同时开立活期存款与储蓄存款两个账户，活期存款账户余额只保持 1 美元，其余款项全部存入储蓄存款账户以取得利息收入。银行根据客户授权在收到储户支票需要付款时，随即将支付款项从储蓄账户转移到活期存款账户以完成自动转账或提现。客户为此要支付手续费，银行也要向中央银行缴纳存款准备金。

股金提款单账户是指专为划转股金收入而创立的储蓄存款账户，是由美国信贷协会于1974 年首创的支付利息的支票账户，它是逃避利率管制的创新。该种储蓄账户兼具支票账户功能，存款人可以随时开出类似支票的提款单，取现与转账实现前储户资金可取得相当于储蓄存款的利息收入。

个人退休金账户于 1974 年首创，是个人自愿投资性退休账户，所有有工资收入者都可开立。它为未参加"职工退休计划"工薪层提供便利。个人退休账户属于享有缓税优惠的个人长期储蓄养老账户。它允许个人在该账户内存入限定额度资金以获取利息或投资收益并可延缓缴纳资本利得税，直到退休(美国目前法定退休年龄为 65 岁半)后提取资金时才缴纳相应所得税。该种账户存款因存期长其利率略高于储蓄存款。

这些存款创新产品在存款创新四原则框架下从客户需求的角度开发创新，主要体现在兼顾客户资金安全性与营利性、兼顾客户较高收益性与银行营利性及兼顾客户便捷交易性与银行低成本性。尽管以上是西方银行业的存款创新实践，但在经济金融化、金融市场化、市场国际化的背景下它们对我国银行业存款创新有很大的借鉴意义，有不少存款产品在我国已有类似创新实践，如大额定期存单与货币市场存单。

四、存款稳定性策略

存款经营除了应考虑存款定价外还应考虑存款稳定性。从银行经营角度来看，它比存款总额更具现实意义。存款稳定性又称存散沉淀率，是形成银行中长期与高盈资产的主要资金来源。衡量存款稳定性的计算公式如下。

$$活期存款稳定率 = (活期存款最低存款/活期存款平均余额) \times 100\% \qquad (3\text{-}5)$$

$$活期平均占用天数 = \frac{活期存款平均余额 \times 计算期天数}{存款支付总额} \qquad (3\text{-}6)$$

要做好存款稳定性经营，首先应了解银行存款稳定性主客观因素才能采取稳定措施。影响存款稳定性的因素包括存款结构因素、客户因素、存款动机因素与存款主体行业因素。存款结构因素是指依据存款稳定程度可将存款分解成核心存款与非核心存款。核心存款是指对利率变化不敏感且不随经济环境与周期性因素变化而变化的相对稳定的存款；非核心存款又称易变性存款或波动性存款，包括季节性存款(即有明显季节性规律)与脆弱性存款(即对利率等外部因素非常敏感的游资)。客户因素是指客户质量参差不齐，我国现阶段银行大约 80%存款集中在20%客群中，即银行经营的"二八原则"。抓住存款高端客户并通过高质量服务稳定客户平均存款余额那么就保障了银行存款资金的稳定性。存款动机因素是指借用银行安全保险设施为储户将来消费积累财富以确保其存款稳定性，其中，投资性动机是指在市场利率较为稳定与有利可图而其他金融产品风险较大时，此类存款稳定性较强；出纳性存款动机是指借助银行快捷方便转账结算网络进行商品服务交易，此类存款存储频率较高但支取转账频率更高，因此存款稳定性最弱。

此外，存款主体行业因素是指存款主体行业及其生产经营特点对存款稳定性有重要影响。例如，批发行业比零售行业存款稳定性差、零售行业则比工业企业存款稳定性差、机关事业单位预算外存款比预算内存款稳定性强、企业专项存款比其往来账户存款稳定性强。

银行多采取以下措施提高其存款稳定性。

其一，银行可通过调整客户结构方式分散存款资金来源。在存款总量限定时存户越少则个别大客户存款波动对银行总体存款稳定性影响越大。因此银行应适当发展中小企业客户及重视个人存款业务。

其二，银行需通过提供优质服务以巩固客户关系并建立稳定的核心存款基础。劣质服务不但无法吸引新客户，甚至老客户存款也会转移与流失。

其三，提高活期存款稳定性下银行应注重活期存款客户数量扩张。活期存款稳定性与储户数量有直接关系。存款客户越多客户存取款相互抵消的可能性越大，这样沉淀下来资金就越多，个别客户存款波动对银行影响越小则存款稳定性越高。

其四，银行应大力扩展存款范围及积极进行存款业务创新，增加存款种类以延长存款平均期限并最终提高存款稳定性。

其五，银行应把握存款相对于其他替代投资品的比较优势，宣传银行存款安全可靠与支付便利的特点。

第三节　银行非存款负债

课前思考

　　相比存款负债，非存款负债有哪些优缺点？商业银行非存款负债的来源是什么？商业银行长短期借款经营策略有何不同？

一、非存款负债概述

非存款负债又称借款负债，包括短期借款与长期借款。它是指商业银行直接通过金融市场或向中央银行融通资金。与被动性存款负债相比，主动性非存款负债有很明显的四个优点。其一，主动性强。银行可自行决定借款时间、金额与期限等，这有助于银行保持流动性以满足客户借款需求。其二，资金管理效率高。银行可结合"三性"目标合理安排借款资金期限与金额以提高其管理效率。同时它不必缴纳存款准备金可全部用于放贷或投资。其三，流动性风险低。借入资金有明确期限而无提前支取问题，这极大地降低了银行流动性风险。其四，非利息成本低。借入资金不像吸收存款那样需建立大量分支机构，也不需要支付、清点、保管与运输现钞等相关费用。

但非存款负债也存在三个弊端。其一，需要发达金融市场基础。银行借款能力在很大程度上受制于金融市场状况。其二，利息成本高。2015年新修订的《商业银行法》规定：商业银行破产清算时，在支付清算费用、所欠职工工资与劳动保险费用后应当优先支付个人储蓄存款本金与利息，即存款偿还次序在借款前以至于借款债权人承担风险较存款人更高，因此借款利率高于存款利率。其三，利率风险大。与存款相比，借款利率敏感性强且借款利率高，即借款利率波动性远大于存款，因此金融市场变化更易引起借款利率波动。

二、短期借款来源与经营策略

(一)短期借款概述

短期借款是指期限在1年或1年以下的借款，主要包括同业拆借、回购协议、大额可转让定期存单、向中央银行借款等形式。它具有四个特征：一是明确的时间与金额流动性需求。银行可准确掌握短期借款的时间与金额以制订计划加以控制，这有利于银行经营。二是相对集中的流动性需求。短期借款渠道决定了借款对象不像存款似的分散，每笔借款平均金额要远高于每笔存款平均金额。三是较高的利率风险。短期借款利率一般高于同期存款，尤其短期借款利率与市场资金供求状况密切相关。四是主要满足短期头寸不足的需要。短期借款一般只用于调剂头寸以解决银行临时资金不足与周转困难的资金需要。

短期借款有助于商业银行发展。主要体现在短期借款是银行大部分非存款资金来源，是银行资金周转的重要手段，可以提高银行的资金管理效率，可以扩大银行的经营规模，可以加强银行与外部的联系等方面。

(二)短期借款来源

短期借款主要来源于国内外市场。国内借款包括同业借款、向中央银行借款、回购协议与大额可转让定期存单。国外借款主要是指国际金融市场借款。若商业银行缺钱，其最快获取资金满足流动性的渠道是同业借款与向中央银行借款。

1. 同业借款

同业借款是指银行间或银行与其他金融机构间发生的短期资金融通活动。它包括同业拆借、转抵押借款与转贴现借款。

(1) 同业拆借是指银行间短期放款。它主要满足银行临时性调剂头寸。发达国家同业拆借市场是无形市场。而1996年我国开通的全国同业拆借一级网络与各省市融资中心均为有形市场。它具有期限短、金额大、风险低、手续简便等特点。我国同业拆借市场由1~7天头寸市场与期限在120天内的借贷市场组成，其中短期限品种交易占据主导地位。此外，同业拆借利率是货币市场重要的基准利率。如上海同业拆借利率(Shibor)。它发布流程为每个交易日当天全国银行同业拆借中心根据各报价行报价，剔除最高最低各4家报价，对其余报价进行算数平均计算后得出每一期限的Shibor，并于当天11:00通过中国外汇交易中心暨全国银行间同业拆借中心网站发布。报价银行是公开市场一级交易商或外汇市场做市商。同时，中国人民银行成立Shibor工作小组，依据《上海银行间同业拆放利率(Shibor)实施准则》确定与调整报价银行团成员，监督与管理Shibor运行，规范报价行与指定发布人行为。目前对社会公布的Shibor品种包括隔夜、1周、2周、1个月、3个月、6个月、9个月及1年品种。

(2) 转抵押借款是指银行遇到资金临时性短缺、周转不灵时，通过抵押方式向其他银行取得贷款。它的抵押物多为工商企业向其举借抵押贷款提交的抵押品，故有"转抵押"之名。

(3) 转贴现借款类似于转抵押贷款，只不过是以银行对客户办理贴现业务而收到的未到期票据转售给银行同业来代替交纳抵押品，包括买断式转贴现与回购式转贴现。两者都是由持票金融机构在商业汇票到期日前将票据权利背书转让给其他金融机构，由其扣除一定利息后将约定金额支付给持票人的交易行为。不同的是，前者不约定日后回购，票据权利发生实质性转移；后者约定日后回购，票据权利并未转移，相当于用商业汇票作为抵押进行短期融资。

2. 向中央银行借款

商业银行向中央银行借款形式有再贷款与再贴现两种。前者是直接借款而后者是间接借款。再贴现是指中央银行对金融机构持有的未到期已贴现商业汇票予以贴现的行为。在我国中央银行通过适时调整再贴现总量及利率以明确再贴现票据选择，并最终达到调节基础货币、实施金融宏观调控与调整信贷结构等职能。再贷款是指银行向中央银行直接借款。银行资金周转不畅时可将其持有合格票据、银行承兑汇票、政府公债等有价证券作为抵押品，开出银行本票向中央银行取得贷款。直接借款在数量与期限方面都比再贴现灵活。银行在资金不足时只要通过电话就可以进行借款，即将政府债券交给中央银行并与中央银行签订借款协议便可取得相应贷款。市场经济国家一般以再贴现为中央银行借款的主要形式，而受限于票据市场发展，我国以再贷款为主要形式。如 2020 年 1 月 31 日中国人民银行发布《关于发放专项再贷款支持防控新型冠状病毒感染的肺炎疫情有关事项的通知》(银发〔2020〕28 号)，向主要全国性银行与湖北等 10 个重点省(市)部分地方法人银行提供总计 3000 亿元低成本专项再贷款资金以支持抗疫保供。2020 年 2 月 26 日中国人民银行发布《关于加大再贷款、再贴现支持力度促进有序复工复产的通知》(银发〔2020〕53 号)，增加再贷款再贴现专用额度5000 亿元。

3. 回购协议

回购协议是指银行出售证券等金融资产时约定未来某一时间以约定价格再购回该证券的交易协议。根据该协议所进行的交易称回购交易。它可以增强长期债券的变现性，因此具有一定的风险性。回购协议最常见的交易方式有两种：一种是证券卖出与购回采用相同价格，协议到期时以约定收益率在本金外再支付费用；另一种是购回证券时价格高于卖出时价格，其差额是即时资金提供者的合理收益率。回购协议中的金融资产主要是证券。在发达国家只要资金提供者接受任何资产都可以回购。而我国回购协议市场交易可分为国债回购交易、债券回购交易、证券回购交易、质押回购交易等。如个人住房贷款回购协议主要是证券。

债券回购交易包括质押式回购与买断式回购两种。质押式回购协议又称封闭式回购协议，是指回购交易买卖双方按约定利率期限以达成交易协议。融资方以相应证券作质押获得一定期间的资金使用权；融券方则获得相应期间的质押权，但不能对该证券进行交易处置并于回购到期日解除债券质押，向融资方收回本金与利息。质押式回购协议中不发生所有权的转移。买断式回购协议又称开放式回购协议，是指证券(主要是票据与债券)卖出方(融资方)卖出证券时与该笔证券买入方(融券方)约定在将来某一时间按约定价格买回的交易。在回购期内该证券归融券方所有，其可以使用该笔证券，只要到期有足够同种证券返还给融资方即可。

4. 大额可转让定期存单

大额可转让定期存单又称大额可转让存款证,是银行印发的一种定期存款凭证。凭证上印有票面金额、存入期与到期日及利率,到期后可按票面金额与规定利率提取全部本金与利息,逾期存款不计息。它可流通转让自由买卖,是银行负债证券化的产物。它的产生是为了规避利率管制,具有三个显著特点:不记名与不能提前支取但可以转让;面额较大且有较高利率;兼有活期存款流动性与定期存款营利性优点,是 2015 年以来各大商业银行热销产品。大额存单与定期存款不同,前者按期发行,每期产品利率都有可能不同。如中国工商银行 2020 年发行大额存单区分 20 万元起存、30 万元起存与 50 万元起存等个人大额存单。以 20 万元起存个人大额存单为例,官网公布 3 个月利率 1.595%、6 个月利率 1.885%、1 年利率 2.175%、2 年利率 3.15% 与 3 年利率 4.125%。假设投资者买入 20 万元,五种不同期限到期后预期利息收益分别为 797.5 元、1885 元、4350 元、12600 元与 24750 元。但产品实际利率与收益最终还要以中国工商银行发布大额存单产品说明书为准。

5. 国际金融市场借款

银行利用国际金融市场借款,最典型的是欧洲货币市场借款。欧洲货币市场又称离岸金融市场,特指经营非居民间融资业务,即外国投资者与外国筹资者之间资金借贷业务所形成的金融市场。欧洲货币市场是一个完全自由的国际金融市场,因此对各国商业银行有很大吸引力。它具有四个特点:其一,经营自由。它不受任何国家政府管制与纳税限制,借款条件灵活,借款用途不受限制。其二,存贷利差小。存款利率较高与放款利率较低以至于存贷利差较小,这主要因为它不受法定存款准备金与存款利率最高限额限制。其三,资金调度灵活与手续简便。它的业务方式主要是凭信用,短期借款一般只要协议而无须担保品,仅通过电话与电传就可以完成。其四,借款利率由交易双方依据伦敦同业拆借利率(LIBOR)具体商定。如 2020 年 6 月 16 日中国交通银行离岸金融业务中心正式入驻上海自贸区临港新片区。交通银行离岸金融业务中心总裁刘钢华介绍,中心入驻后将聚焦支持重点产业集群、新片区资金中心建设、跨境金融综合服务与客群培育壮大,有利于进一步强化离岸业务服务体系与临港新片区建设融合。

(三)短期借款经营策略

1. 借款时机恰当

借款时机恰当是指正确统计借款到期时机与金额,在不浪费短期借款使用空间的前提下,满足短期借款流动性需要。

首先应依据银行资产一定时期的流动性状况以选择扩大或缩小短期借款规模。若银行流动性状况良好且即时市场利率较高,此时无须扩大短期借款规模;反之亦然。其次,银行应根据一定时期金融市场资金供求状况与利率变动选择借款时机,在市场利率较低时适当多借资金;反之亦然。最后,银行应根据中央银行货币政策变化而对短期借款进行控制。当中央银行实行紧缩货币政策时,不但再贷款与再贴现成本会提高,其他短期借款成本也会相应提高,此时银行需适当控制借款;反之亦然。

2. 借款规模适度

借款规模适度是指尽量使借款到期时间金额与存款增长规律协调一致,把借款控制在自身承受能力允许的范围内，争取利用存款增长来满足一部分借款流动性需要。银行要全面权衡"三性"目标以测算出合适的借款规模。当短期借款成本高于扩大资产规模利润时，银行应缩小短期借款规模。

3. 借款结构合理

借款结构合理是指主动把握借款期限与金额，有计划地实现借款到期时间与金额分散化以减少流动性需要过于集中的压力，并通过多头拆借方式将借款对象与金额分散以力求形成部分可长期占用借款余额；同时各种借款在短期借款总额中的比重应合理安排，尽可能利用更多的低息借款而不利用或少利用高息借款以降低短期借款的成本。

三、长期借款来源与经营策略

(一)长期借款概述

长期借款是指期限在 1 年以上的借入负债。银行长期借款一般应采用发行金融债券的形式，主要包括资本性金融债券、一般性金融债券与国际性金融债券等。银行从事长期借款对其发展主要有四个方面的重要意义：第一，有助于银行扩大存贷范围。金融债券面向全社会发行而不受商业银行所在地区资金状况、营业网点与人员数量等因素限制，可突破银行原有存贷关系的限制。第二，有利于迅速增加银行筹资数量。长期债券利率较高而较强吸引存款客户，有利于提高银行筹资速度增加其筹资数量。第三，有助于增强银行资金利用率。采用发行债券方式筹集资金无须缴纳准备金而有助于提高银行筹集资金利用率。第四，有助于调整银行负债结构。银行可依据资金使用情况有针对性地发行长期债券而使资金来源与资金运用保持一致，以有效地优化银行资产负债结构。

(二)长期借款来源

长期借款来源主要包括资本性金融债券、一般性金融债券与国际性金融债券。

资本性金融债券是指为弥补银行资本不足而发行介于存款负债与股票资本间的债务，《巴塞尔协议》称之为附属资本或次级长期债务。其利息及对银行收益资产分配要求权优先于普通股与优先股，但次于银行存款与其他负债。

一般性金融债券是指银行筹集用于长期贷款及投资等业务资金而发行的债券，包括担保债券与信用债券。前者指保证人作担保而发行的债券。当企业没有足够资金偿还债务时债权人可要求保证人偿还。后者指没有抵押品完全靠公司良好信誉而发行的债券，又称无担保债券，通常只有经济实力雄厚信誉较高的企业才有能力发行这种债券。

国际性金融债券是指银行在国际金融市场上发行面额以外币标示的金融债券，主要有欧洲金融债券、外国金融债券与平行金融债券等。欧洲金融债券是指银行通过其他金融机构即债券面值标示货币所在国以外第三个国家发行的金融债券。如我国在伦敦市场上发行的美元债券是欧洲债券，又称欧洲美元债券。外国金融债券是指银行所在国与发行市场所在国具有不同国籍并以发行市场所在国货币为面值货币发行的债券。该债券特点是发行债券的银行在一个国家，而债券面值则用另一个国家货币标示。如我国在日本金融市场上发行的日元债券。平行金融债券是指发行银行为筹措一笔资金，在多个国家同时发行的债券。该债券分别以各投资国货币标价，各债券筹资条件与利率基本相同。实际上这是一家银行同时在不同国家发行的外国金融债券。

(三)长期借款经营策略

1. 债券发行与资金使用衔接紧密

银行应根据自身资金平衡要求制订相应的债券发行计划、用款计划与还款计划。世界各国对银行发行金融债券数量都有规定,通常规定发行总规模不超过银行资本金与法定准备金之和的一定比例。在此范围内银行可以根据实际需要合理确定发行规模。对所筹资金使用范围,有的国家规定只能用于专项贷款或投资而有的国家则没有明确要求。

2. 发行价格与发行费用成本控制

金融债券发行价格通常有平价发行、溢价发行与折价发行三种。银行应综合金融债券种类与市场利率水平合理确定发行价格。银行发行债券除必须向持有人支付利息外,还要承担发行费用。它主要包括发行手续费、印制费、上市费、律师费、付息手续费、还本手续费与其他服务费等。

3. 利率变化与货币选择适时调整

金融债券发行应根据利率变化趋势决定计息方式与偿还年限。若预期利率有上升趋势应采取固定利率计息方式;反之则应采取浮动利率计息方式。若利率有下降趋势应考虑缩短固定利率债券偿还年限或在发行合同中列明提前偿还条款,这样可以较高利率偿还旧债,以较低利率发行新债。金融债券利率通常高于同期限银行存款利率。银行在发行国际债券时必须综合考虑国际金融市场上利率、汇率变化来选择计值货币以做到既降低成本又易销售。

4. 发行时机选取综合多因素考量

银行应选择市场资金供给大于需求利率较低时机发行债券。发行国内债券由于利率相对稳定而时机选择主要取决于资金供给充裕程度。国内债券发行银行必须根据项目建设周期并结合市场利率变化趋势确定债券期限:当市场利率呈下降趋势时应考虑缩短固定利率债券期限;反之亦然。在发行时机的确定上银行应选择市场资金充裕利率较低时发行债券,并做到资金筹集与使用相衔接以避免出现边发行边闲置的现象。

5. 债券推销与购买心理契合紧密

能否顺利推销金融债券在很大程度上取决于投资者的购买心理。因此银行必须认真研究与充分理解投资者对所购买金融债券收益性、安全性与流动性方面的需求,并以客户需求为导向积极研发新债券品种。

👥 知识窗

正逆回购、SLO、MLF与SLF

逆回购是中国人民银行向一级交易商购买有价证券并约定在未来特定日期卖出有价证券的交易行为,其目的主要是向市场释放流动性。逆回购到期则是中央银行从市场收回流动性操作。正回购与正回购到期对应逆回购到期与逆回购。回购操作调节银根不仅灵活机动而且较为中性,因为它对市场流动性调节是通过更多环节来传导的,对信贷及货币供应量影响是间接的。

中国人民银行可以根据货币调控需要,综合考虑银行体系流动性供求状况、货币市场利率水平等因素,灵活决定短期流动性调节工具(SLO)的操作时机、操作规模及期限品种等。

该工具是公开市场常规操作的必要补充，一般用来调控银行体系的流动性，在银行体系流动性出现临时性波动时相机使用。它原则上在公开市场常规操作的间歇期使用。

中期借贷便利(MLF)是中国人民银行提供中期基础货币的货币政策工具，对象是符合宏观审慎管理要求的商业银行、政策性银行。该工具可通过招标方式发放，发放方式为质押，并需提供国债、中央银行票据、政策性金融债券、高等级信用债券等优质债券作为合格质押品。它的期限一般是3个月，临近到期可能会重新约定利率并展期，各借款银行可以通过质押利率债与信用债获取借贷便利工具的投放。在资金去向方面，中期借贷便利要求各借款银行投放"三农"与小微贷款。如2020年4月24日中国人民银行开展了定向中期借贷便利(TMLF)操作，操作金额为2674亿元。2020年12月16日中国人民银行开展了中期借贷便利操作，操作金额为3000亿元，利率为3.25%。

中国人民银行开设常设借贷便利(SLF)的目的在于满足金融机构期限较长的大额流动性需求，有效调节银行间市场短期资金供给，熨平突发性与临时性因素导致的市场资金供求的大幅波动，稳定市场预期，防范金融风险。对象主要是政策性银行与全国性商业银行，期限为1~3个月。主要以抵押贷款方式发放，合格抵押品包括高信用评级的债券类资产及优质信贷资产等，必要时也可采取信用贷款方式发放。如2019年12月30日中国人民银行下调常备借贷便利各期限利率5BP。下调后常备借贷便利隔夜、7天、1个月利率分别为3.35%、3.50%、3.85%。

第四节　银行负债与金融科技

课前思考

金融科技在商业银行负债领域有何应用？它改变了商业银行负债结构，还是改变了商业银行负债业务服务形式？

2020年中国人民银行印发《金融科技(FinTech)发展规划(2019—2021年)》(以下简称《规划》)。《规划》指出，到2021年建立健全我国金融科技发展的"四梁八柱"，进一步增强金融业科技应用能力，实现金融与科技深度融合、协调发展，明显增强人民群众对数字化、网络化、智能化金融产品和服务的满意度，推动我国金融科技发展居于国际领先水平。

金融科技如何赋能银行负债业务呢？以下通过厦门晚报2019年11月28日公布的2019年第十三届海西投资理财博览会之2019幸福理财第一榜专栏两个案例来让大家直观地感受金融科技与银行负债业务的融合。

课中案例

案例3-1

新版手机银行更智能　不同人群有专属服务

年度最佳手机银行：中国工商银行厦门市分行

获奖项目：工行手机银行

获奖理由：工行手机银行真正从用户需求出发，不断升级，为用户打造最优使用体验，让用户享受科技带来的个性化便利服务，也让该行的金融服务更加"无界"。

2019年11月18日工行手机银行5.0正式上线。新版工行手机银行为用户带来更智能、更便利、更符合个性化需求的使用体验。

改版后通过强大科技应用，工行手机银行可让所有用户都能享受科技带来的个性化便利服务。比如，通过对用户画像、功能菜单及操作行为构造知识图谱，对用户常用的、感兴趣的功能菜单进行智能预判和推荐；用户动动口就能办理转账、查余额、还信用卡、查网点等百余项业务。

对于不同的用户群体，改版后的个性化专属服务也更有针对性。新版手机银行为银发族、学生、军人、小微企业主、私人银行用户通过专属版面、专属服务、专属产品等提供个性化专属服务。您属于什么人群，就可进入相关的版面，享受专属服务，节约时间。

此外，顺应互联网金融发展趋势，新版手机银行以移动端为网点赋能，打造"免证免卡"的线上线下联动服务。这样一来，可简化用户在网点办理业务的门槛及流程。

值得一提的是，新版工行手机银行还构建了快速接入、开放输出的"无界银行"。比如，推出小程序功能，支持外部合作场景、分行本地场景快速接入、直推客户，同时对外支持API接口、SDK等形式开放输出，为基金保险、社保政务、健康出行等上千家合作方输出授权登录、账户管理等。改版后，让工行金融服务更加"无界"。

此次改版最直观的变化就是"颜值"的提升——工行采用降噪设计、无色设计理念，功能图标采用全新的红黑色系，让用户使用时有更好的视觉体验。

(资料来源：厦门晚报，2019年11月28日)

案例 3-2

随时随地无处不在 便捷金融实时拥有

年度数字智慧银行：中国农业银行厦门市分行

获奖项目：农行数字智慧银行

获奖理由：在经历了电子银行、网络银行、移动银行后，银行业已经步入4.0的数字智慧银行时代。农行提供的金融服务逐渐过渡到以线上为主，注重线上线下互动融合，数字化、智能化、综合性已成为最核心的服务体验。

以客户为中心，厦门农行正在打造一个全方位的"数字智慧银行"。

将金融服务嵌入到第三方的交易场景当中，这是农行数字智慧银行的最大特色。只要按住掌银App上的麦克风图案，说出转账通信录里的名字，系统立马跳出账号；在厦门农行网点的ATM机上可以"刷脸取款"，只需要刷一下脸，输入身份证号码，就可以选择银行卡取款了；工作忙，没空打理账户里的资产，没关系，"农银智投"来帮忙；到医院就诊，通过农行掌银就可以缴纳医疗费用；进出停车场，系统自动识别车牌，您的农行卡上自动支付停车费，随即抬杠放行。

何谓智慧银行？在农行看来，未来的银行将不是一个机构，而是一种行为。在经历了以物理网点、网络银行为主导的两代后，银行将变为随时随地、无处不在的金融。农行将"人"置于银行服务的中心位置，让传统的银行服务彻底摆脱物理网点和机具的限制，实现人们所到之处、所需之时、实时拥有便捷的金融服务。

智慧银行代表着未来金融服务的发展方向，农行是这一领域的先行者。今年5月，以"5G+

场景"为主题的农行智慧网点亮相乌镇,最新上线"云座席""移动银行"等新型服务功能。厦门农行也在加紧引入 5G 智慧网点。不久后,厦门农行的客户也可在 5G 智慧网点与"云座席"上的客服人员对话。

（资料来源：厦门晚报，2019 年 11 月 28 日）

财商小剧场

2013 年余额宝出现时有新闻说它抢了银行利润甚至某资深财经记者跳出来说"余额宝是吸了商业银行血的吸血鬼"。很多人不明白余额宝与商业银行有什么关系？它怎么会吸商业银行的血呢？

【思考 1】货币基金与商业银行是什么关系？它是否抢了商业银行的利润？货币基金收益率如何波动？

【问题解析】与普通人类似,商业银行有资金短缺或资金盈余的时候,因此银行间经常会互相借钱即同业拆借,这就形成了银行间市场。与一般借贷市场不同,银行间资金拆借通常量大时间短,一般以隔夜、3 天、7 天居多,因此银行间货币市场是大额短期资金拆借市场。它对资金流动性要求很高,资金利率也远高于银行给储户的利率。尽管银行间利率很高,但它不允许个体投资者进入。20 世纪 70 年代美国投资银行家通过设立基金以吸收普通个体投资者零散的钱,然后投向利率比较高的银行间货币市场,该基金又称"货币基金"。货币基金不属于银行体系,它不缴纳存款准备金,也不受利率管制,因此能给普通个体投资者提供比银行存款高得多的利率而在市场上大受欢迎。

1999 年美国货币基金大概占美国存款的 63%,这意味着差不多 50%以上美国老百姓不在银行存钱而去购买货币基金了,这是美国历史上特别著名的银行存款大搬家,它又称"金融脱媒"。货币基金是当时美国利率管制 Q 条例下的金融创新,投资银行绕开金融监管机构通过商业银行筹集资金,实现投行与普通个体投资者双赢。此时,商业银行看到存款流失感到危机,它游说国会废除 Q 条例并实施利率市场化。因此很多人认为货币基金出现是美国金融自由化的一个标志性事件。

中国货币基金兴起与美国情形类似。2013 年阿里推出余额宝,它其实是利用支付宝账户的优势将支付转账功能与货币基金相结合。它绕开银行存款准备金监管,让我们普通个体投资者分享高收益银行间市场的市场收益。对于银行来讲货币基金的出现确实是警钟,如果银行按兵不动,说不定会像美国一样更多存款会从银行流走,因此银行纷纷推出货币基金产品。2018 年 6 月中国共有 122 家金融机构,它们共推出 372 种规模总额达到近 5 亿元的货币基金。如果没有货币基金产品,那么这 5 万亿元资金可能大部分都躺在银行活期存款里拿着 0.3%的低利息。换句话说,货币基金的出现推高了银行资金成本,这就是有人说"余额宝这类货币基金是银行吸血鬼"的原因。但它是不是吸血鬼,换个角度思考"银行的血"是谁的血呢？它是"普通个体投资者的血"。货币基金的出现其实无非是给普通个体投资者一点投资上的选择权,让他们获得稍微高一点的收益,让一小部分利润从银行手中流回到普通个体投资者手里,更何况中国并没有发生像美国一样银行存款大搬家的情形。从 2013 年至今,居民储蓄存款总额持续上升,货币基金占存款总额的比例也就 3%左右,这在整个中国金融体系中只是沧海一粟。

但肯定有人纳闷，2013年余额宝利率曾一度高达7%，那为什么现在才3%，利率下降这么大幅度是什么原因？我们前面提到货币基金投向主要是银行间货币市场，那你就会明白货币基金利率上下浮动主要是跟随银行间货币市场利率。2013年资金市场出现"钱荒"，银行间隔夜拆借利率一直很高以至于余额宝一度突破7%的利率，因此它是跟随银行间货币市场利率波动。后面几年中国经济增速下行以至于银行把货币政策稍微放松即放了一点水，这样市面上资金就没有那么紧张，因此银行间货币市场利率又慢慢降下来，那么此时货币基金平均3%左右的利率一点也不奇怪。

【思考2】货币基金没有存款准备金的限制，那么随着普通个体投资者越来越多的资金投入其中，是否会出现挤兑？货币基金是否会像银行那样临时借钱？货币基金出现亏损怎么理解？货币基金到底是什么类型的金融产品？它的安全度到底如何？

【问题解析】理论上货币基金属于基金类产品。它是风险投资，有一个很重要的特点就是不保本，小概率会发生亏损，尤其在发生巨大金融危机时。如2008年次级住房抵押贷款多重证券化引致的全球货币金融危机发生时，各国金融机构资金储备不足以至于需要从各种渠道获得资金，因此理论上货币基金市场确确实实有可能出现挤兑而造成亏损甚至破产。但在现实生活中货币基金投资的资产质量非常高。如20世纪80年代，美国巨大的货币基金市场一共只发生两次基金跌破净值事件且一共就涉及两只基金。因此，从理论上看货币基金属于有风险的投资，它有亏损的可能。但是从历史数据与现实情况来看它安全性相对较高。但如果你遭遇金融危机这么大的事情就要另当别论了。

迄今我国货币基金占存款总额的比例仍然很小，它才3%左右。请结合所学知识点来分析我国货币基金总量未来会一直扩大吗？它最终会发展到像美国那样"存款大搬家"吗？若你已购买或正考虑购买货币基金，你认为什么样的货币基金值得买呢？

本章小结

(1) 银行负债是指商业银行承担的能以货币计量、需要用银行自有资产或提供劳务去偿还的债务。它代表商业银行对其债务人所承担的全部经济责任。它是支撑商业银行资产业务的重要资金来源。银行负债分为广义负债与狭义负债。广义负债主要是指银行除了自有资本以外的一切资金来源。狭义负债主要是指非资本性债务，其中资本性债务属于三次《巴塞尔协议》界定的监管资本范畴内的债务。本章所述商业银行负债皆为狭义负债。

(2) 传统存款类型可按存款提取方式、存款持有人、存款币种、存款来源与信用性质四种方式来划分。按存款提取方式可划分为活期存款、定期存款与储蓄存款。按存款持有人可划分为企业存款、财政性存款、同业存款与个人存款。按存款币种可划分为本币存款与外币存款。按存款来源与信用性质可划分为原始存款与派生存款。

(3) 金融市场发达国家利率自由浮动，因此商业银行可自主定价。但自主定价不等于自由定价，在近乎完全竞争的金融市场单个银行长期对存款定价几乎没有控制力，决定存款定价的主导因素是整个市场而非单个银行。银行存款定价有目标利润定价法、边际成本定价法、市场渗透法、高层目标定价法与价格表定价法五类方法。市场渗透法与高层目标定价法分别适用于特定时期或特定对象，其他三类银行存款定价方法较常见，它们都考虑银行成本以进行存款定价。

(4) 存款定价不仅影响银行存贷利差且会影响客户对存款余额与存款组合的选择并最终影响银行利润。因此，银行应通过合理存款定价弥补为吸引客户存款而提供服务的对应成本，并以此保护银行盈利能力。银行存款成本包括利息成本、非利息成本、资金成本、可用资金成本、相关成本、加权平均成本与平均存款成本七类成本。

(5) 存款创新原则包括规范性、营利性、连续性与社会性原则。其中，规范性原则指创新要依据银行存款所固有的功能进行设计，期限越长利率越高，对不同利率形式、计息方法、服务特点、期限差异、流通转让程度、提取方式等进行选择、排列与组合以创造多样性存款品种。

(6) 常见活期存款产品创新包括 NOW 账户、超级 NOW 账户、货币市场存款账户、协定账户与货币市场共同基金。常见定期存款产品创新包括可转让大额定期存单、货币市场存单、新型期日指定定期存款与定活两便存款账户。常见储蓄存款产品创新包括自动转账服务账户、股金提款单账户与个人退休金账户。

(7) 存款经营除了应考虑存款定价外还应考虑存款的稳定性。从银行经营角度来着，它比存款总额更具现实意义。存款稳定性又称存散沉淀率，它是形成银行中长期与高盈资产的主要资金来源。要做好存款稳定性经营首先应了解银行存款稳定性主客观因素才能采取稳定措施。影响存款稳定性因素包括存款结构因素、客户因素、存款动机因素与存款主体行业因素。

(8) 非存款负债又称借款负债，它包括短期借款与长期借款，即商业银行直接通过金融市场或向中央银行融通资金。与被动性存款负债相比，主动性非存款负债有很明显的四个优点。其一主动性强。银行可自行决定借款时间、金额与期限等，这有助于银行保持流动性以满足客户借款需求。其二资金管理效率高。银行可结合"三性"目标有效安排借款资金期限与金额以提高其管理效率。同时它不必缴纳存款准备金可全部用于放贷或投资。其三流动性风险低。借入资金有明确期限而无提前支取问题，这极大地降低了银行流动性风险。其四非利息成本低。借入资金不像吸收存款那样需要建立大量分支机构，亦不需要支付、清点、保管与运输现钞等相关费用。

(9) 短期借款主要来源于国内外市场。国内借款包括同业借款、向中央银行借款、回购协议与大额可转让定期存单。国外借款主要指国际金融市场借款。若商业银行缺钱其最快获取资金满足流动性的渠道是同业借款与向中央银行借款。

(10) 同业借款指银行间或银行与其他金融机构间发生的短期资金融通活动。它包括同业拆借、转抵押借款与转贴现借款。同业拆借指银行间短期放款。它主要可满足银行临时性调剂头寸。发达国家同业拆借市场是无形市场。而 1996 年我国开通的全国同业拆借一级网络与各省市融资中心均为有形市场。它具有期限短、金额大、风险低、手续简便等特点。我国同业拆借市场由 1~7 天头寸市场与期限在 120 天内的借贷市场组成，其中短期限品种交易占据主导地位。转抵押借款指银行遇到资金临时性短缺、周转不灵时，通过抵押方式向其他银行取得贷款。它的抵押物多为工商企业向其举借抵押贷款提交的抵押品，故有"转抵押"之名。转贴现借款类似于转抵押贷款，只不过是以银行对客户办理贴现业务而收到的未到期票据转售给银行同业来代替交纳抵押品。它包括买断式转贴现与回购式转贴现。

(11) 商业银行向中央银行借款的形式有再贷款与再贴现两种。前者是直接借款而后者是间接借款。再贴现是指中央银行对金融机构持有的未到期已贴现商业汇票予以贴现的行为。再贷款是指商业银行向中央银行直接借款。银行资金周转不畅时可将其持有合格票据、银行承兑汇票、政府公债等有价证券作为抵押品，开出银行本票向中央银行取得贷款。直接借款在数量与期限方面都比再贴现灵活。

(12) 回购协议指银行出售证券等金融资产时约定未来某一时间以约定价格再购回该证券的交易协议。根据该协议所进行的交易称回购交易。它可以增强长期债券的变现性，因此它有风险。回购协议最常见的交易方式有两种：一种是证券卖出与购回采用相同价格，协议到期时以约定收益率在本金外再支付费用；另一种是购回证券时价格高于卖出时价格，其差额是即时资金提供者的合理收益率。回购协议中的金融资产主要是证券。债券回购交易包括质押式回购与买断式回购两种。质押式回购协议又称封闭式回购协议，它指回购交易买卖双方按约定利率期限以达成交易协议。质押式回购协议中不发生所有权的转移。买断式回购协议又称开放式回购协议，是指证券(主要是票据与债券)卖出方(融资方)卖出证券时与该笔证券买入方(融券方)约定在将来某一时间按约定价格买回的交易。

(13) 大额可转让定期存单又称大额可转让存款证，它是银行印发的一种定期存款凭证。凭证上印有票面金额、存入期与到期日及利率，到期后可按票面金额与规定利率提取全部本金与利息，逾期存款不计息。它可流通转让自由买卖。

(14) 银行利用国际金融市场借款最典型的例子是欧洲货币市场借款。欧洲货币市场又称离岸金融市场，特指经营非居民间融资业务，即外国投资者与外国筹资者间资金借贷业务所形成的金融市场。

(15) 长期借款主要来源包括资本性金融债券、一般性金融债券与国际性金融债券。资本性金融债券指为弥补银行资本不足而发行介于存款负债与股票资本间的债务，《巴塞尔协议》称之为附属资本或次级长期债务。一般性金融债券指银行筹集用于长期贷款及投资等业务资金而发行的债券。它包括担保债券与信用债券。国际金融债券指银行在国际金融市场上发行面额以外币标示的金融债券，主要有欧洲金融债券、外国金融债券与平行金融债券等。

 练习与思考

一、名词解释

1. 银行负债

2. 回购协议

3. 资本性金融债券

4. 同业拆借

5. 欧洲货币市场借款

6. 再贷款

7. 大额可转让定期存单

8. 转抵押借款

9. 短期借款

二、简答题

1. 简述存款创新原则。

2. 简述长期借款管理策略。

3. 简述短期借款管理策略。

4. 简述同业拆借利率。

三、单选题

1. 银行业务营运的起点和前提条件是(　　)。

    A. 自有资本　　　　B. 负债业务　　　　C. 资产业务　　　　D. 贷款业务

2. 商业银行为弥补资本金不足而发行的介于存款负债和股票资本之间的一种债务是(　　)。

    A. 国际债券　　　　B. 国内债券　　　　C. 资本性债券　　　　D. 一般性债券

3. 商业银行主动通过金融市场或直接向中央银行融通资金采取的形式是(　　)。

    A. 存款　　　　B. 非存款负债　　　　C. 货币市场存单　　　　D. 协定账户

4. 回购协议从即时资金供给者的角度,又称为(　　)。

    A. 再贷款　　　　B. 再贴现　　　　C. 转贴现　　　　D. 返回购协议

5. 西方商业银行通过发行短期金融债券筹集资金的主要形式是(　　)。

    A. 可转让大额定期存单　　　　　　B. 大面额存单

    C. 货币市场存单　　　　　　　　　D. 可转让支付命令账户

6. 商业银行维持日常性资金周转,解决短期资金余缺,调剂法定准备头寸而互相融通资金的重要方式是(　　)。

    A. 同行拆借　　　　B. 再贴现　　　　C. 再贷款　　　　D. 回购协议

7. 小李在 2015 年 3 月 3 日存入一笔 30 000 元的 1 年期整存整取定期存款,假设 1 年期定期存款利率为 0.99%,活期存款利率为 0.36%,存款满 1 个月后,小李取出了 10 000 元,按照积数计息法(积数计息法的计息为利息=累计计息积数×日利率;其中累计计息积数=账户每日余额合计数),小李支取 10 000 元的利息是(　　)元。

    A. 3.10　　　　B. 5.30　　　　C. 12.4　　　　D. 16.5

8. 一种预先规定基本期限但又含活期存款某些性质的定期存款账户是(　　)。

    A. 协定账户　　　　　　　　　　　B. 储蓄存款

    C. 支票　　　　　　　　　　　　　D. 定活两便存款账户

9. 影响存款水平的微观因素不包括(　　)。

    A. 金融当局的货币政策　　　　　　B. 服务收费

    C. 银行网点设置　　　　　　　　　D. 营业设施

10. 商业银行的被动负债是指(　　)。

    A. 同行拆借　　　　　　　　　　　B. 向中央银行借款

    C. 存款类负债　　　　　　　　　　D. 大额可转让定期存单

四、多选题

1. 所谓存款工具创新,指的是商业银行根据客户的动机与需求,创造并推出新的存款品种,以满足客户需求的过程。一般来说,商业银行对存款工具的设计和创新必须坚持以下原则(　　)。

A. 规范性原则、效益性原则　　　　　　B. 连续性原则

C. 营利性原则、合法性原则　　　　　　D. 社会性原则

2. 各国商业银行的传统存款业务有(　　　)。

A. 活期存款　　　　B. 定期存款　　　　C. 储蓄存款　　　　D. 货币市场存款账户

3. 主要的新型活期存款品种有(　　　)。

A. NOW 账户　　　　　　　　　　　　B. 货币市场存款账户

C. 小储蓄者存款单　　　　　　　　　　D. 协定账户

4. 商业银行的短期借入负债包括(　　　)。

A. 向中央银行借款　　　　　　　　　　B. 同业拆借

C. 转贴现　　　　　　　　　　　　　　D. 回购协议

5. 欧洲货币市场之所以对各国商业银行有很大的吸引力,主要在于(　　　)。

A. 欧洲货币市场不受任何国家政府管制和纳税限制

B. 欧洲货币市场存款利率相对较高,放款利率相对较低,存放款利率差额较小

C. 欧洲货币市场资金调度灵活、手续简便

D. 欧洲货币市场的借款利率由交易双方依据伦敦同业拆借利率具体商定

6. 主动性负债包括(　　　)。

A. 发行大额定期存单　　　　　　　　　B. 同业拆借

C. 存款　　　　　　　　　　　　　　　D. 中央银行借款

7. 债券回购的主要形式包括(　　　)。

A. 质押式回购　　　　　　B. 保证式回购　　　　　　C. 抵押式回购

D. 买断式回购　　　　　　E. 担保式回购

8. 世界各国的中央银行,都是向商业银行提供货币的最后贷款者,其借款的形式有(　　　)。

A. 贴现　　　　　　B. 再贴现　　　　　　C. 再贷款　　　　　　D. 贷款

9. 商业银行的长期借款,一般采用金融债券的形式。金融债券有(　　　)。

A. 国内债券　　　　B. 资本性债券　　　　C. 一般性债券　　　　D. 国际债券

10. 办理储蓄业务,应当遵循的原则有(　　　)。

A. 存款自愿　　　　　　B. 存款有息　　　　　　C. 取款自由

D. 为存款人保密　　　　E. 整存整取

微课视频

扫一扫获取本章相关微课视频。

3.1.1 负债概述.mp4

3.2.1 非存款负债(一)(2).mp4

3.2.2 非存款负债(二).mp4

3.3.1 构建银行财商(一).mp4　　　　3.3.2 构建银行财商(二).mp4

第四章 商业银行资产——贷款资产

【本章提要】

贷款是商业银行或其他金融机构按一定利率与必须归还等条件出借货币资金的一种信用活动形式。银行通过贷款方式将所集中的货币与货币资金投放出去，可以满足社会扩大再生产对补充资金的需要以促进经济的发展，同时银行也可由此取得贷款利息收入以增加银行自身积累。它是银行经营的重要组成部分。其中，贷款利率市场化是银行贷款经营的重中之重。2019 年 8 月 20 日中国人民银行授权全国银行间同业拆借中心首次公布新机制下的贷款市场报价利率(LPR)，同年 12 月 28 日为深化利率市场化改革，进一步推动贷款市场报价利率(LPR)运用，中国人民银行发布《关于存量浮动利率贷款定价基准转换的公告》(中国人民银行公告〔2019〕30 号)，要求金融机构遵循市场化、法治化原则，推动存量浮动利率贷款定价基准转换为 LPR 或固定利率。本章着重阐述商业银行贷款政策、分类、定价及贷款损失控制处理与贷款管理制度。此外，就金融科技在商业银行贷款服务、贷款定价、贷款产品设计及贷款风控策略领域的新应用进行介绍。

【学习目标】

- 熟悉并掌握商业银行贷款的政策、分类、定价及不良贷款资产的控制处理。
- 了解商业银行贷款程序及贷款管理制度。
- 了解金融科技在商业银行贷款服务、贷款定价、贷款产品设计及贷款风控策略领域的新应用。
- 构建逻辑、辩证与批判等科学思维。理解金融科技的哲学基础与金融科技为民要义，树立与时俱进、终身学习的理念。

开篇案例与思考

中国人民银行发布的 2019 年第二季度《中国货币政策执行报告》中显示，2019 年 6 月企业贷款加权平均利率比上年高点下降 0.32 个百分点；1—6 月新发放普惠型小微企业贷款平均利率 6.82%，较 2018 年全年平均水平下降 0.58 个百分点。报告指出人民银行以贷款利率并轨为重点，研究推动利率体系逐步"两轨合一轨"，完善商业银行贷款市场报价利率机制，更好地发挥贷款市场报价利率在实际利率形成中的引导作用。

同年 8 月 16 日国务院常务会议提到部署运用市场化改革办法推动实际利率水平明显降低和解决融资难问题。此外会议还提出要促进信贷利率和费用公开透明。严格规范金融机构收费，督促中介机构减费让利；要多种货币信贷政策工具联动配合，确保实现年内降低小微企业贷款综合融资成本 1 个百分点；要加强对有订单、有信用企业的信贷支持，确保不发生不合理抽贷、断贷；要着力解决小微企业融资难问题。强化正向激励和考核，引导银行拓展市场、创新业务、改进流程，更好地服务实体经济。

(资料来源：中国政府网，2019 年 8 月 10 日)

问题分析

利率并轨以完善贷款市场报价利率机制，这是否会有助于解决小微企业融资难问题？

第一节　银行贷款政策与程序

课前思考

　　当下我国贷款政策是紧缩还是扩张？商业银行贷款程序如何设置？金融科技如何赋能贷款服务？

　　贷款指经批准可经营贷款业务的金融机构对借款人提供的并按约定利率与期限还本付息的货币资金。贷款是商业银行最主要的资产，也是银行最主要的资金运用。贷款业务是指银行与发放贷款相关的各项业务。

一、贷款政策

　　银行政策一般指商业银行贷款政策。它指商业银行为实现其经营目标而制定的指导贷款业务的各项方针与措施的总称，也是银行为贯彻安全性、流动性、营利性三项原则的具体方针与措施。科学合理的贷款政策文件指银行贷款管理人员进行贷款业务等相关经营活动的指导纲领，这对控制贷款风险及形成优质贷款具有重要意义。银行贷款政策因其经营品种、规模大小与所处市场环境不同而有所不同，但各类型商业银行的基本贷款政策应当是大体相同的，基本都包括贷款业务发展战略、贷款工作规程及权限划分、贷款规模与比率控制、贷款种类及地区、贷款担保、贷款定价、贷款档案管理政策、贷款日常管理与催收制度与不良贷款管理九方面内容。同时，制定贷款政策一般应考虑五要素，即有关法律法规与国家财政货币政策、银行资金状况、银行负债结构、服务地区的经济条件与经济周期及银行信贷人员素质。

　　总之，商业银行制定贷款政策的目的首先是保证业务经营活动协调一致，贷款政策是指导每一项贷款决策的总原则，理想的贷款政策首先可以支持银行作出正确的贷款决策并对银行经营作出贡献。其次可以保证银行贷款质量。正确的信贷政策能够使银行信贷经营保持理想水平以避免风险过大，并能够恰当地选择业务机会。

课中案例

　　2020 年 3 月 16 日中国人民银行实施普惠金融定向降准，对普惠金融领域贷款占比考核达标银行给予 0.5 个或 1.5 个百分点的存款准备金率优惠，并对此次考核中得到 0.5 个百分点存款准备金率优惠的股份制商业银行额外降准 1 个百分点。

问题分析

疫情期间中国人民银行颁布的国家货币政策对商业银行阶段性货币政策制定是一种指引。那么具体如何影响呢？(请区分国有大型商业银行、全国股份制商业银行、城市商业银行与农村商业银行)

二、贷款程序

贷款程序指银行为保证贷款安全，在发行贷款前后要遵循的工作程序。与其他款相比消费者贷款因其借款人是个人且收入稳定性存在个体差异性，同时银行对其未来财务状况与资信状况的可控性亦不如工商企业，因此贷款风险一般较大。为确保贷款安全，银行在消费者贷款发放与管理过程中，必须坚持按程序规定的条件发放贷款，重点掌握借款人资信状况与其未来还本付息能力。以下以银行发放消费者贷款的工作程序为例来展现。

消费者贷款发放工作程序包括贷款申请、综合分析、贷款发放、贷后管理、检查与贷款回收五个环节。前三个环节又称贷款决策程序。

贷款申请指消费者需要向银行申请贷款用于个人消费则必须提交借款申请。综合分析指银行在接到借款人提交的消费贷款申请后，应对借款人进行全面信用分析，对借款申请中所列情况进行深入细致的调查了解以作出"贷与不贷"决策。其中，信用分析指在对借款人贷款申请进行深入细致调查研究基础上，银行还要利用所掌握的资料对借款人进行信用评估以划分信用等级。它可由贷款银行独立进行，评估结果由银行内部掌握使用；它也可由监管当局认可的有资格的专门信用评估机构对借款人进行统一评估，评估结果供各家银行有偿使用。虽然客户信用分析被认为是贷款决策程序中最重要的因素，但构建正确贷款结构也同等重要。因此贷款决策程序不是简单的贷与不贷。一旦贷款项目可接受则银行将决定贷款数额、期限、还款安排、价格及其他贷款条件。

在综合分析阶段银行还应识别主要风险。如管理者能否有效控制风险、风险对借款人偿还能力有多大影响、银行能否建立早期预警系统来识别可能对偿债产生不良影响的变化等。若以上问题都能得到满意回答则银行可考虑设计贷款结构，否则将拒绝贷款。在确定贷款结构时要考虑需设计何种期限与条件以保护银行利益及满足客户要求。就贷款工具方面而言，哪一类贷款比较合适？何时发放？何时偿还？在借款条件方面，银行对借款人有什么要求？就担保问题银行提出什么条件？贷款定价时应考虑哪些风险？银行对贷款到期日、利息波动、贷款费用等应做怎样规定？贷款结构确定后银行需与借款人进行谈判。在与客户谈判时，双方要讨论贷款方案各组成部分以便在贷款工具、条件、担保与定价方面达成一致，特别是要考虑贷款条件能否满足银行与借款人双方的需求。

贷款发放指将借款人等级分与银行事先规定的"可接受贷款分值""拒绝贷款分值"进行比较，若满足前者则银行可发放贷款，若满足后者则银行应拒绝贷款，若介于两者之间则银行应进一步调查情况以最终决定贷与不贷。

以上贷款决策程序主要涉及银行分析判断借款人资信状况与其未来还本付息能力。该阶段一般流程如图 4-1 所示。接下来贷款工作程序包括两个环节。

具体地讲，贷后管理指从贷款发放或其他信贷业务发生后直到本息收回或信用结束全过程的信贷管理。它是信贷经营的最终环节，对确保银行贷款安全与案件防控具有至关重要的作用。它是控制风险及防止不良贷款发生的重要环节。客户经营财务状况是不断变化的。贷后管理要求跟踪客户所属行业、客户上下游及客户本身经营财务状况(包括其商业信用变化)、及时发现可能不利于贷款按时归还的问题，并制定解决问题的措施。

贷款程序最后一个环节是贷款检查与贷款回收。贷款发放以后银行要对贷款进行跟踪检查。通常要求借款人定期反映其收入财产变动情况以便银行随时掌握借款人还款能力的变化。对信用卡贷款与其他周转性贷款，应重点检查是否有严重恶意透支行为及其他欺诈行为。贷款到期后应根据不同贷款采取不同贷款收回方式。银行要区别不同情况以加强贷款回收管理。

典型消费者贷款决策程序如图 4-1 所示。

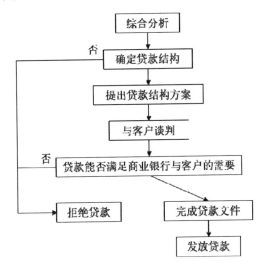

图 4-1　典型消费者贷款决策程序

知识窗

大数据支撑贷款服务个性化

"大数据发展日新月异，我们应该审时度势、精心谋划、超前布局、力争主动"。习近平总书记深刻分析大数据发展现状和趋势，结合我国实际对实施国家大数据战略、加快建设数字中国作出部署要求，为"用好大数据、赢得新时代发展"战略主动指明方向。2016 年我国数字经济规模总量达 22.58 万亿元并跃居全球第二。

(资料来源: 新华网，2017 年 12 月 10 日)

数据资产价值已得到认可，如何用好这些资产成为一个重大课题。商业银行拥有丰富的数据资产且银行外部数据越来越可获得。随着大数据建模和处理技术的成熟，它将成为极为重要的营销、管理、决策工具。部分传统银行开始尝试将大数据应用在传统信贷业务上。如上海银行依托大数据风险评分模型，基于对企业贸易、税务、征信、工商、司法等数据的分析，创新打造针对中小微企业的"上行 e 链""税优贷"等融资产品。2019 年下半年上海银行推出"上行普惠"App，打通中小微企业在线融资"最后一公里"，以全在线方式为中小微企业提供一揽子金融解决方案。"上行普惠"提供 7×24 小时的开放式服务，惠及更多中小微企业；运用 OCR、生物识别、联网核查等技术手段，核实企业身份及办理意愿；与优质核心企业合作共享贸易信息，采用区块链技术确保贸易信息真实不可篡改；此外还可提供企业在线商户结算、公司理财等服务。目前上海银行已与中铁建设集团、海尔集团、携程、每日优鲜等核心企业开展合作，为其上下游中小微企业提供在线供应链融资和普惠金融服务。

（资料来源：新浪财金，2020 年 1 月 20 日）

第二节　银行贷款分类

什么是担保贷款？担保贷款与信用贷款有什么区别？信用卡贷款产品设计如何与金融科技相结合？

一、贷款分类

从银行经营需求出发可对银行贷款按不同标准进行分类，而不同分类方法对银行业务经营又有不同意义。贷款业务有多种分类标准，按客户类型可划分为个人贷款与公司贷款；按贷款期限可划分为短期贷款与中长期贷款；按有无担保可划分为信用贷款与担保贷款。

(一)个人贷款

个人贷款指银行向符合条件的自然人发放的用于个人消费、生产经营等用途的本外币贷款，主要包括个人住房贷款、个人消费贷款、个人经营贷款及个人信用卡透支四类贷款。

其中，个人住房贷款是个人信贷结构中最主要的部分。它指向借款人发放的用于购买、建造或较大规模修理各类型住房的贷款，主要包括个人住房按揭贷款、二手房贷款、公积金个人住房贷款及个人住房组合贷款等。个人消费贷款一般包括个人汽车贷款、助学贷款、个人消费额度贷款、个人住房装修贷款、个人耐用消费品贷款、个人权利质押贷款等。个人经营贷款指银行对自然人发放的、用于合法生产经营的贷款。个人申请经营贷款一般需要以经营实体作为借款基础，经营实体一般包括个体工商户、个人独资企业投资人及合伙企业投资人等。而个人信用卡是特殊的贷款形式，个人信用卡透支指持卡人进行信用消费、取现或其他情况所产生的累计未还款金额。

个人贷款业务还款方式通常包括等额本息与等额本金两种。目前各银行根据个人需求提供个性化还款方式与还款服务，较为常见的特色还款方式包括按周还本付息、递增还款法、递减还款法、随心还款法等。如 2015 年推出小额免密免签支付功能的同时中国银联联合成员机构采取多项措施保护消费者知情权。根据中国银联《银联卡小额免密免签业务规则》，明确规定发卡机构与收单机构在业务开通前应当履行向持卡人告知的义务。为此各家银行也通过官网公告、短信通知、领卡合约等方式向持卡人明确提示信用卡"双免"业务的相关信息。

总之，小额免密免签不但在国际上是成熟的支付方式，在国内移动支付领域也得到广泛普及，早已是银行卡默认开通的基础功能。

(二)公司贷款

公司贷款又称工商贷款,它指银行向符合条件的公司发放的用于公司日常生产经营或扩大再生产等用途的本外币贷款,主要包括流动资产贷款、固定资产贷款、并购贷款、房地产贷款、银团贷款、贸易融资及票据贴现与转贴现七类贷款。

其中,流动资产贷款是为弥补企业流动资产循环出现的现金缺口及满足企业生产经营过程中临时性季节性的或长期平均占用的流动资金需求而正常发放的贷款。它按期限可分为临时流动资金贷款、短期流动资金贷款与中期流动资金贷款。固定资产又称项目贷款,是为弥补企业固定资产循环中出现的资金缺口而发放的贷款,主要用于企业新建、扩建、改造、购置固定资产投资项目的贷款。它一般是中长期贷款但也有用于项目临时周转用途的短期贷款。按照用途划分它一般包括以下四类:其一是基本建设贷款。它指用于国家部门批准(或核准、备案)的基础设施、市政工程、服务设施与以外延扩大再生产为主的新建或扩建生产性工程等基本建设而发放的贷款。其二是技术改造贷款。它指用于现有企业以内涵扩大再生产为主的技术改造项目而发放的贷款。其三是科技开发贷款。它指用于新技术与新产品的研制开发或科技成果向生产领域转化或应用而发放的贷款。其四是商业网点贷款。它指商业、餐饮、服务企业为扩大网点改善服务设施及增加仓储面积等所需资金不足时向银行申请的贷款

并购贷款指银行为境内企事业法人在改制改组过程中,有偿兼并收购国内其他企事业法人、已建成项目及进行资产债务重组发放的贷款。房地产贷款指与房产或地产的开发、经营、消费活动有关的贷款。主要包括房地产开发贷款、土地储备贷款、法人商业用房按揭贷款与个人住房贷款四类。公司业务中房地产贷款是指前三类贷款。银团贷款又称辛迪加贷款,是指由两家或两家以上银行基于相同贷款条件,根据同一贷款合同按照约定时间与比例通过代理行向借款人提供本外币贷款或授信业务。参与银团贷款的银行均为银团成员。银团成员应按"信息共享、独立审批、自主决策、风险自担"的原则自主确定各自授信行为,并按实际承担份额享有银团贷款下相应权利及履行相应义务。按银团贷款职能分工,银团贷款成员通常可分为牵头行、代理行与参与行等角色。

商业银行提供的贸易融资可分为国内贸易融资与国际贸易融资两大类。国内贸易融资指对国内商品交易中产生的存货、预付款、应收账款等资产进行融资。目前,我国开办的国内贸易融资业务有国内保理、发票融资、国内信用证、国内信用证项下打包贷款、国内信用证项下买方融资等产品。国际贸易融资按进口方银行提供服务对象的不同可分为两大类,一类是进口方银行为进口商提供的服务,另一类是出口方银行为出口商提供的服务。

最后一类公司贷款是票据贴现。它指商业汇票的合法持票人,在商业汇票到期前为获得票款,由持票人或第三人向金融机构贴付一定利息后以背书方式进行的票据转让。票据转让指金融机构为取得资金将未到期的已贴现商业汇票以卖断的方式向另一金融机构转让票据的行为。它是金融机构间融通资金的一种方式。

二、四类常见贷款

信用贷款、担保贷款、票据贴现与消费者贷款是四类常见贷款。

(一)信用贷款

信用贷款指银行完全凭借贷款人的良好信用而无须提供任何财产抵押或第三者担保而

发放的贷款。它以借款人的信用作为还款保证。从广义上讲它也是担保贷款，只不过是以借款人本身的信用作为担保。与其他贷款相比，信用贷款有以借款人信用与未来现金流为还款保证、风险大与利率高及手续简便三个特点。同时，银行发放信用贷款时应注意对借款人进行信用评估、正确选择贷款对象、合理确定贷款额度与期限、关注贷款发放与监督作用四项操作要点。

其中，信用卡是特殊的信用贷款方式。如厦门银行台胞信用卡作为一款中国银联人民币金卡，以在大陆的台胞作为唯一发卡对象，有效解决了此前台湾同胞在大陆办信用卡门槛高、手续复杂等难题。在大陆工作满 1 年且在闽渝有固定住所或工作单位的台籍人士，满足一定条件即可申请厦门银行台胞信用卡。台湾同胞可到厦门银行任一营业网点提交纸质申请表，也可到微信小程序"厦门银行信用卡"进行线上申请。台湾同胞持厦门银行台胞信用卡在大陆消费直接以人民币结算还款，不仅节约了用卡手续费还免去了还款时换汇的麻烦与汇率差价损失，为广大台胞带来真正的便捷与实惠。

此外，中小微企业因可用于抵质押的资产较少，因此它主要通过信用贷款形式向银行贷款。如 2012 年厦门农商银行与厦门市财政局等部门合作，推出专门服务小微企业的"绿荫计划"产品方案。对纳入"绿荫计划"范围的小微企业，该行给予"准信用贷款"。截至 2019 年 9 月月末累计投放"绿荫计划"系列贷款共 1374 笔，金额总计 16.92 亿元人民币，支持近 934 户小微客户。2014 年该行推出灵活便捷高抵押率"长大贷"产品，接着又优化推出"小微长大贷"产品。目前该行还有"小微宝""马上贷"等一系列服务广大小微企业的金融产品。这些创新做法进一步降低了客户的准入门槛及延长了授信期限以更好地满足小微客户融资需求。2021 年 1 月 1 日，《中华人民共和国民法典》(以下简称《民法典》)实施，同时《中华人民共和国担保法》废止。《民法典》对于担保法的修改主要分为两个部分：担保物权和保证合同，考虑到各编的关系，这两个部分的内容也分别归属于物权编与合同编。

📖 课中案例

强强联手优惠整合 用户可享双重权益

邮信贷-花呗是中国邮政储蓄银行与蚂蚁金服联合推出的消费金融服务产品，属业内首创。它打造了"便利在线申请、实时精准授信、安心无忧理财、实惠免息购物"等多重专属权益，很好地引领了普惠、便民消费金融服务新潮流。它是邮储银行与蚂蚁金服基于共同的贷款条件并依据统一的贷款协议条款，按照约定的比例出资并承担业务风险，联合向符合条件的支付宝实名用户提供的可循环使用、随借随还的纯线上人民币消费贷款产品。业内普遍认为，邮信贷-花呗是邮储银行与蚂蚁金服强强联手的"结晶"——邮储银行是具有雄厚线下实力的国有大行品牌，具有用户信赖的差异化线下风控能力等优势；蚂蚁金服则拥有丰富的线上运营经验、海量支付场景、"双 11""双 12"等大型电商活动、人工智能(AI)实时大数据风控能力。该产品的设计理念融入了双方资源投入后的活跃客户和消费数据，用户可享受邮储银行与花呗提供的双重权益。邮信贷-花呗具有两大优势。一方面，用户可先用花呗的钱，自己的钱则存入邮储银行，赚取 1.5 倍的活期利息；在线选择冻结存款额度，实时提升花呗额度、随心消费、安心赚钱；在线注册、实时审批、即刻开通、马上使用；覆盖线上、线下全场景的海量商户可以受理花呗。另一方面，开通邮储花呗同时购买邮储银行理财产品，即可享受高于活期存款利率 1.5 倍的理财收益。

(资料来源：厦门晚报，2019 年 11 月 28 日)

问题分析

1. 邮信贷-花呗属于哪类贷款？相比传统花呗，邮信贷-花呗有何不同？它如何实现金融科技与传统银行贷款业务的结合？

2. 2020 年蚂蚁金服上市搁置并面临监管机构问询与调查，这对邮信贷-花呗创新产品会产生什么实质影响？需要通过修正产品设计中的什么环节来真正实现产品设计要义？

(二)担保贷款

银行在对借款人进行信用分析后，如果借款人符合发放信用贷款条件则银行可对其发放担保贷款。担保贷款指银行要求借款人根据规定的担保方式提供贷款担保而发放的贷款。1995 年 10 月 1 日颁布施行的《中华人民共和国担保法》(以下简称《担保法》)规定的担保方式主要有保证、质押与抵押三种，相应地我国担保贷款也包括保证贷款、质押贷款与抵押贷款三种。

1. 保证贷款

保证指保证人与银行约定借款人不履行债务时则保证人按约定履行或承担责任的行为。银行根据《担保法》规定的保证方式向借款人发放的贷款称为保证贷款。《担保法》规定的保证方式包括一般保证与连带责任保证。当事人在保证合同中约定借款人不能履行债务时由保证人承担保证责任的经济行为称为一般保证。当事人在保证合同中约定保证人与借款人对债务承担连带责任，则这种经济行为称为连带保证责任。银行发放保证贷款，贷款保证人就应按法律规定承担债务的一般保证责任或连带保证责任，当借款人不能履行还款责任时由保证人负责偿还。

保证贷款因保证人对贷款提供担保而体现为多边信用关系，即银行贷款具有借款人与保证人的双重保证。这是保证贷款与信用贷款的重要区别。而要真正落实保证责任以避免出现空头担保现象则需严格审核保证人资质，即重点把握保证贷款发放的四项操作环节：借款人找保、银行核保、银行审批及贷款发放与收回。

2. 质押贷款

质押权指特别授予的权利。在质押方式下受质押人在债务全部清偿前拥有借款人用作质押财产的处置权利，即特定情况下受质押人有出卖财产的权利。以《担保法》规定的质押方式发放的贷款称为质押贷款。我国《担保法》中规定的质押包括动产质押和权利质押两种。如股权质押、保单质押、大额存单质押、汽车质押、存货质押、应收账款质押等。质押贷款发放操作重点在于评估质押品真实市场中可转换的价值，以避免其值不抵债而将借款人风险转嫁为银行风险。

质押方式与即将介绍的抵押方式的不同在于：在无法按合同约定期足额清偿银行债务时，借款人应将质押财产作法定移交但可不作实际实物移交。如只交付储放货物的仓库钥匙或货物可转让提单。

课中案例

2016 年 5 月，68 岁的老郭和村里几名老人准备坐飞机去陕西参加一场宗亲会。结果出了意外：同行人都买到机票就老郭买不到，他被告知限制高消费。老郭还没明白怎么回事，没多久他发现自己平时用来领取残疾补助款、68 岁以上老人补助款的银行卡全被冻结。他四处打听才知道，这一切跟 2007 年亲戚阿贵向银行借款 5 万元有关，他是担保人。当初阿贵向银行借款，请老郭当担保人，老郭签了名。没想到的是还款时间到了阿贵并没有还钱。后来银行将阿贵和老郭一同起诉到法院，案件进入执行阶段后阿贵仍没还钱，老郭和子女多次劝阿贵早日将借款还清，阿贵只偿还了很少一部分。走投无路的老郭只好向社区检察官请求帮助，社区检察官引导他们向检察院申请民事执行监督。

同时检察官向老郭一家人普法。根据我国《担保法》规定保证人承担保证责任偿还借款后，有权继续向原借款人追偿。此外，在执行法官调解下银行考虑到老郭是低保户的特殊情况，同意拿到一定数额款项后解除老郭担保的责任。这样法院就可以解除对老郭账户冻结、列入失信人员名单等执行措施。近日老郭将子女们垫付的钱缴交了，他的名字也从"老赖"名单中撤下来了。

根据我国《担保法》规定，连带责任保证的保证人应当为借款人承担连带还款责任。也就是说，如果借款人还不起钱，债权人同时将借款人与保证人起诉到法院时，保证人就要承担还款的责任。所以做保证人之前一定要先了解清楚保证人的法律含义，不要因为碍于情面或一时好心义气之举给自己留下隐患。

(资料来源：厦门晚报，2018 年 5 月 22 日)

问题分析

从该案例如何正确理解保证贷款？如何正确处理保证贷款中商业银行、借款人及保证人的关系？

3. 抵押贷款

抵押指债务人或者第三人不转移抵押财产的占有而将该财产作为债权的担保。银行以抵押方式作担保而发放的贷款就是抵押贷款。以抵押担保方式发放贷款时，当借款人不履行债务时银行有权按《担保法》规定以抵押财产折价或以拍卖变卖抵押财产的价款优先受偿。与质押方式类似，以抵押方式发放贷款的操作重点也在于评估抵押品真实市场中可转换的价值以避免其值不抵债而将借款人风险转嫁为银行风险。与质押方式不同，抵押方式发放贷款操作环节更复杂，具体如下所述。

1）抵押物选择与估价

抵押物选择与估价包括抵押物选择、估价及抵押率确定。抵押物选择指借款人贷款申请经银行审查确认需以财产作抵押时借款人应向银行提供拟作贷款抵押物的财产清单，银行从中选择符合要求的财产作为贷款抵押。选好抵押物后银行还要对抵押物进行法律审查与技术鉴定。抵押物估价指对抵押物按将来处分时的市场价格进行估算。银行对抵押物估价时必须坚持科学性、公正性与防范风险性三原则以科学合理测定抵押物价值。

抵押率又称"垫头"，它是抵押贷款本金利息之和与抵押物估价价值之比。合理确定抵押率是抵押贷款经营的重要内容。

2）抵押物产权设定与登记

产权设定指银行要证实并取得处分抵押物以作抵押债券的权利。借款人要将财产契约提交指定机构登记过户以明确银行为产权所有者与保险受益人。

3) 抵押物占有与处分

抵押物占管包括占有与保管两层意思。占有是指保管责任，否则不称其为占有，而保管是指以占有持有为前提。它有抵押人占管与抵押权人占管两种方式。抵押物处分指通过法律行为对抵押物进行处置的一种权利，具体指贷款期满借款人若按期偿还贷款本息银行应将抵押物及有关证明文件及时退回抵押人则抵押合同终止。若借款人不能偿还贷款本息就需通过处分抵押物来清偿贷款。它的处分方式主要有三种，即拍卖、转让与兑现。

课中案例

国家出政策了：要求金融机构积极拓宽农业农村抵质押物范围

由于农民的农房抵押法律效力受到限制以及农村房子很难进行价值评估，因此国家出台了政策：要求金融机构积极拓宽农业农村抵质押物范围。国家颁布了《关于金融服务乡村振兴的指导意见》，要求各涉农金融机构加大对乡村振兴领域的支持力度，更好地满足乡村振兴多样化、多层次的金融需求。其中有两条政策对很多农民朋友来说都是非常好的消息！

第十一条：配合农村土地制度改革和农村集体产权制度改革部署，加快推动确权登记颁证、价值评估、交易流转、处置变现等配套机制建设，积极稳妥推广农村承包土地的经营权抵押贷款业务，结合宅基地"三权分置"改革试点进展稳妥开展农民住房财产权抵押贷款业务，推动集体经营性建设用地使用权、集体资产股份等依法合规予以抵押，促进农村土地资产和金融资源的有机衔接。

第十二条：积极拓宽农业农村抵质押物范围。推广厂房和大型农机具抵押、圈舍和活体畜禽抵押、动产质押、仓单和应收账款质押、农业保单融资等信贷业务，依法合规推动形成全方位、多元化的农村资产抵质押融资模式。积极稳妥开展林权抵押贷款，探索创新抵押贷款模式。鼓励企业和农户通过融资租赁业务，解决农业大型机械、生产设备、加工设备购置更新资金不足问题。

(资料来源：厦门晚报，2018 年 5 月 22 日)

(三)票据贴现

票据贴现指以票据所有权有偿转让为前提的资金融通活动。从持票人来讲贴现指以手持未到期票据向银行贴付利息而取得现款的经济行为。由于票据付款人与持票人是债务关系，在票据未到期前票据付款人对持票人负债。而当票据经银行贴现后银行持有票据则票据付款人就形成对银行负债。与其他贷款方式相比，票据贴现在贷款对象、还款保证、收息方式、管理办法等方面具有不同的特点；其一是以持票人作为贷款直接对象；其二是以票据承兑人信誉作为还款保证；其三是票据剩余期限为贷款期限。

(四)消费者贷款

消费贷款又称"消费者贷款"，是指对消费者个人贷放用于购买耐用消费品或支付各种费用的贷款。它有覆盖面广、利率黏性、周期敏感性等特点。它一般包括个人汽车贷款、助学贷款、个人消费额度贷款、个人耐用品贷款，个人权利质押贷款五类。

其中，个人汽车贷款对象应是具有完全民事行为能力的中华人民共和国公民或符合国家有关规定的境外自然人。利率按中国人民银行规定的同期贷款利率规定执行，并允许银行按中国人民银行利率规定实行上下浮动。贷款期限(含展期)不得超过 5 年。其中，二手车贷款的贷款期限(含展期)不得超过 3 年。还款方式包括等额本息还款法、等额本金还款法、一次还本付息法、按月还息任意还本法等多种还款方式，具体方式应根据各银行规定来执行。担保方式指申请个人汽车贷款时借款人必须提供担保措施，包括质押、以贷款所购车辆作抵押、房地产抵押与第三方保证等。此外，还可采取购买个人汽车贷款履约保证保险的方式。在实际操作中各银行通常会根据具体情况对各种担保方式作进一步细化规定。所购车辆为自用车，其贷款额度不得超过所购汽车价格的 80%；所购车辆归属为商用车，其贷款额度不得超过所购汽车价格的 70%；所购车辆为二手车，其贷款额度不得超过借款人所购汽车价格的 50%。

国家助学贷款指由政府主导、财政贴息、财政与高校共同给予银行一定风险补偿金，银行、教育行政部门与高校共同操作的专门帮助高校贫困家庭学生的银行贷款。借款学生不需办理贷款担保或抵押，但需要承诺按期还款并承担相关法律责任。借款学生通过学校向银行申请贷款用于弥补在校期间各项费用之不足，并于毕业后分期偿还。如 2012 年 8 月 8 日开发银行新增助学贷款突破 120 亿元。2015 年 7 月 20 日教育部等部门联合发布《关于完善国家助学贷款政策的若干意见》(以下简称《意见》)。《意见》指出为切实减轻借款学生经济负担，将贷款最长期限从 14 年延长至 20 年，还本宽限期从 2 年延长至 3 年整，同时学生在读期间贷款利息由财政全额补贴。此外，贫困家庭学生需通过就读学校向当地银行申请国家助学贷款。学生在校期间原则上采取一次申请及银行分期发放的国家助学贷款办法。

个人消费额度贷款指银行向个人发放的用于消费的、可在一定期限额度内循环使用的人民币贷款。借款人可先向银行申请有效额度于必要时使用，不使用贷款不收取利息。在额度有效期内客户可随时向银行申请使用。个人耐用品贷款期限一般在 1 年内，最长为 3 年(含 3 年)；将至退休年龄借款人贷款期限不得超过退休年限(一般女性为 55 岁，男性为 60 岁)；以抵押担保方式贷款的贷款期限最长不超过 10 年。贷款起点一般为人民币 2000 元，最高额不超过 10 万元。借款人用于购买耐用消费品首期付款额不得少于购物款 20%~30%。而个人权利质押贷款指借款人以本人或其他自然人未到期本外币定期储蓄存单、凭证式国债、电子记账类国债、个人寿险保险单及中国建设银行认可的其他权利出质。由中国建设银行按权利凭证票面价值或记载价值的一定比例向借款人发放人民币贷款。贷款对象指具有完全民事行为能力的自然人。贷款起点为人民币 5000 元(含)。贷款期限不超过所质押权利的到期日。用多项权利作质押的贷款到期日不能超过所质押权利的最早到期日期。贷款期限最长为 5 年，而以保单质押的贷款最长期限为 1 年。

总之，信用贷款、担保贷款、票据贴现与消费者贷款是四类常见贷款类型。其中，前三类贷款是工商贷款的常见形式。工商贷款是银行发展初期创设的贷款，也是世界上绝大多数国家商业银行最重要的贷款形式，但从贷款结构变化来看这四类常见贷款形式中消费者贷款在商业银行贷款总量占比逐年攀升，甚至在个别发达国家大有超越工商贷款的势头。

三、科技贷款创新

科技贷款指按"政府指引、市场运作、风险共担"三原则来推动银行金融机构对科技型中小微企业信贷支持力度，并破解科技型企业融资难题以推动科技信贷风险资金池管理。其中，专项科技准备金实行专项管理，用于银行为科技型中小企业贷款发生的实际损失给予补偿。"融资难"一直是困扰科技型中小企业成长与发展的"顽疾",从大型国有商业银行到城市商业银行均就科技贷款进行创新设计,主要包括以下五类。

其一是科技开发贷款。它指科技成果向生产领域转化或应用而发放的贷款。其二是科技信用贷款。它指在综合评价科技型企业、企业信用、企业核心技术专利或科技项目的基础上,对提供企业真实有效代发工资记录、纳税记录、缴纳租金记录或获得专项科研资金、承担政府重点科研项目、获得科技补贴资金等相关证明的科技型企业发放的用于短期生产经营周转的人民币流动资金贷款、银行承兑汇票、法人账户透支、贸易融资等信贷业务与高额度科技专享商务卡的产品集合。其三是科技专利贷款。它指高新技术企业以其自身或控股股东合法拥有且依法转让的发明专利权、实用新型专利权、商标权与著作权等设定质押,再申请短期流动性贷款产品。其四是科技企业发展贷款。它指向承担科技成果产业化实施的科技型企业法人发放的用于新兴领域成熟科技成果转化与市场推广、传统产业技术改造升级的贷款。其五是科技综合服务型贷款。它指为科技型中小企业提供集"贷款、贸易融资、保函、贴现"等表内外授信业务于一体的综合金融服务。

例如,2019年厦门农商银行与厦门市科技局、厦门市工信局、厦门市财政局联合举办第八届"中国创新创业大赛"、2019"创客中国"大赛(厦门赛区)暨第五届"白鹭之星"创新创业大赛,为企业组(包括成长企业组和初创企业组)提供"绿荫计划"准信用贷款及知识产权质押贷款支持以实际行动支持小微企业成长壮大。此外,2019年6月24日中国人民银行、中国银行保险监督管理委员会联合发布《中国小微企业金融服务报告(2018)》,这是我国政府相关部门首次公开发布的小微企业金融服务白皮书。

第三节　银行贷款定价与贷款价格构成

课前思考

贷款定价原则有哪些?金融科技如何在商业银行风险定价中发挥作用?

贷款定价是商业银行制定的关于向客户发放贷款的价格条件。

一、贷款定价原则

贷款定价是复杂程度高与技巧性强的工作。它一般遵循利润最大化、扩大市场份额、保证贷款安全及维护银行形象四原则。

其中,利润最大化原则主要因为银行是经营货币信用业务的特殊企业,作为企业实现利润最大化始终是其追求的目标。信贷业务是银行传统主营业务,而存贷利差是银行利润的主要来源。扩大市场份额原则主要因为金融业竞争日益激烈条件下银行要"求生存、求发展",必须在信贷市场上不断扩大其市场份额。同时银行追求利润最大化目标还必须建立在市场份额不断扩大的基础上。保证贷款安全原则是因为银行贷款业务是风险性业务,保证贷款安全是银行贷款经营全过程的核心内容。除了在贷款审查发放等环节要严格把关外,合理贷款定价也是保证贷款安全的重要方面。维护银行形象原则的内涵是作为经营信用业务的企业,良好社会形象是银行生存与发展的重要基础。而银行要树立良好的社会形象就必须守法、诚信、稳健经营，要通过日常业务活动维护社会整体利益而不能唯利是图。

二、贷款价格构成

相比消费者贷款，工商贷款在银行贷款结构中占比最高。同时消费者贷款定价因存在个体差异性而贷款基本定价结构较复杂，而工商贷款基本定价结构一致。广义的工商贷款价格构成五要素主要包括贷款利率、贷款承诺费、贷款调查评估费、补偿余额与隐含价格。

不是每笔贷款价格都同时包含这五要素，许多期限短、金额小的工商贷款价格中只包括其中的两三个要素，但贷款利率是所有工商贷款价格构成的必要要素。因此贷款利率又称狭义贷款价格，我们日常提到的贷款价格指的就是贷款利率。贷款利率指一定时期客户向贷款人支付的贷款利息与贷款本金比率。它是贷款价格主体也是贷款价格的主要内容，贷款利率高低主要是市场竞争的结果。银行贷款利率一般有基准水平，它取决于中央银行货币政策及有关法律规章、资金供求状况与同业竞争状况。如 2019 年 8 月 17 日印发中国人民银行公告〔2019〕第 15 号指出改革完善贷款市场报价利率(LPR)形成机制，促进贷款利率进一步市场化以提高利率传导效率及推动降低贷款实际利率水平。

贷款承诺费指银行对已承诺贷给顾客而顾客又没有使用得当那部分资金收取的费用，即银行已与客户签订贷款意向协议并为此做好资金准备但客户并没有从银行贷出这笔资金，承诺费就是对这部分已作出承诺但没有贷出的款项所收取的费用。承诺费由于是顾客为取得贷款而支付的费用因而构成了贷款价格的一部分。

贷款调查评估费指对某些金额大、期限长、复杂程度高的贷款尤其是项目贷款，收取的专门用于贷款可行性调查与分析的费用。它一般是在贷款合同签订前由银行根据贷款可行性调查与分析的实际需要向借款人收取并专项用于对贷款项目的可行性调查与评估的费用。大部分数额小且期限短的贷款没有贷款调查评估费。

补偿余额指贷款期间银行要就借款人必须在贷款银行账户上保持最低数额的活期存款或低利率定期存款数额。它通常被称为银行同意贷款的条件而写入贷款协议中。它属于贷款组成部分，借款人要为此支付利息而又不能使用这部分贷款，这无形中增加了借款人的贷款成本。因此银行因补偿余额要求而增加的收益应计入贷款价格中，它相当于变相提高了银行实际贷款利率。

隐含价格指贷款定价的一些非货币性内容。银行在决定给客户贷款后，为保证客户能偿还贷款通常在贷款协议中加上一些附加条款。附加条款可以是禁止性的即规定融资限额及各种禁止事项；也可以是义务性的即规定借款人必须遵守的特别条款。附加条款不能直接给银行带来收益，但可防止借款人经营状况发生重大变化给银行利益造成损失，因此它可视为贷款价格的一部分。

课中案例

百融云创科技赋能风险定价 还原中小企业信用画像

2020 年除了新基建得到了广泛关注外，数据共享及安全、产业互联网、人工智能等高频热点也被市场聚焦。政府工作报告提出，将继续出台支持政策，全面推进"互联网+"，打造数字经济新优势。通过这些领域和信号，可一并探悉新经济时代的脉搏和发展大势。作为业内顶尖的智能科技应用平台，百融云创一直致力于运用金融科技，搭起"供给侧"和"需求侧"两端的桥梁，用人工智能、大数据、风控云等技术，连接产业场景端和银行等金融机构端，用科技手段建立并还原产业链的中小微企业信用画像，支持多场景多产品的数千亿小微资产对接，帮助金融机构为产业链中小微企业提供融资服务，助力解决中小微企业融资难、融资贵的难题，为新经济的涌现与正常运行提供助力引擎。

(资料来源：创业网，2020年6月24日)

第四节　银行贷款损失处置与管理制度

　　什么是五级贷款分类？不良贷款发生的表象是什么？如何进行不良贷款控制与处理？金融科技如何赋能贷款风险管理策略？

一、五级贷款分类

　　为准确把握贷款风险，在贷款经营中应对不同质量贷款进行分类管理。1998年中国人民银行制定《贷款风险分类指导原则》。此后商业银行开始实行新的贷款五级分类办法，即从贷款偿还的可能性出发将贷款分为五个档次(即正常贷款、关注贷款、次级贷款、可疑贷款与损失贷款)并以此来评估贷款质量以揭示贷款的真实价值。

　　其中，正常贷款指借款人能正常还本付息。关注贷款指借款人偿还贷款本息没有问题但潜在的问题如果发展下去将会影响贷款偿还。次级贷款指缺陷已很明显的贷款，即正常经营收入已不足以保证还款，借款人需要通过出售变卖资产或对外融资乃至执行抵押担保来还款。可疑贷款指已确定要发生损失的贷款。只是因为存在借款人重组、兼并、合并、抵押物处理与诉讼未决等待定因素，银行损失金额还不能确定。损失贷款指贷款全部或大部分已经损失。

　　上述五类贷款中前两类属于正常或基本正常贷款，而后三类借款人已出现明显还款问题，即属于不良贷款。

二、不良贷款

　　贷款存续期内银行应通过风险监测与贷后检查等措施，对信贷资产质量进行分类或调整。对符合不良贷款特征的贷款要及时纳入不良贷款管理范畴以真实反映资产质量，并通过科学合理的管理方法与流程对不良贷款实行全面精细化管理以控制贷款损失。如2017年财政部修订发布了《企业会计准则第22号——金融工具确认和计量》(以下简称《22号准则》)。《22号准则》将金融资产减值会计由"已发生损失法"改为"预期损失法"，要求考虑金融资产未来预期信用损失情况，从而更加及时足额地计提金融资产减值准备，便于揭示与防控金融资产信用风险。按照《22号准则》与监管部门对贷款分类趋严的要求，不少银行先前计入关注类贷款的逾期90天以上贷款需计入至少次级贷款，因此银行不良贷款增加。

(一)不良贷款表象

实践中我们发现大多数借款人在违约之前往往会表现出各种各样的不正常现象。若银行信贷管理人员能够密切监测借款人各方面情况变化就能给贷款提供预警信号以至于银行及时采取措施防患于未然。具体地讲，银行信贷人员可从企业银行账户、企业报表、企业人事管理、企业与银行的关系与企业经营管理等表象分析产生不良贷款的原因。

其一是企业银行账户预警。如企业银行账户经常止付支票或退票、经常出现透支或超过规定限额透支、应付票据展期过多、要求借款用于偿还旧债、要求贷款用于炒作本公司股票或进行投机性活动、银行存款余额持续下降、经常签发空头支票、贷款担保人要求解除担保责任、借款人被其他债权人追讨债务或索取赔偿、借款人不能按期支付利息或要求贷款展期、从其他机构取得贷款特别是抵押贷款等。

其二是企业报表预警。如企业财务报表出现应收账款账龄明显延长、现金状况恶化、应收账款与存货激增、成本上升收益减少、销售上升利润减少、销售额下降、违反会计准则(如折旧价计提，存货计提等)、主要财务比率发生异常变化、呆账增加、审计不合格等。

其三是企业人事管理预警。如企业主要负责人间不团结、董事会或所有权发生重要变动、公司关键人物健康出现问题且接班人不明确或能力不足、主要决策人投机心理过重、某负责人独断专行限制其他管理人员积极性发挥、无故更换会计师或高层管理人士、对市场供求变化与宏观经济环境变化反应迟钝及应变能力差、用人不当以致各部门之间不能相互协调配合、缺乏长远经营战略且急功近利、借款人婚姻家庭出现危机等。

其四是企业与银行关系预警。如企业管理人员对银行态度发生变化(缺乏坦诚的合作态度)、在多家银行开户或经常转换往来银行、故意隐瞒与某些银行的往来关系等。

其五是企业经营管理预警。如经营管理混乱、环境脏乱差、员工老化、纪律松弛、设备陈旧、维修不善、利用率低、销售旺季后存货仍大量积压、丧失一个或多个主要客户、关系到企业生产能力的某些主要客户的订货变动无常、企业主要投资项目失败、企业市场份额逐步缩小、企业生产规模不适当扩大等。

(二)不良贷款处置

对已出现预警信号的不良贷款，银行应采取有效措施尽可能控制风险的扩大以减少风险损失并对已产生的风险损失进行妥善处理。

1. 督促整改与催收到期贷款

银行发现贷款出现预警信号应立即查明原因并与企业联系督促其调整经营策略以改善财务状况。若问题严重银行信贷人员应及时向主管行长汇报，必要时可向上级行汇报。同时银行应与企业一起研究改进管理措施并由企业制订具体整改计划。若借款人仍未还本付息或以种种借口拖延还款则银行应主动派人上门催收。必要时可从企业在银行的账户上扣收贷款。

2. 签订处理协议与确保安全

必要时，银行应与企业签订处理协议以确保贷款安全。主要涉及处理方式有贷款展期、借新还旧、追加新贷款、追加贷款担保、限制性规定及银行参与企业经营管理。其中，短期贷款展期期限不得超过原贷款期限；中长期贷款展期期限不得超过原贷款期限一半且最长不超过 3 年。同时，若借款人不能按期还本付息，银行可通过贷款处理协议对借款人经营活动作出限制性规定以限制企业从事可能影响银行贷款安全的活动。如在还贷前不准进行设备与厂房投资、不准继续生产已积压产品等。此外，对于因经营管理不善而导致贷款风险增大的企业，银行可在贷款处理协议中要求允许银行官员参与企业董事会或高级管理层制定重大决策，要求特别派员充当审计员，甚至要求撤换或调整企业现有管理班子。

3. 落实权责与防范逃废债

为防范企业在改制过程中逃废银行债务，银行应区别对待企业重组的不同形式以明确落实相应债权债务。

其中，企业实行承包租赁经营时发包方或出租方、承包方或租赁方必须在协议中明确各自的还款责任并办理相应抵押担保手续。对已抵押或担保财产必须经拥有抵押权或担保权银行同意方可承包租赁经营。企业实行兼并时被兼并方所欠贷款本息由兼并企业承担；实行合并企业的原有债务由合并后的新企业承担。企业划小核算单位或分立时分立各方在签订划分债权债务协议时要经银行同意；无协议者则由分立各方按资本或资产划分比例承担相应债务。

企业实行股份制改造时贷款银行要参与资产评估以核实资产负债及不准用银行贷款入股。对实行全体股份改造的企业所欠贷款债务由改造后的股份公司全部承担；对实行部分股份制改造的企业所欠贷款要按改造后股份公司占用借款企业的资本或资产的比例承担。若借款企业无力偿还贷款，该股份公司还要承担连带债务责任。企业实行合资经营时应先评估后合资。对用全部资产合资的合资企业要承担全部贷款债务；用部分资产合资的合资企业要按资本或资产划分比例承担贷款债务。若借款企业无力偿还贷款，该合资企业要承担连带债务责任。借款企业未经银行同意不能动用已向银行设立抵押权的资产，只能按照规定以自有资金或自有资金一定比例与其他企业合资。

企业被有偿转让时，转让收入要按法定程序与比例清偿贷款债务。企业已设立抵押权或其他担保权的财产不得转让。企业解散时要先清偿债务并经有关方面批准，在贷款债务未清偿前不得解散。企业申请破产时银行要及时向法院申报债权并会同有关部门对企业资产与债权债务进行全面清理。对破产企业已设定财产抵押或担保的贷款应优先受偿；无财产担保的贷款按法定程序与比例受偿。

4. 依法收回本息与呆账冲销

若借款人无力还款则银行应依法处分贷款抵押(质押)物或追究保证人担保责任，由处分抵押(质押)物收入或保证人收入归还贷款本息。若抵押(质押)物处分收入或保证人收入仍不足以还贷或贷款没有设定担保责任，银行就应对借款人或贷款保证人提起诉讼并要求法庭予以解决。此外，银行在诉诸法律前应权衡利弊。若所欠债务数量不大或即使胜诉也不可能追回贷款则银行可主动放弃诉讼或改用其他方式追偿。银行在向法院提起诉讼前应对借款人与保证人的财产与收入情况进行调查。若经调查其财产与收入确实存在，则应在诉讼后通过没收财产、拍卖财产、抵押收入与清算债务等方式抵押贷款本息。若经过充分努力最终仍无法收回的贷款则应列入呆账，由以后计提的贷款呆账准备金冲销。

(三)贷款管理制度

为避免或减少贷款风险以提高贷款经济利益，银行不仅要掌握贷款风险管理技术方法，同时还需要加强贷款全过程内部控制,即强化贷款管理制度。贷款管理制度包括审贷分离制度、授权授信制度、贷款责任制度及贷款质量监测与考核制度等。

1. 审贷分离制度

审贷分离制度指按横向制衡与纵向制约原则,将信贷业务办理过程中的调查、审查、审批及经营管理各环节工作职责进行科学分解,由不同层次与不同部门承担,并规范各相关责任者的行为以实现信贷部门相互制约的制度。它将贷款推销调查信用分析、贷款评估审查发放、贷款监督检查风险监测收回三个阶段分别由三个不同岗位来完成,即将信贷管理人员分为贷款调查评估人员、贷款审查人员与贷款检查人员。贷款调查评估人员负责贷前调查评估以承担调查失误及评估失准责任;贷款审查人员负责贷款风险审查以承担审查失误责任;贷款检查人员负责贷款发放后的检查与清收以承担检查失误清收不力责任。

2. 授权授信制度

授权指授权主体就信贷业务经营与管理中有关权力事项对授权对象所做的限制性规定。银行授权指银行一级法人对其所属业务职能部门、分支机构与关键业务岗位开展业务权限的具体规定。授信可分为广义授信与狭义授信。广义授信指银行从事客户调查、业务受理、分析评价、授信决策、实施授信后管理及问题授信等各项授信活动。狭义授信指银行对其业务职能部门与分支机构所辖服务区及其客户规定的内部控制信用高限额度。银行授信管理指狭义授信,即银行对客户授信额度管理。银行根据信贷政策与客户条件对法人客户确定授信控制量以控制风险及提高效率。

课中案例

违法发放贷款罪

2017 年傅某为偿还债务伙同他人,以实际控制的杭州某电子有限公司名义向浙江某银行提交伪造的工矿产品销售合同以及该公司和担保方杭州宝某实业有限公司的虚假财务资料以骗取贷款。孟某某作为上述贷款申请业务审查的主要负责人,未按国家规定严格履行贷款业务审查职责,未对上述贷款申请材料进行相应的贷前真实性调查,在贷款发放后亦未对贷款资金流向进行必要的追踪调查,导致该行发放的共计人民币 500 万元贷款,至今只收回本息共计人民币 638354.88 元。同年,公安机关对被告人孟某某涉嫌违法发放贷款进行立案侦查。此前,孟某某作为傅某涉嫌贷款诈骗一案的证人配合公安机关调查时,如实供述了自己在贷款过程中存在的工作疏忽、审查不严的事实。同年 8 月 9 日,孟某某被公安机关传唤到案。最终,杭州市拱野区人民检察院以违法发放贷款罪,判处被告人孟某某有期徒刑 4 年 6 个月,并处罚金人民币 30 000 元。

(资料来源:中国裁判文书网,2018 年)

问题分析

思考应如何完善银行管理制度以避免"孟某某行为"的产生?

3. 贷款责任制度

在实行审贷分离的基础上银行还应建立健全贷款责任制度,以强化贷款管理过程中每个岗位、每个部门及每个管理人员的工作责任心。贷款责任制度的主要内容包括建立以行长责任制为中心内容的贷款管理责任制体系、在划分贷款责任前提下明确奖罚条件与标准以实行"奖优罚劣"、建立信贷人员离职审计制度。其中,贷款管理人员在调离原工作岗位时银行稽核审计部门应对其在履职期间与权限范围内发放的贷款进行审计。审计不合格或审计中发现问题的信贷人员暂时不能调离,待问题清楚或作出处理后方能调离。

4. 贷款质量的监测与考核

贷款质量监测与考核指通过会计账户与指标体系对银行贷款质量进行动态监测,并据以考核银行、信贷部门及信贷人员经营管理水平与工作业绩的贷款管理制度。建立贷款质量监测考核制度应将贷款增量管理与贷款存量管理结合起来,将审查贷款用途与检查贷款质量结合起来,将考核贷款盈利与考核贷款损失结合起来,从而有利于及时准确地反映贷款质量状态以加强贷款安全性、流动性与营利性管理,同时也有利于公正评价各级银行、各信贷管理部门及各信贷管理人员的经营管理水平与工作业绩。

课后案例

通过分析百融大数据,银行受到的疫情冲击大于非银机构。可以总结出银行现阶段面临的4大具体风险,即欺诈风险和信用风险上升,存量客户管理压力增大以及贷后管理压力增大。

面对银行客群欺诈风险、信用风险上升的现状,百融有针对性地设计了"反欺诈规则—反欺诈评分—信用评分—额度和利率评分"的漏斗式筛选策略,整体策略上线后,可实现人工审批率和通过坏账率的"双降"。

利用百融云计算能力,存量客户风险预警产品可以帮助金融机构对存量客户进行高频动态监控,及时掌握客户风险变动信息,解除系统性能限制,降低金融机构损失,减少逾期。存量客户信贷意向挖掘也同样重要。百融云创以设计信贷产品入口为始,首先,根据客户资质进行选择性开放,通过前置风控,别除欺诈风险高、资质差的客户,确保高批核率;其次,通过营销响应评分,及时发现有信贷需求的客户,继而推动精准营销;最后,通过短信、智能外呼、人工外呼等方式促进客户申请,经过信用评估、额度利率模型,给客户提供风险定额和定价。因此,贷中可从两个方面加强客户管理:一是存量客户风险排查,从风险等级规则与贷中行为模型评分入手进行风险量化,综合判断客户风险;二是存量客户价值挖掘,根据客户资质选择性开放信贷产品入口,在前置风控的基础上,通过营销响应评分情况,及时发现有信贷需求的客户,推动精准营销。

贷后管理压力主要体现在两个方面:一是舆情风险上升,在逾期催收业务量大幅攀升的情况下,叠加催收受阻,甚至"套路反催收",金融机构需要合理调整方式、频率、话术,减少投诉风险;二是客户的延期还款、还款安排调整需要大量的核实和跟进处理工作。疫情之下,银行等服务机构的客服中心正面临着前所未有的巨大挑战。要缓解客服业务压力的激增,解决集中服务的人力资源严重不足的矛盾,智能客服的建设必不可少,可以实现营销通知、贷前电核、贷中回访、逾期管理。此外,针对疫情阶段贷后管理客服人员不足,客户有可能是医、患、工作人员的复杂情况,应采用多样化的外呼策略、外呼话术,满足贷后管理外呼作业需求,有效收集医、患、工作人员信息。

(资料来源:中新经纬,2020年6月11日)

📹 财商小剧场

华尔街有句名言"给我现金流，我就把它证券化"。很多人一听证券化这个名词就感觉很复杂。其实你衣食住行都与资产证券化有密切相关系。日常生活中你使用的信用卡、蚂蚁花呗与京东白条，甚至你用公积金贷的房款，这些都与证券化相关联。更有甚者，与日常生活紧密关联的基础设施建设资金(如公路、桥梁、地铁等)也都与资产证券化相关。

【思考】资产证券化是什么？现金贷是中国版次贷危机吗？信用卡的秘密是什么？

【问题解析】蚂蚁花呗与京东白条是资产证券化的产物。很多年轻人消费时使用蚂蚁花呗或京东白条，但他们并不知道从花呗或白条借的钱从哪来？其实，它们就是通过资产证券化来的。

比如花呗，大多数年轻人采用账单分期，那么这种借钱并分期的行为是需要还本付息的。这意味着与花呗相关的账户上每月都有一笔稳定的利息收入，又称稳定的现金流。花呗背后的公司(以下简称花呗公司)将贷款打包成债券并卖给市场上的投资者，像商业银行、券商、债券基金等，再把你付的利息的一部分支付给这些投资者。因为你的负债其实就是花呗公司的资产，因此我们把此过程称为"资产证券化"，而这些卖出去的债券被称为"资产支持债券"，即用这些债券产生的利息支持着债券的发行。更重要的是这些债券被卖出去后，花呗公司又从市场融资并将钱借给更多"剁手党"最后继续作资产证券化。此流程模式其实就是国际通行的"信用卡贷款资产证券化"模式，除了蚂蚁花呗与京东白条等网络信用卡外，交通银行、中信银行等银行都以各自银行信用卡贷款作为基础资产来发行资产证券化产品，像美国运通公司、花旗银行与美国银行等都采用此流程模式进行融资。

2017年年底，监管部门下令严格限制现金贷。这是因为现金贷产品大都通过资产证券化融资，然后打包卖给银行、基金、信托、券商，再通过它们用各式各样理财产品方式出现。如果现金贷质量不好，那么通过资产证券化就有可能引发风险，甚至在整个金融体系内扩散并最终形成小型次贷危机。现金贷主要用于短期消费而没有"消费场景"的纯信用贷款，即贷款机构直接将现金借给你而没有约束现金用途。平时我们所熟知的年轻女孩"裸贷"或学生贷利滚利，这些都属于现金贷范畴。此类贷款特点期限短一般就数月但利率超高，年化利率普遍要超过36%，甚至高达100%。另一特点是金额小一般不超过1万元钱。很多现金贷平台属于高利贷，目标客户是收入不高消费欲强还血气方刚的年轻人。更可怕的是很多都通过资产证券化卖出去，因此风险在金融系统有蔓延的趋势。预设一个场景：假设你月薪不高仅三四千元，而你急需一万元现金，此时网贷平台电销你表示可给你提供纯信用贷款。此时你是否会从现金贷平台借钱解决眼下燃眉之急？你觉得对方借贷利率多少在你可接受范围内？你将如何偿还这笔钱？若三个月后你确实无法还钱你将作何打算？我相信你想清楚这些问题，也就明白了信用卡贷款资产证券化的本质，即网贷平台与部分银行发行信用卡的秘密之一。此外信用卡还有很多秘密。

我国信用卡覆盖率是平均三人持卡一张，它是美国人均持卡量的1/10，而在中小型城市信用卡覆盖率更低。同时我国个人征信体系处于起步阶段，银行发卡审批相对严格，即对申请者职业及工资单信息有严格要求。很多收入不错的蓝领基本上会被摒弃在发卡人之外。如月嫂纯现金工资15000元钱一个月，但她完全无法取得信用卡。关于信用卡，普通人最大的谜团是信用卡赚钱吗?甚至有很多人认为信用卡是银行发行的福利,即这个月借钱给你下个月再还让不少人感觉像白借钱。其实这是很大误解。发卡机构最大的收入来自信用卡客户的"利率幻觉",即你经常会在信用卡账单上看到账单分期选项,它显示剩余额度仅按日利率0.05%计算,但年利率就是18.25%,远超过任何理财产品或其他投资品的收益率。

除利率幻觉外,银行信用卡还可利用人性弱点赚取年费。如办卡时销售人员经常会鼓励客户办理金卡和白金卡且第一年免年费。此卡年费一般在 3000 块钱以上。办理金卡和白金卡后你经常会享受很多特殊待遇,如经济舱享受 VIP 休息室,SPA 店和高尔夫球场享受五折优惠。但其实你想一下这些消费价格已经非常高了,即使五折你也没占到多大便宜。除了利率幻觉和人性弱点外,信用卡还有提现功能。但是你有没有想过银行规定提现额度利率是按日利率 0.05%来收取且按月复利。

信用卡消费还有很多有趣小场景,比如很多人喜欢用信用卡积分可以到航空公司换里程或换取各种各样的礼品。请进一步思考信用卡公司为什么要推出积分业务呢?他们在此过程中到底能得到什么利益呢?

📚 本章小结

(1) 贷款是商业银行或其他金融机构按一定利率与必须归还等条件出借货币资金的一种信用活动形式。银行通过贷款方式将所集中的货币与货币资金投放出去,可以满足社会扩大再生产对补充资金的需要以促进经济的发展,同时银行也可由此取得贷款利息收入以增加银行自身积累。它是银行经营的重要组成部分。

(2) 贷款利率市场化是银行贷款经营的重中之重。2019 年 8 月 20 日中国人民银行授权全国银行间同业拆借中心首次公布新机制下的贷款市场报价利率(LPR),同年 12 月 28 日为深化利率市场化改革,进一步推动贷款市场报价利率(LPR)运用,中国人民银行发布《关于存量浮动利率贷款定价基准转换的公告》(中国人民银行公告〔2019〕30 号),要求金融机构遵循市场化、法治化原则,推动存量浮动利率贷款定价基准转换为 LPR 或固定利率。

(3) 银行政策一般指商业银行的贷款政策。它是商业银行为实现其经营目标而制定的指导贷款业务的各项方针与措施的总称,也是银行为贯彻安全性、流动性、营利性三项原则的具体方针与措施。

(4) 贷款程序指银行为保证贷款安全,在发行贷款前后要遵循的工作程序。消费者贷款发放工作程序包括贷款申请、综合分析、贷款发放、贷后管理、检查与贷款回收五个环节。前三个环节又称贷款决策程序。

(5) 从银行经营需求出发可对银行贷款按不同标准进行分类,而不同分类方法对银行业务经营又有不同意义。贷款业务有多种分类标准,按客户类型可划分为个人贷款与公司贷款;按贷款期限可划分为短期贷款与中长期贷款;按有无担保可划分为信用贷款与担保贷款。

(6) 个人贷款指银行向符合条件的自然人发放的用于个人消费、生产经营等用途的本外币贷款,主要包括个人住房贷款、个人消费贷款、个人经营贷款及个人信用卡透支四类贷款。

(7) 公司贷款又称工商贷款,它指银行向符合条件公司发放的用于公司日常生产经营或扩大再生产等用途的本外币贷款,主要包括流动资产贷款、固定资产贷款、并购贷款、房地产贷款、银团贷款、贸易融资及票据贴现与转贴现七类贷款。

(8) 信用贷款指银行完全凭借款人的良好信用而无须提供任何财产抵押或第三者担保而发放的贷款。它以借款人的信用作为还款保证。从广义上讲它仍是担保贷款，只不过是以借款人本身的信用作为担保。

(9) 银行在对借款人进行信用分析后，如果借款人符合发放信用贷款条件则银行可对其发放担保贷款。担保贷款指银行要求借款人根据规定的担保方式提供贷款担保而发放的贷款。1995 年 10 月 1 日颁布施行的《中华人民共和国担保法》(以下简称《担保法》)规定的担保方式主要有保证、质押与抵押三种，相应地我国担保贷款也包括保证贷款、质押贷款与抵押贷款三种。

(10) 票据贴现指以票据所有权有偿转让为前提的资金融通。从持票人来讲贴现指以手持未到期票据向银行贴付利息而取得现款的经济行为。由于票据付款人与持票人是债务关系，在票据未到期前票据付款人对持票人负债。而当票据经银行贴现后银行持有票据则票据付款人就形成对银行的负债。

(11) 科技贷款指按"政府指引、市场运作、风险共担"三原则来推动银行金融机构对科技型中小微企业信贷支持力度，并破解科技型企业的融资难题以推动科技信贷风险资金池管理。其中，专项科技准备金实行专项管理，用于银行为科技型中小企业贷款发生的实际损失给予补偿。

(12) 贷款定价是复杂程度高与技巧性强的工作。它一般应遵循利润最大化、扩大市场份额、保证贷款安全及维护银行形象四原则。

(13) 相比消费者贷款，工商贷款在银行贷款结构中占比最高。同时消费者贷款定价因存在个体差异性而贷款基本定价结构较复杂，而工商贷款基本定价结构一致。广义工商贷款价格构成五要素主要包括贷款利率、贷款承诺费、贷款调查评估费、补偿余额与隐含价格。

(14) 为准确把握贷款风险，在贷款经营中应对不同质量的贷款进行分类管理。1998 年中国人民银行制定《贷款风险分类指导原则》。此后商业银行开始实行新的贷款五级分类办法，即从贷款偿还的可能性出发将贷款分为五个档次(即正常贷款、关注贷款、次级贷款、可疑贷款与损失贷款)并以此来评估贷款质量以揭示贷款的真实价值。上述五类贷款中前两类属于正常或基本正常贷款，而后三类借款人已出现明显还款问题，即属于不良贷款。

(15) 为避免或减少贷款风险以提高贷款经济利益，银行不仅要掌握贷款风险管理技术方法，还需要加强贷款全过程内部控制，即强化贷款管理制度。贷款管理制度包括审贷分离制度、授权授信制度、贷款责任制度及贷款质量监测与考核四方面。

 练习与思考

一、名词解释

1. 贷款
2. 消费贷款
3. 担保贷款
4. 抵押贷款

5. 利润最大化原则

6. 承诺费

7. 补偿余额

8. 综合分析

9. 不良贷款

10. 审贷分离制度

二、简答题

1. 结合实际说明银行如何发现不良贷款信号。

2. 制定商业银行贷款政策时应考虑哪些因素？

3. 贷款价格构成要素是什么？

4. 什么是信用贷款？信用贷款的操作要点是什么？

三、单选题

1. 个人贷款最主要的组成部分是(　　)。

    A. 个人消费贷款　　　　　　　　　B. 个人经营贷款

    C. 个人住房贷款　　　　　　　　　D. 个人住房装修贷款

2. 用于现有企业以内涵扩大再生产为主的技术改造项目而发放的贷款是(　　)。

    A. 基本建设贷款　　　　　　　　　B. 科技开发贷款

    C. 技术改造贷款　　　　　　　　　D. 商业网点贷款

3. 在我国银行贷款五级分类方法中，已无法总额偿还贷款本息，即使执行担保也肯定要造成较大损失的一类贷款称为(　　)。

    A. 关注类贷款　　　　　　　　　　B. 可疑类贷款

    C. 次级类贷款　　　　　　　　　　D. 损失类贷款

4. 某设备制造企业为了改善设备设施，扩大经营面积，需投资一千万元，该公司可以申请的银行贷款是(　　)。

    A. 流动资金贷款　　　　　　　　　B. 贸易融资

    C. 房地产开发贷款　　　　　　　　D. 固定资产贷款

5. 下列关于贷款业务分类的说法中，错误的是(　　)。

    A. 按照客户类型可划分为个人贷款和短期贷款

    B. 按照客户类型可划分为个人贷款和公司贷款

    C. 按有无担保可划分为信用贷款和担保贷款

    D. 按照贷款期限可划分为活期贷款和定期贷款

6. 商业银行贷款审批应遵循(　　)原则。

    A. 审贷分离、逐级审批　　　　　　B. 审贷合一、分级审批

    C. 审贷分离、分级审批　　　　　　D. 审贷分离、集中审批

7. 按照商业银行贷款五级分类法，借款人能履行合同，没有足够理由怀疑贷款本息不能按时足额偿还的贷款，应归入(　　)。

    A. 可疑类贷款　　　　　　　　　　B. 关注类贷款

    C. 次级类贷款　　　　　　　　　　D. 正常类贷款

8. 我国商业银行为境内企事业法人在改制、改组过程中，有偿兼并、收购国内其他企事业法人、已建成项目，以及进行资产、债务重组发放的贷款称为( )。

    A. 项目贷款　　　B. 固定资产贷款　　　C. 并购贷款　　　D. 银团贷款

9. 商业银行资产业务中，最主要的是( )。

    A. 发放贷款　　　B. 吸收存款　　　C. 买卖外汇　　　D. 办理票据贴现

10. 个人申请经营贷款，一般需要有一个( )作为借款基础。

    A. 借款人信用　　　B. 资金用途说明　　　C. 经营实体　　　D. 营业执照

四、多选题

1. 在个人贷款业务中，贷款审批人审查的内容包括( )。

    A. 申请贷款的用途是否合规

    B. 报批贷款的主要风险点及其风险防范措施是否合规有效

    C. 贷前调查人的调查意见是否准确、合理

    D. 是否具备借款人资格

    E. 借款人申请借款的期限是否符合有关贷款办法和规定

2. 个人贷款贷前咨询的主要内容包括( )。

    A. 个人贷款经办机构的地址及联系电话

    B. 获取个人贷款申请书、申请表格及有关信息的渠道

    C. 办理个人贷款的程序

    D. 申请个人贷款需提供的资料

    E. 申请个人贷款应具备的条件

3. 在合同订立时，借款人、担保人的违约行为包括( )。

    A. 借款人未能或拒绝按合同的条款规定，及时足额偿还贷款本息和应支付的其他费用

    B. 借款人和担保人未能履行有关合同所规定的义务

    C. 借款人拒绝或阻挠贷款银行监督检查贷款使用情况

    D. 借款人和担保人在有关合同中的陈述与担保发生重大失实

    E. 抵押物受毁损导致其价值明显减少或贬值，以致全部或部分失去了抵押价值，而借款人未按贷款银行要求重新落实抵押、质押或保证

4. 商业银行应按照《贷款风险分类指引》，至少将贷款划分为( )五类。

    A. 正常　　　　B. 关注　　　　C. 次级

    D. 可疑　　　　E. 损失

5. 借款人、担保人在贷款期间发生违约事件，贷款银行可采取的措施有( )。

    A. 要求限期纠正违约行为

    B. 要求增加所减少的相应价值的抵(质)押物，或更换担保人

    C. 停止发放尚未使用的贷款

    D. 在原贷款利率基础上加收利息

    E. 提前收回部分或全部贷款本息

6. 影响个人贷款定价的因素主要包括( )。

    A. 资金成本　　　　B. 风险　　　　C. 担保

D. 利率政策　　　　　　　　E. 选择性因素

7. 在签订个人贷款借款合同时，借款人、担保人必须严格履行合同条款，构成借款人、担保人违约行为的有(　　)。

　　A. 借款人拒绝或阻挠贷款银行监督检查贷款使用情况

　　B. 借款人未能履行有关合同所规定的义务

　　C. 抵押人取得银行书面同意赠予抵押物

　　D. 借款人未能及时足额偿还贷款本息

　　E. 借款人和担保人提供虚假文件材料，可能造成贷款损失

8. 借款人与银行应在借款合同中约定借款人归还借款采取的支付方式，支付方式包括(　　)。

　　A. 委托扣款　　　　　　　B. 柜面还款　　　　　　　C. 等额本息还款

　　D. 等额本金还款　　　　　　E. 一次性还本付息

9. 个人贷款申请应具备(　　)条件。

　　A. 借款人为具有完全民事行为能力的中华人民共和国公民或符合国家有关规定的境外自然人

　　B. 贷款用途明确合法

　　C. 贷款申请数额、期限和币种合理

　　D. 借款人具备还款意愿和还款能力

　　E. 借款人信用状况良好，无重大不良信用记录

10. 个人贷款贷前调查的内容包括(　　)。

　　A. 借款用途　　　　　　　B. 担保情况　　　　　　　C. 借款人基本情况

　　D. 借款人信用情况　　　　　E. 借款人收入情况

 微课视频

扫一扫获取本章相关微课视频。

4.1.1 贷款资产概述.mp4

4.1.2 消费性贷款.mp4

4.2 非贷款资产-现金资产、证券资产及其他资产.mp4

4.3 构建银行财商.mp4

第五章 商业银行资产——非贷款资产

【本章提要】

商业银行是以货币为经营对象的金融企业。为应付日常交易之需银行需持有一定比例的现金资产以保持合理的流动性，证券投资是银行获利来源之一，它有利于银行进行流动性管理、资产优化配置、合理避税。与此同时，现代商业银行除了应持续改善传统资产外，还应积极促进表外风险资产健康发展以加快金融创新。本章主要介绍银行现金资产构成及其管理、银行流动性管理、银行证券资产构成及其管理、银行其他非信贷资产构成及其管理。本章最后将介绍金融科技与传统商业银行相结合重构银行经营模式：开放银行。

【学习目标】

- 熟悉并掌握商业银行现金资产、证券资产及其他非信贷资产的构成。
- 了解商业银行现金资产、证券资产及其他非信贷资产管理策略。
- 了解金融科技与传统商业银行相结合重构银行经营模式：开放银行。
- 构建逻辑、辩证与批判等科学思维。理解金融科技的哲学基础与金融科技为民要义，树立与时俱进、终身学习的理念。同时，充分理解党和国家提出"构筑人类利益共同体、命运共同体和责任共同体"的战略意义。

📚 开篇案例与思考

2019 年 6 月 28 日香港政府在宪报刊登《2019 年银行业(流动性)(修订)规则》以期更新香港的规管框架，使之与国际标准一致。新规主要参考《巴塞尔协议Ⅲ》的标准，扩大流动性覆盖比率下可视作为"2B 级资产"的优质流动资产的涵盖范围，并规定稳定资金净额比率下订明认可机构的衍生工具负债总额须有 5%以稳定资金支持。

(资料来源：新浪财经，2019 年 6 月 28 日)

问题分析

尝试分析流动性覆盖比率扩大与现金资产管理之间的关系。

第一节　银行现金资产

课前思考

什么是现金资产？存款准备金是什么？如何分析预测流动性需求？流动性面临着什么问题？

一、现金资产构成

现金资产有狭义与广义之分。狭义现金资产指银行库存现金，库存现金又称业务库存现金，它指银行持有以满足日常交易之需的通货。它是非营利性资产，因此所需防护保险等费用较高，需严格控制以保持适度规模。广义现金资产包括库存现金、中央银行存款、存放同业存款、在途资金。

中央银行存款又称存款准备金。它指商业银行存放在中央银行准备金账户上的存款，金融机构为保证客户提取存款与资金清算需要而准备的资金，包括法定存款准备金与超额存款准备金。其中，超额准备金率指商业银行在中央银行存款准备金账户中超过法定存款准备金的那部分存款与存款总额的比例，商业银行可自主决定。而金融机构按规定向中央银行缴纳的存款准备金占其存款总额的比例就是存款准备金率，它由中央银行规定。中央银行最初设定法定存款准备金率的目的是为了避免因流动性不足而导致的清偿力危机，但它逐渐成为中央银行调控货币供给量的重要手段。因此，法定存款准备金具有强制性。如在我国中国人民银行对各金融机构法定存款准备金按旬考核，如果金融机构按法人统一存入中国人民银行的准备金存款低于上旬末一般存款余额的 8%，则中国人民银行将对其不足部分按每日 0.06% 利率处以罚息。同时，为贯彻落实国务院常务会议要求，即建立对中小银行实行较低存款准备金率的政策框架，促进降低小微企业融资成本，中国人民银行决定从 2019 年 5 月 15 日开始对聚焦当地与服务县域的中小银行实行较低优惠存款准备金率。此外，中国人民银行决定自 2020 年 4 月 7 日起将金融机构在央行超额存款准备金利率从 0.72% 下调至 0.35%。

存放同业存款指银行在其他银行或非银金融机构的存款。它便于同业间开展代理业务与结算收付以应对随时支付。

在途资金又称托收中现金，是指银行间转账过程中的票据金额需经银行确认后方可提现使用。它在途时间短并属于资金占用。

二、现金资产管理

(一)管理原则

现金资产是维持银行安全稳定的必要储备，是协调银行安全性与营利性目标的重要工具。现金资产管理任务指在保证银行经营过程流动性需求的前提下，将持有现金资产保持在最适度规模以降低机会成本，实现安全性与营利性双目标，并最终服务于银行经营全过程的最优化目标。它包括"总量适度、适时调节、安全保障"三原则。

总量适度原则指银行现金资产量必须保持适当规模，即在保证流动性需求的前提下银行付出最低机会成本的现金资产数量。规模太小则无法满足客户提取需要及增加流动性风险，甚至引发信誉危机威胁银行经营安全;反之亦然。适时调节原则指银行要根据现金流量动态变化及时调整资金头寸。当资金流入小于资金流出时存量下降,需要及时筹措资金、补充头寸;反之亦然。安全保障原则指银行必须严格业务操作流程、加强安全保卫制度、提高工作人员的职业道德与业务素质。银行日常安保活动包括保管、清点、运输等。特别是由于银行现钞易面临抢劫盗窃、清点包装出错、贪污挪用、自然灾害等损失风险。

🖐 课中案例

中国银行清点中心金库现金盗窃案

张某曾是中国银行石家庄市裕华支行清点中心金库现金管理员。时间回溯至 2013 年 10 月张某经翟某介绍认识了臧某。臧某因资金短缺向张某借取期限 10 天 300 万元现金。她表示事后支付 15 万元好处费。在清算中心工作的张某想到打公家钱的主意。他利用职务便利截留中国银行清点中心 315 万元现金,随后将现金送至臧某处。本来只是贪图利息的张某没想到之后雪球越滚越大,他陆陆续续从金库盗取 3000 余万元给臧某,用于她的经营、偿还贷款及日常消费。

(资料来源:新浪财经,2019 年 10 月 23 日)

问题分析

结合此案件思考如何加强银行现金管理以避免类似事件再次发生?

(二)管理措施

银行现金管理任务依银行现金构成可划分为库存现金管理、存款准备金管理、同业存款管理、在途资金管理四项。

1. 库存现金管理

库存现金管理指银行需及时准确预测库存现金需求量以实现安全与盈利双目标。银行要保持适量库存现金并加强银行内部管理。通过规范现金支纳流程、增强库房安保措施及掌握现金收支规律以缓解偏远网点低库存等问题。库存现金需求量主要取决于周转时间与支出水平两要素。其中,库存现金周转时间受银行网点分布及各网点间距离、运输方式与进出库制度的影响。一般而言城市银行网点分布较为密集、交通方便,因此运输现金速度较快,而农村银行受限于网点分布分散与交通状况导致运输现金速度较慢。特别是 2015 年后人口城镇化与农业科技化加快进程,部分农村人口流失造成空心村与老人村等现象,同时农村银行优质客户向城市转移以至于网点客户减少导致业绩逐年下滑。最后大部分农村网点变成养老网点或低效网点甚至撤销网点。

库存现金支出需求量主要根据同期现金支出量来确定,同时还需考虑季节与突发因素影响。如 2019 年 10 月 2 日银保监会指引各银行:国庆节假日是居民出行、旅游与消费高峰,对资金特别是现金需求较为集中,各银行机构要备足资金头寸与柜台现金以合理做好调配,要统筹好营业网点安排及保证足够数量网点正常营业,并适当调整营业时间以满足老百姓金融服务需求。

2. 存款准备金管理

存款准备金管理可分为法定存款准备金管理与超额存款准备金管理。

法定存款准备金管理指银行需及时准确预估法定存款准备金需求量，以防范银行流动性危机，配合中央银行调节银行信用规模与信用能力。法定存款准备金需求量计算方法根据账户类型不同可分为滞后准备金计算法与同步准备金计算法。

1) 滞后准备金计算法

它主要适用于银行非交易性账户，如定期存款等余额变动幅度小的账户。银行应根据两周前一周的存款负债余额确定本周所需准备金数量。

【例5-1】假设银行在7月1日(星期一)到7月7日(星期日)期间非交易性存款平均余额为60 000万元，并按8%准备金率提取准备金，该银行在7月22日(星期一)到7月28日(星期日)这一周中应保持的准备金为4800万元，即60 000×8%=4800(万元)。

2) 同步准备金计算法

它主要适用于商业银行交易性账户，如活期存款等数额变动幅度较大的账户。银行应根据计算期存款余额计算准备金保持期所需的准备金数量。其中，准备金保持期是从计算期开始的第三天到计算期结束后的第二天。

【例5-2】假设8月12日(星期一)到8月26日(星期一)为一个计算期，在计算期内银行交易性账户存款的日平均余额为M。那么准备金保持期是从8月14日(星期三)开始到8月27日(星期二)结束，此阶段准备金仍旧为M。

银行超额准备金数量是通过平衡"持有它的机会成本"与"发生流动性不足问题的融资成本"确定的。此外，银行可借助同业拆借、证券回购、商业票据交易、向中央银行借款等方法来调节超额准备金数量。

3. 同业存款管理

银行同业存款包括为追求投资收益的同业存款与未设立分行地区放在他行(即代理行)的存款。因此，银行同业存款数量也取决于两方面：一方面是使用代理行的服务数量与代理行收费标准所形成的成本，另一方面是代理行投资收益。成本与收益应持平。

4. 在途资金管理

在途资金指银行间转账过程中的票据金额需经银行确认后方可提现使用。因此在途资金管理主要在于银行对票据金额真实性进行确认。

三、流动性管理

(一)流动性需求计量

银行现金资产管理保证了银行经营过程中的债务清偿能力以防范支付风险，它有助于保持银行流动性。银行流动性需求指满足客户随时兑现的资金需要。预测银行流动性需求既要考虑宏观经济与金融形势，也需要结合银行自身经营情况与资产负债表结构，主要方法有因素法、资金结构法、流动性指标法。

其一因素法指银行流动性主要影响因素是存贷款变化。流动性与"存款增加、贷款减少"成正比，而与"存款减少、贷款增加"成反比。计算所需资金头寸量的公式为

$$资金头寸需要量=预计贷款增量+应缴存款准备金增量-预计存款增量 \qquad (5-1)$$

其二资金结构法指通过分析资金结构及其变化趋势预测未来流动性需求。银行存款按提取可能性可分为三类：第一类是流动性货币负债，即对银行利率变动十分敏感的存贷款；第

二类是脆弱性货币负债，如大额存款与非存款负债账户；第三类是稳定性货币负债，即被提取可能性很小的存款。从第一类到第三类，银行需保持的流动性资金比例随之递减。银行需预测未来总贷款最大额度以保留充足的流动性资金。计算总流动性需求的公式为

$$银行总流动性需求=存款与非存款负债流动性需求+贷款流动性需求 \tag{5-2}$$

其三流动性指标法指银行可通过分析比较自身的流动性指标与行业平均水平间差异来预测流动性需求，银行分析指标时应关注所有指标的综合变化，并选择同类银行进行比较。

👥 知识窗

商业银行引入三大流动性指标，错配风险被约束

2018年5月25日银保监会发布《商业银行流动性风险管理办法》(以下简称《流动性办法》)规定，资产规模在2000亿元(含)以上商业银行适用流动性覆盖率、净稳定资金比例、流动性比例和流动性匹配率；资产规模小于2000亿元的商业银行适用优质流动性资产充足率、流动性比例和流动性匹配率。但部分资产规模小于2000亿元的中小银行已具备一定精细化管理能力且有意愿采用相对复杂定量指标。为支持中小银行提高管理水平，若其满足相关条件可适用流动性覆盖率和净稳定资金比例监管要求，不再适用优质流动性资产充足率监管要求。流动性新规落地后对大行影响不大。首先优质流动性资产充足率指标不适用于大行；其次各家银行一直在测算净稳定资金比例，去年年底征求意见稿落地时各家大行基本都表现良好；而流动性匹配率对比征求意见稿适度宽松。

"对于中小银行而言，一直以来缺乏与之相对应的流动性监管要求，容易出现不同类型银行监管规则的不一致，不利于提升中小银行流动性管理能力，也容易滋生套利空间。"国家金融与发展实验室副主任曾刚对第一财经记者指出。

中国人民大学国际货币所研究员李虹含认为，此次引入优质流动性资产充足率指标后，对中小银行在同业拆借、同业理财买卖等业务方面将有所限制，这将鼓励中小银行做好计划财务工作，提高自身流动性与资产质量。

"不仅仅是中小银行，商业银行'短借长贷'都会引发流动性风险，在约束错配方面，正式落地的《流动性办法》对所有银行都有约束。"国有大行人士指出。

(资料来源：第一财经，2018年5月25日)

$$流动性覆盖率(LCR) = \frac{优质流动性资产储备}{未来30日的资金净流出量} \tag{5-3}$$

$$净稳定资金比率(NSFR) = \frac{可用的稳定资金}{业务所需的稳定资金} \tag{5-4}$$

$$流动性匹配率(LMR) = \frac{加权资金来源}{加权资金运用} \tag{5-5}$$

$$优质流动性资产充足率(HQLAAR) = \frac{优质流动性资产}{短期现金净流出} \tag{5-6}$$

(二)流动性管理策略

流动性管理策略具体有资产流动性管理策略、负债流动性管理策略、资产负债平衡性管

理策略。

资产流动性管理策略又称资产转换策略。实践中，流动性需求超过银行所持现金时，银行应将具流动性的非现金资产迅速变现，即通过转化资产负债表中的资产项目保持银行的偿付能力。如短期政府债券等流动性资产具有流动性强、价格稳、可进行反向操作等特点，使银行能在需要时间内以合理成本筹集流动性资金，有利于改善资产质量且稳定存款人信心。此外，这种防范型策略中流动性资产收益较低，转换过程需支付交易成本，也会降低盈利水平及阻碍规模扩大以至于制约了银行的发展潜力。

负债流动性管理策略指通过金融市场借款为银行提供资金，即"购买流动性"。银行大部分资金源于负债，而负债可分为被动负债与主动负债。被动负债是银行负债的主要来源，如居民与企业存款。银行处于被动地位只能分析预测。主动负债包括同业拆借、证券回购与向央行借款等，它是补充流动性不足的一种手段，并不过多使用。如2019年9月央行为缓解节前叠加三季度末市场流动性紧张，连续第3个交易日开展14天逆回购操作，当日净投放1000亿元，这是为避免年末季度末银行体系内资金紧张，但释放流动性也只是暂时的，为避免机构因流动性宽松而过度依赖拆借同业资金，货币政策总体仍呈收紧趋势，坚持去杠杆态度。但若银行有稳定的外部资金来源则可避免闲置大量资金或资产频繁转换，在流动性发生缺口时直接从外部购入资金，同时银行可将资产集中到收益性比较高的项目。但货币市场对供求关系、政策等宏观因素较敏感，使筹资成本存在不确定性；市场不讲情面及筹资风险较大则可能对陷入危机的公司拒绝借款。

资产负债平衡流动性管理策略指将未来流动性需求分为预期流动性需求与未预期流动性需求。预期流动性需求一部分由储备流动性资产，如短期证券来支持；一部分事先由往来银行或其他资金提供者的信贷安排支持。未预期的流动性需求主要通过短期借款满足，需要随时变现短中期证券或贷款。总之，资产负债平衡流动性管理兼顾流动性与营利性，该策略要点在于将流动性需求时间、数量与流动性供给方式衔接保持一致，需要准确分析预测流动性需求，从而科学安排资产负债结构。

课中案例

2019年6月17日"沪伦通"正式启动，符合条件的两地上市公司可依照对方市场法律法规发行存托凭证、在对方市场上市交易，这是我国资本市场双向开放持续推进的又一项重大举措。同年11月6日晚中国银行发布公告称该行先后收到银保监会、证监会批复，已正式获得存托凭证试点存托人业务资格。这是首家获得此资格的商业银行。

具体来看，中行于10月19日收到中国银保监会《关于中国银行 开办存托凭证试点存托业务的批复》(银保监复〔2018〕226号)，同意其开办存托凭证试点存托业务；于11月5日收到中国证监会《关于核准中国银行股份有限公司 开展存托凭证试点存托业务的批复》(证监许可〔2018〕1785号)，同意其开展商业银行存托凭证试点存托业务。根据证监会及银保监会联合发布的《关于商业银行担任存托凭证试点存托人有关事项的规定》，中行正式获得存托凭证试点存托人业务资格。

"本行担任存托凭证试点存托人是建设新时代全球一流银行的重要布局。本行将充分发挥业务全球化和服务综合化的优势，深化与全球企业的全面合作，服务实体经济，推动高质量发展。"中行在公告中写道。

中国存托凭证(简称CDR)，是指在境外(包含中国香港)上市公司将部分已发行上市的股票托管在当地保管银行，由中国境内的存托银行发行、在境内 A 股市场上市、以人民币交易结算、供国内投资者买卖的投资凭证，从而实现股票的异地买卖。

根据证监会发布的《存托凭证发行与交易管理办法 (试行) 》(下称《办法》)，《办法》规定的存托人的职责包括与境外基础证券发行人签署存托协议，并根据存托协议约定协助完成存托凭证的发行上市；安排存放存托凭证基础财产，可以委托具有相应业务资质、能力和良好信誉的托管人管理存托凭证基础财产，并与其签订托管协议，督促其履行基础财产的托管职责等。

银行参与 CDR 的发行不仅可以扩大其业务范围，而且可以获得可观的发行及服务费用，提高银行的盈利能力。同时，由于 CDR 和基础股票在两个不同的市场上运行，可以加强银行间的国际协作。2018 年 5 月 4 日，中国证监会表示将开展创新企业境内发行存托凭证试点。同时，证监会表示正在推进的沪伦两地股票市场互联互通机制也拟采取存托凭证互挂方式实现两地市场互联互通。

此外，汇丰银行(英国)亦于 2019 年 7 月获得上交所予以沪伦通全球存托凭证英国跨境转换机构备案。

(资料来源：澎湃新闻，2018 年 11 月 6 日)

问题分析

1. 请阐述沪伦通开启后，投行化背景下中国银行业面临的机遇与挑战。
2. 请进一步思考作为银行从业人员面临此机遇与挑战时还应学习哪些知识？

第二节 银行证券资产

> 什么是商业银行证券资产？商业银行证券资产投资有何风险？如何有效管理以应对此风险？

商业银行自身证券投资资产组合是其为获利而持有的各种组合证券，主要通过团队科学测算及金融技术运用进行投资组合。这种获利将会纳入银行资产负债表。此外，银行通过管理证券交易账户而间接参与证券交易，此时银行作为证券市场专家为客户提供咨询与建议或利用证券交易账户成为国债一级市场主要承销商，甚至于在证券市场作为"造势者"广泛参与证券交易。但这些行为产生的资本利得收入属于非利息收入，不纳入资产负债表，可拓宽银行利润增长点。

一、证券资产构成

(一)证券投资分类

伴随金融工具不断创新，银行能选择的证券投资组合更多样化。为规范金融机构资产管理产品投资、强化投资者保护、促进直接融资健康发展及有效防控金融风险，2019 年 10 月中国人民银行公告标准化债权类资产认定制度，即《标准化债权类资产认定规则(征求意见稿)》。该公告称标准化债权类资产指依法发行债券、资产支持证券等固定收益证券，包括国债、中央银行票据、地方政府债券、政府支持机构债券等金融企业债券；公司债券、企业债券等非金融企业债务融资工具；国际机构债券、同业存单、信贷资产支持证券、资产支持票据等资产支持债券。而银行证券投资的主要对象有政府债券、公司债券、股票与商业票据等。

1. 政府债券

政府债券包括中央政府债券、政府机构债券与地方政府债券。

中央政府债券按发行对象可分为公开销售债券与指定销售债券。公开销售债券向社会公众发销可自由交易；指定销售债券只向指定机构销售则不能自由交易与转移。它具有安全性高、流动性强、抵押代用率高等特点。这种债券按期限长短又可分为短期国家债券与中长期国家债券。短期国家债券又称国库券，是银行证券投资组合中最主要的组成部分，以贴息方式发行的短期政府债券票面不标明收益率。按低于票面面值的价格出售给投资者，到期由财政部按面值收回债券，价差即投资者收益。而长期国家债券又称公债，票面标明价格与收益率，投资者按票面价格购买，财政部定期付息、到期归还本金，收益率高于国库券。

政府机构债券指除中央政府外其他政府部门、有关机构发行的借款凭证。以中长期债券为主，流动性弱于国库券但收益率较高。其收益率高的主要原因是它只需缴纳国家所得税。而地方政府债券指中央政府以下各级地方政府发行的债务凭证，其发行与流通没有国家债券活跃因此流动性不强。

2. 公司债券

公司债券指公司为筹措资金而发行的债务凭证并承诺在指定时间内按票面金额还本付息。它可分为抵押债券与信用债券。抵押公司债券指公司以不动产或动产作抵押发行的债券。如果到期公司不能还本付息则债务人可依法请求拍卖抵押品偿还债务。信用公司债券则指公司仅凭其信用发行债券，一般来说只有实力雄厚、信誉度高的大公司才有资格发行这类债券。因此，其安全性较好，但流动性相对较差。

3. 股票

股票指股份公司发给股东证明其投资并以之领取股息的凭证。银行投资股票的目的有两个：一是作为公司的股东参与和控制公司的经营活动，购买数量要达到一定程度才能控股且受相关法令限制；二是作为证券投资手段。为保证金融体系稳健安全，各国对于商业银行从事股权投资有不同程度的控制。如我国于 2015 年修订的《中华人民共和国商业银行法》第四十三条规定"商业银行在中华人民共和国境内不得从事信托投资和股票业务"。

4. 商业票据

商业票据指在商品交易基础上产生的，用于证明交易双方债权债务关系的书面凭证。根据《中国银行业票据业务规范》的规定，基于国内货币市场发展现状，中国银行业票据业务所称票据特指商业汇票。它是出票人签发并委托付款人在指定日期无条件支付确定金额给收款人或持票人的票据。根据制作形式与介质不同，它有纸质商业汇票与电子商业汇票两种形态。其中，纸质商业汇票相关案件(票据违规套取事件)在 2017 年前发生概率较大。这主要是因为 2017 年前商业汇票以纸质票据为主，其相关文件与印章都可伪造且在交易过程中的手续流程不够严谨(如缺乏必要背书)。如 2016 年年末邮储银行甘肃省分行在对武威文昌路支行核查中，发现该支行原行长以邮储银行武威市分行名义违法违规套取票据资金，涉案票据票面金额高达 79 亿元。

(二)证券投资功能

银行参与证券投资从中获利是其首要目标。银行参与证券投资有助于银行提高资金使用效率及实现收入多元化。银行证券投资收益包括利息收益与资本利得。利息收益包括股票红利与债券利得。资本利得指银行购入证券后出售或偿还时收到本金高于购进价格的余额。如2019年7月4日《北京商报》报道称"在金融去杠杆与表外业务强监管等背景下,地方银行承受较大压力,利息收入及中间收入变化不一,投资收入逐渐成为部分银行增加收益的重要途径。查看年报发现:抚顺银行、葫芦岛银行、邯郸银行、南昌农商行等多家银行近年投资收益及其占营业收入的比例均出现大幅增长。民生银行首席研究员温彬表示,受制于地区产业与客户影响,中小银行寻求不到优质项目所以才会通过投资手段购买一些高收益资产。

此外,银行保持一定比例的高流动性资产是保证其资产安全的重要前提。现金资产流动性最强但会增加银行机会成本,因此变现能力较强的证券是银行理想的高流动性资产。如短期证券。另外,银行证券投资是银行实现资产分散化以控制风险的重要手段,这主要因为它的风险比贷款风险小且形式灵活。特别是银行投资证券多数集中在政府债券上,而政府债券往往具有税收优惠。因此,银行可利用证券组合达到避税目的以增加收益。

二、证券资产管理

商业银行参与证券投资的主要目的是实现获利以增加资金使用效率及实现收入多元化、保持一定比例高流动性资产以保证其资产安全、资产分散化以控制风险及避税四项功能。但它不应成为银行主要经营性收入来源,也不应与银行性质、目标相违背。如上市以来业绩惊艳的锦州银行2016年到2017年归母公司净利润分别为91.3亿元、89.77亿元,但2018年8月锦州银行发布盈利预警,预计2018年净亏损40亿~50亿元人民币。这种罕见巨额亏损与其自身经营情况有关。它漂亮业绩全部来自特别业务结构,其资产结构中规模最大的是投资类金融资产而非常规信贷资产。这与银行性质、目标相背离,因此锦州银行漂亮业绩无法持久。

总之,证券投资比例适度可控前提下银行通过证券投资策略可实现以上四项功能,并最终助推银行"三性目标"实现。

具体而言,银行证券投资策略指银行应综合考虑收益率、流动性、法律法规、税收、分散度、利息敏感性等方面,通过调节所持有证券期限、地域、类型及发行机构类型,在不同种类与不同期限证券中进行资金分配以实现利率风险可控前提下流动性与收益的高效组合。常用的投资策略有分散投资法、期限分离法、收益率曲线法、证券转换法等。

分散投资法指银行购买多种类型证券以通过证券组合将非系统性风险相互抵冲、降到最低,使银行能较稳定地获得中等程度收益。它包括期限分散法、地域分散法、类型分类法、发行者分散法。

其中,期限分散法常用的期限均匀法又称梯形期限策略,即银行将资金平均投入各种不同期限同质证券上,持有各期限证券数量都相等,证券价格上升与下跌可互相抵消,因而可以减少风险。如中小银行多采用梯形期限策略。但这种方式缺乏灵活性,银行面对利率条件反应被动而易错失投资机会;同时,也不能满足变现需求。此时不得不低价出售长期证券而使银行遭受损失。因此银行采用梯形期限策略进行投资应当采取灵活态度。如增加短期证券比重以保持较高的流动性;当市场短期利率上升短期证券价格下降时则收回资金不投资到长期证券而继续购买短期证券;反之亦然。尽管分散化投资法核心是期限分散法,但地域、类型、发行者等方面分散也很重要。

期限分离法是指将全部资金投资一种期限证券,当银行投资证券价格大幅上涨时,银行获得高收益,反之则损失惨重。这种投资方法风险很大也不能保证银行获中等收益。它包括短期投资策略、长期投资策略、杠铃投资策略。短期投资策略又称千斤顶策略。当银行面临高度流动性需求且分析认为短期利率将趋于下降时,银行应将绝大部分资金投于短期证券。采取这种策略能够保持较高流动性,对于中小银行而言这种策略最安全,但其收益较低,当市场预期逆转时银行将遭受损失。长期投资策略是指银行将绝大部分资金投资于长期证券,强调高收益但很难满足银行额外流动性需求。若银行需现金而转让长期证券恐遭较大损失或难以转让。由于风险较大,所以银行一般只持有少量长期证券。

杠铃投资策略则综合短期与长期投资策略加以运用,以期获得高收益与流动性,即将资金分成两部分,一部分投资短期证券而另一部分投资长期证券以相应减少中期证券投资。当银行判断短期利率下降、短期证券价格上涨,就会增加短期证券的投资比重、减少长期证券的比重,反之亦然。但它的交易成本较高且对银行证券转换能力、交易能力、投资经营能力要求较高,因此风险较大。

收益率曲线法又称灵活调整法、操纵收益曲线法。它是指当收益率曲线处于较高水平时银行预期长期利率将下降及长期证券价格将上升时,把短期证券的资金转移到长期证券上;反之亦然。它与杠铃投资策略较类似。两者的区别在于:杠铃投资策略中投资资金虽随收益率曲线而调整,但过程中仍以杠铃另一端保持一定证券为前提;收益率曲线法则更加主动,只要银行预测该证券价格将上升则资金就全部转移到此而不考虑保留一定与之期限对称的证券。一般来说,银行应持有一定的短期证券以保证投资组合的流动性。

这种策略的优势在于主动性强及灵活度大,如果预测准确则可获得很高的收益率;但风险相当大,若预测错误将遭受惨重损失。因此,只有资本规模大及投资分析能力强大的银行才将其作为增加收入的方法。

证券转换法又称债券掉期战略。它是指用一种债券替换另一种债券,即当市场暂时性不均衡使不同证券产生相对收益优势时,用相对劣势证券调换相对优势证券以套取无风险收益。但因为银行性质特殊,各国对其证券投资对象都有严格规定,多以债券为主。它包括替代转换(又称价格互换)、市场内部转换、纯收益率选择转换(简称收益率互换)、利率预测转换等。其中,税收转换指按规定证券持有者对证券销售中获取的资本利得缴纳所得税。由于税率一般采取超额累进制,因此银行可采取税收转换策略,即当资本利得超过一定限制后将持有价格下跌证券出售使银行遭受资本损失,以抵销一部分资本利得收入,以此保持银行资本利得处于某一限额之下而因较低税率获得较高净收益。

课后案例

2019 年银行理财子公司设立进入"落地"阶段,根据银保监会的公告消息,银行理财子公司将进一步丰富机构投资者队伍为实体经济和金融市场提供更多新增资金,增加金融产品供给,可以更好地满足金融消费者多样化金融需求。银保监会副主席曹宇强调:"坚持理财子公司可持续发展,商业银行应统筹把握好存量资产处置与理财子公司发展的关系,清旧和立新可并行，但不能混同。要厘清母行和理财子公司权责，强化风险隔离，防范利益输送和道德风险等问题。"

(资料来源：新浪财经，2019 年 11 月 1 日)

问题分析

结合案例思考，"银行理财子公司落地"是否会影响银行参与证券投资经营活动？它是否会影响银行证券资产？

第三节　银行其他资产

除了现金资产、证券投资资产，商业银行还有什么其他非信贷资产？

银行其他资产形式有租赁资产与信托资产等。租赁与信托是一项古老的传统业务，在当今世界已成为现代化商业银行一种相当独立的业务。银行具有开展租赁与信托业务的相应条件及独特优势。同时，现代经济发展宏观上也要求银行将两者作为新的业务增长点。其中，信托指以信用为基础、以财产为中心、以委托为方式的财产管理制度。在现代市场经济条件下，银行与其他金融机构的信托业务处于财产管理制度的核心地位，表现为以信用为基础的法律行为。银行信托业务种类与形式要远远多于银行传统贷款业务。此外，与银行直接相关的信托业务有融资性信托(如委托贷款等)、公益基金信托(如退休保险金、失业保险金、住房公积金贷款等)、个人理财、公司理财与信托投资等。我国商业银行被禁止从事信托投资业务，因此我国银行通过筹建或组建个人金融服务部与公司金融服务部，使信托业务与私人银行业务、商业银行业务融为一体以间接参与到信托投资业务中。

中国现代租赁行业自 2007 年开始复苏，现如今已成为亚洲第一、世界第二大租赁市场，市场活跃度与增长潜力显著。特别是近年来伴随着 2015 年年底利率市场化等多项银行改革举措落地，租赁业务也逐步成为银行领域的一支生力军。租赁指所有权与使用权之间的借贷关系，它经历了古代租赁、传统租赁与现代租赁三个历史发展阶段。其中，现代租赁指融资与融物相结合并以融资为主要目的的租赁。它指出租人取得租金及承租人取得使用权的一种以信用形式表现的商品交换方式。对银行来说现代租赁主要是资金运用。它可视为资产业务但也明显带有中间业务色彩。它不但能为银行拓展融资渠道也有利于银行资产多样化及分散投资风险。此外，它为银行拓展中间业务服务功能提供了空间。

课中案例

2008 年 4 月 15 日招商银行股份有限公司收到中国银行业监督管理委员会银监复〔2008〕110 号《中国银监会关于批准招商金融租赁有限公司开业的批复》，标志着招行综合经营不断走向深入。至此，由国务院批准试点的 5 家银行系金融租赁公司之一，也是唯一一家由外地金融机构投资设立的大型金融租赁公司正式落户上海。

(资料来源：招商银行官网，2008 年 4 月 15 日)

2020年7月24日招商局通商融资租赁有限公司与招银金融租赁有限公司在招商局广场26层举行战略合作协议签约仪式。面对宏观经济下行压力,双方积极合作,共同践行"不忘初心、牢记使命"的时代要求,提供优质产业金融服务。此次签约是为了进一步推动双方深化融融协同、高效服务实体经济,具体合作重点是聚焦招商局集团海工、航运、港口等实体板块,充分利用各自专业优势、客户资源和业务经验,进行深入与全面合作,服务好集团。

(资料来源:搜狐新闻,2019年7月28日)

问题分析

本次战略合作协议签订给招商银行综合经营带来什么长远的影响?

一、租赁业务分类

现代租赁包括经营性租赁与融资性租赁。

(一)经营性租赁

经营性租赁又称操作性租赁、作业性租赁或服务性租赁,是指出租人向承租人出租设备并提供设备维修保养服务,属于短期租赁。由于租赁合同可中途解约且回收期长以至于出租人需不断出租设备才能收回对租赁设备的投资,因此它是一个反复出租的过程。它的特点是租赁关系较简单(即仅涉及出租人、承租人及租赁合同)、承租人不是特定的、租赁物件(即通用设备或技术含量高更新速度快的设备)有较大使用限制、租金支付高于融资性租赁且不完全支付性、短期性且可中途解约。一般来说,承租人由于使用设备时间短与技术原因(即设备技术更新周期短或不了解设备性能)会采用经营性租赁的方式。

(二)融资性租赁

1. 融资性租赁的概念

融资性租赁又称金融租赁,是融资与融物相结合的信用方式,兼具商品信贷与资金信贷双重特征。租赁合同不可中途解约。它指租赁的三方当事人共同约定,通过出租人与承租人约定向承租人选定的第三者(供货商)购买承租人选定的设备并出租给承租人使用,而出租人以收取租金方式收回投资。它实质上是指将与一项资产所有权相关的全部风险报酬转移的租赁且回收期较短,一般可在一个租期内完全收回投资并盈利。如常见的汽车融资租赁就是一种新型的大额分期购车方式。它其实是依托现金分期付款方式,在此基础之上引入出租服务中所有权与使用权分离的特性,租赁结束后将所有权转移给承租人的现代营销方式。它的特点是长期性、关系较复杂(即涉及出租人、承租人与供货商三个当事人及租赁、购买及贷款三个合同)、标的是特定设备、期满承租人对设备有三种选择(即留购、续租与退租)、设备所有权与使用权分离(即约定租期内的设备其所有权属于出租人而承租人拥有设备使用权并负有对租用设备维修保养义务)、信用与贸易双重性质(即以商品形态与资金形态相结合方式提供信用)。

总之,融资性租赁与经营性租赁存在较大区别,如表5-1所示。

表 5-1　经营性租赁与融资性租赁的区别

项　目	经营性租赁	融资性租赁
当事人	承租人、承租人	出租人、承租人、供货商
租赁目的	短期使用设备	长期使用设备
租赁物件选择	出租人	承租人
租赁物件类型	技术更新较快设备	使用寿命较长设备
租赁物件使用	有较大限制	没有限制
租赁物件维修养护	出租人	承租人
租赁期限	较短，一般在 1 年以内	较长，至少 3 年
租赁合同	中途可解约且期满可退租	中途不可解约，期满后可留购、续租与退租
承租人	不特定的多个承租人	特定的一个承租人

2. 融资性租赁形式

融资性租赁自产生以来普遍被世界各国所接受。因其在加速折旧、促进企业技术改造、提高企业产品竞争力等方面具有独特优势，在出现至今的五六十年里已成为西方国家债券融资资金市场上仅次于银行贷款的第二大融资方式。融资性租赁对于解决我国中小微企业融资难与融资贵难题有重要意义。由于中小企业受规模小、可抵押资产少、信用等级低与管理水平不高等因素限制以至于融资非常困难。同时，我国银行业在开展业务时存在信贷资金流动性过剩与大量不良信贷资产矛盾，因此对无足够抵押品公司或小公司不敢轻易发放贷款。融资性租赁则是解决此矛盾的有效途径。银行将资金贷给融资租赁公司，融资租赁公司以租赁形式支持中小企业发展以帮助中小企业购进设备，因此既不占压资金又解决了中小企业融资问题。融资性租赁是现代银行业常见的租赁形式。它可按租赁方式、有无税收优惠、租赁物性质、租赁交易涉及地理区域、出资者出资比例等进行划分。

1)　租赁方式分类

融资性租赁按租赁方式又可分为直接租赁、转租赁、代租赁、回租租赁及厂商租赁等。直接租赁指出租人筹措到资金后根据承租人要求向供货商购买标的物并支付货款，然后将所购设备出租给承租人并收取一定租金，即购进租出。它包含两个合同：一是出租人与承租人签订的租赁合同；二是出租人根据承租人要求与厂商订立的购货合同。转租赁指出租人从其他租赁公司租进设备后转租给承租人的租赁业务，即租进租出。它涉及四个当事人(即设备供应商、第一出租人、第二出租人、第二承租人)与三个合同(即购货合同、租赁合同与转让租赁合同)。采取转租赁方式一般要签订两次租赁合同，因而承租人所支付的租金高于采取直接租赁方式。代租赁指委托人将资金或物品委托给出租人，出租人根据委托人需求向承租人办理融资租赁业务。租赁期间委托人拥有物品所有权而出租人代为管理并收取佣金。它实质上有资产管理功能，可提高企业资产的利用效率。回租租赁又称售后回租，它是改善企业财务状况的租赁方式。它指设备所有者将自己所拥有的资产出售给租赁公司后再将该资产租回并使用的租赁方式。它涉及企业与租赁公司两个当事人，前者既是卖主也是承租人，而后者既是买主也是出租人。它还涉及买卖合同与租赁合同两个合同。厂商租赁指由设备制造商为购买本企业制造或经销的机械设备客户提供融资租赁，将设备交付给客户使用的租赁方式。

2) 有无税收优惠分类

按有无税收优惠又可分为节税租赁与非节税租赁。节税租赁又称真实租赁。它指出租人有资格享受税收优惠并以降低租金形式向承租人转让部分税收优惠而承租人支付租金的租赁方式。与非节税租赁相比，它实际成本低于贷款成本且承租人可从中受惠。

非节税租赁又称销售租赁。它是指在租赁业务以税收为基础的国家税法上通常被当作分期付款交易来对待，而在租赁业务不是以税收为基础的国家租赁双方不能从税务方获利而只能将租赁作为融资手段。

3) 租赁物性质分类

按租赁物性质又可分为动产租赁与不动产租赁。动产租赁又称设备租赁，是指以各种动产(如机器设备、交通运输工具、计算机等)为标的物的租赁交易，大部分融资性租赁与经营性租赁都属于动产租赁。2019 年 3 月中共中央与国务院印发《粤港澳大湾区发展规划纲要》后，同年 8 月深圳又颁布《中共中央国务院关于支持深圳建设中国特色社会主义先行示范区的意见》，这从国家层面为横跨金融与产业领域的融资租赁业带来了发展新机。如在"构建现代化的综合交通运输体系"中明确提到"支持香港发展船舶管理及租赁""发展高增值货运、飞机租赁和航空融资业务"；在"加快发展现代服务业"中提到"支持澳门发展租赁等特色金融"；在"打造广州南沙粤港澳全面合作示范区"中提及"强化金融服务实体经济本源，着力发展航运金融、科技金融、飞机船舶租赁等特色金融"。而不动产租赁指以各种不动产(如房屋、土地等)为对象的租赁交易。它涉及政府主管部门登记等事务。

4) 租赁交易涉及地理区域分类

按租赁交易涉及地理区域又可分为国内租赁与国际租赁。国内租赁指租赁交易只在国内区域进行且交易涉及当事人均为一国居民。它本质是国内融通资金的形式。国际租赁指租赁交易区域扩展到国外且交易涉及当事人分属不同国家。国际租赁可再分为进口租赁与出口租赁。前者指从国外引进租赁设备给国内承租人使用，通常采用进口转租赁方式，常被用作引进国际先进技术设备或引进国际资金的重要手段。后者指国内设备出租到国外由国外承租人使用。它能有效扩大国内产品出口量。

5) 按出资者出租比例分类

按出资者出租比例又可分为单一投资租赁与杠杆租赁。前者指由出租人承担购买租赁设备全部资金与风险的租赁。它是租赁的基本方式与传统做法。后者又称为衡平租赁或代偿租赁。它指出租人资金实力有限而租赁规模较小。它是融资性节税租赁。出租人一般只需提供租赁项目金额 20%～40%便可获得设备所有权，其余 60%～80%资金是以设备为抵押向银行或其他金融机构贷款得到后将设备租给承租人以此收取租金偿还贷款。杠杆租赁是银行常见的融资性租赁方式。以下将就其租赁当事人、租赁合同、租赁交易程序等进行详细介绍。

(1) 杠杆租赁当事人。杠杆租赁涉及七个当事人。包括物主出租人、承租人、制造供应商、物主受托人、债权人、合同委托人、经纪人(即包租人)。

物主出租人又称为产权分摊者。杠杆租赁中租赁资产产权分属于多个大银行与大公司。它们主要负责提供购买设备的最初款项。承租人是实力雄厚的大中型企业。制造供应商即供货人，主要负责向承租人交付租赁资产并从合同受托人手中取得货款。物主受托人由数家公司与银行组成，为方便经营管理通常委托物主受托人经营租赁资产。它们是杠杆租赁核心，因此有三重身份，即出租资产(即租赁标的)在法律上的所有者；承租人的出租人；债权人的借款人。债权人(即贷款人)由多家银行组成。通常称为债权参加者或债权持有者。它的贷款保证指物主受托人持有的租赁标的物。它无权向物主出租人追索债务。合同委托人，即受托管理债权人(贷款人)贷款利益的受托人。债权人通常设立合同受托人负责代表债权人与物主受托人联系。经纪人(即包租人)，它是出租人与承租人之间的中间人，负责安排起草租赁合同，寻找有利的借款来源，安排、促成租赁合同的签署等，从中收取佣金。经纪人一般由租赁公司、投资银行担任。

(2) 杠杆租赁合同。由于杠杆租赁涉及七个当事人，因此需签署多个合同文本。主要包括参加协议、购买与制造协议、转让协议、信托协议、合同信托协议、租赁合同、保证协议等。参加协议又称融通资金协议。它是由杠杆租赁所有当事人签署执行的文件，规定了各当事人承担的责任、义务、贷款证书与信托证书并载明成交先决条件。购买与制造协议指承租人与制造厂商间的协议。它需先由承租人签字再由物主出租人签字。它的内容涉及出租资产价格、规格、交货期及保证承租人能转让合同等条款。转让协议又称购买协议的转让协议。它由承租人与物主受托人签订并将购买协议项下权利转让给物主受托人但不转让责任，以达到为筹资建立担保的目的。信托协议指产权参加者与物主受托人间的协议，列明物主受托人的授权权限与活动范围，并规定其代表产权参加者执行一切协议、文件与相应责任报酬标准。合同信托协议包括信托合同与抵押契据两项文件，由物主受托人与合同受托人签订。规定租赁合同下抵押与担保并由合同受托人代表贷款人持有抵押与担保利益。它规定物主受托人应向债权人签发债权证书，载明还款责任、利率与支付方式。租赁合同指由承租人与物主受托人签订，规定由承租人选定出租设备与供货厂商后由物主受托人购买。保证协议指除上述各种协议外还有各种保证协议。如承租人为子公司时则由其母公司签订保证协议。

(3) 杠杆租赁交易程序。

杠杆租赁交易程序包括筹备阶段与正式阶段。

筹备阶段包括承诺、"包租人寻找股权投资人与债权人""寻找物主受托人与合同受托人"、参加协议四个环节。承诺是指包租人与未来承租人联系签署具有承诺性质的委托书。"包租人寻找股权投资人与债权人"是指包租人在与承租人签署委托书基础上与其他未来投资人及未来债权联系人联系。"寻找物主受托人与合同受托人"是指物主出租人与承租人共同选定物主受托人而多个债权人选定合同受托人。最后一个环节是上述当事人签署参加协议。

正式阶段包括 11 个环节。一是物主出租人(即产权参加者之一)与物主受托人签订信托协议，以此确定产权参加者同意预付的现金投资比例与金额。二是物主受托人与合同受托人签订合同信贷协议，确定贷款人在设备总投资中的贷款比例且物主受托人代表物主出租人与承租人签订租赁合同。三是物主受托人与合同受托人签订担保协议，将设备物权抵押给合同受托人并转让租赁合同与收取租金的权利，以此作为对债权人提供无追索权贷款的担保。四是承租人与厂商签订购货协议，并在购货协议的基础上承租人与物主委托人签署购买协议转让书。五是合同受托人向厂商交付货款，并在担保协议的基础上厂商将设备物权交给物主受托人。六是厂商向承租人直接发货且承租人向物主受托人签发租赁物件收据，这是租赁正式开始的标志。七是承租人向合同受托人交付租金。八是合同受托人以收到的租金向债权参加者偿付到期债务本息，并在扣除信托费等费用后将租金余额交给物主受托人。九是物主受托人收到租金余额后，先扣除信托费等费用再按出租比例分付给每个产权参加者。十是物主受托人与债权人分别将投资现金与贷款款项交付给合同受托人。十一是根据信托协议规定物主受托人向股权人与债权人签发股权信托证明书、借据或作为设备产权与设备物主的凭证与债权凭证。

二、租赁业务管理

银行租赁业务管理要区分经营性租赁与融资性租赁。在我国银行参与经营性租赁主要有两种形式：一种是银行向经营性租赁公司提供贷款融资；另一种是银行直接出租通用设备或技术含量高与更新速度快的设备。前者如银行保管箱出租，后者如出租银行计算机、现代通信设施等。

而相比经营性租赁，融资性租赁管理更复杂。新监管形势下融资租赁企业应积极主动适应监管环境的变化，以专业化与规范化促进行业持续稳健发展。在规范融资租赁行业发展的同时地方金融监管部门也要积极制定鼓励与扶持行业发展的各项政策措施，为融资租赁企业创造更好的营商环境。借鉴他国经验我国应充分发挥融资租赁融资方式的优点为中小企业发展融通资金。此外，在我国银行与租赁业务没有紧密结合。2014年3月13日中国银监会令2014年第3号《金融租赁公司管理办法》出台，银行牵手融资租赁已成为现实。一些银行已开始尝试采购支持计划与财富增值计划等全方位服务。2019年9月8日由中国外商投资企业协会主办、厦门市地方金融监督管理局支持、中国外商投资企业协会租赁业工作委员会及厦门市地方金融协会承办的"2019中国融资租赁发展论坛"在厦门召开。随着融资租赁相关政策出台，融资租赁将会迎来新的发展机遇，而银行与融资租赁也将互补合作。

杠杆租赁是银行融资性租赁常见形式。因此以下将详细介绍杠杆租赁管理。

租赁公司与银行有着天然的依存关系。一方面它购买租赁资产的主要资金来源于银行信贷；另一方面银行只把租赁公司当作一般企业，即与其他申请贷款的生产企业与服务企业无差别。2007年中国银监会修订了《金融租赁公司管理办法》[2014年3月13日中国银监会令2014年第3号《金融租赁公司管理办法》出台后，2007年公布的《金融租赁公司管理办法》(中国银行业监督管理委员会令2007年第1号)同时废止]允许银行作为主要出资人发起设立金融租赁公司。随后国家开发银行、中国工商银行、兴业银行等多家国内银行先后组建金融租赁公司。如高度资本密集型、技术密集型设备(如飞机、船舶等)的租赁业务资金需求量大，大部分由银行等金融机构投资人提供贷款。

第四节 开 放 银 行

课前思考

什么是开放银行？开放银行作为银行新业态，它是否有助于银行开展非信贷业务，如金融租赁？

课前案例

服务汽车行业客户近万户 兴业银行汽车金融生态圈雏形渐现

2019年9月5日兴业银行联合子公司兴业金融租赁在南京举办"兴光闪耀·百炼成金"

上市公司合作发展峰会。本次峰会以"金融赋能汽车新四化"(电动化、智能化、网联化、共享化)为主题，近百位来自汽车行业上市或拟上市公司、产业链上下游企业的高管以及资深专家等应邀出席，共话汽车行业"新四化"发展趋势下的新机遇、新空间。

兴业银行大型客户部总经理林舒在峰会上表示，兴业银行将坚持以客户为中心，协同信托、租赁、基金、证券等金融机构，大力推进"兴车融"平台建设，加快兴业银行集团与汽车产业生态圈客户资源整合与互联互通，进一步打通 B2B、B2C 的全产业链条，持续打造开放、合作、共赢的汽车产业金融生态圈。

据了解，近年来兴业银行围绕我国经济新旧动能转换，聚焦汽车、能源、新经济等七大行业，深化客户经营体系改革，组建专业团队持续提升客户服务水平。在汽车金融方面，已服务汽车行业客户 8500 余户，融资余额近 2000 亿元，与国内主要汽车制造集团均建立了紧密的合作关系，并推出了"开放银行"理念。

(资料来源：兴业银行官网，2019 年 9 月 6 日)

问题分析

1. 结合案例，深入思考银行租赁与金融科技的融合平台"开放银行"的前景。

2. 请思考商业银行为什么愿意开放平台资源？并进一步思考，商业银行在其他业务开展场景中还会与哪些机构合作？商业银行同业间是否也存在"开放、合作、共赢"？

一、开放银行概述

无界开放银行(API Bank)是以 API 架构驱动的全新银行业务与服务模式，即以开放、共享、高效、直达的 API 开放平台为承载媒介，将多种能力输出嵌入各个合作伙伴平台与业务流程中，以实现以客户为中心或以场景为切入点进行产品与服务快速创新，以形成跨界金融服务、无界延伸银行服务触点、无限创新服务与产品。其中，API 即应用程序接口(软件系统衔接的约定)，它的主要目的是提供应用程序与开发人员以访问一组例程的能力而又无须访问源码或理解内部工作机制细节，主要可分为 Windows API 和 Linux API。

2018 年 7 月 12 日浦发银行于北京发布业内首个无界开放银行。浦发银行通过 API Bank 打开了"开放之门"，与生态伙伴进行数据、能力的交换与组合，连接各行业建立合作共赢的生态圈以实现价值重塑。同时依托伙伴力量打通对接用户的"最后一公里"，拓展银行跨界合作边界并最终实现流量与客群拓展的显著提升。

二、经营模式重构

浦发银行无界开放银行是服务与技术、开放与生态、能力与场景的有机统一体。下面我们以其为例来思考 API 与银行结合是如何改变传统银行经营模式。

这需要从四个方面重构银行业经营模式。一是全新银行触点，即银行不再只存在于网点与电子渠道而是存在于所有合作方门户或 App 中。二是全新的服务模式，即用户通过场景化服务获得流畅与个性化的使用体验。三是全新的发展理念，即打破银行服务门槛与壁垒并将服务以更简单的方式进行传播。四是全新的生态关系，即银行与合作伙伴和谐共生以共同为用户提供最佳服务。

知识窗

浦发银行开放 API

浦发银行开放 API 如表 5-2 所示。

表 5-2　浦发银行开放 API

浦发银行开放 API
提供标准化的对外访问接口,帮助合作伙伴快速接入浦发开放平台

网贷产品	集中代收付	跨境电商	个人 II 类账户管理	公共缴费
网贷提前还款扩展版	批量文件上传	订单报关单登记	电子账户图文信息上传	第三方费用查询
网贷联通沃易货渠道	鉴权验证码申请交易	付汇支付	电子账户随记密码获取	白名单客户添加
网贷魔利互通经销商	鉴权请求交易(无验证码)	订单查询	二类账户修改绑定卡	联通缴费

(资料来源: 浦发银行 API 银行开放平台官网)

财商小剧场

你肯定听过"时间成本",但你或许不知道在日常投资理财或生活工作中有效应用时间成本能带来意想不到的低资金成本而忽视它却可能会带来高成本。

【思考】什么是时间成本? 为什么融资租赁中租金定价选取应考量时间成本?

【问题解析】拿破仑与奥地利公主玛丽亚·路易莎结婚后,曾到奥地利的一所学校视察,拿破仑在对学校赞美之余,认为还有所欠缺。于是决定赠送一些鲜花给这所学校。但是由于季节的原因,当时还没有这些花。拿破仑承诺将在来年的春季再赠花给学校。此后,拿破仑因为陷入对俄战争的困境中,将这件事给忘记了。直到 20 世纪末,奥地利方面向法国索要当年承诺的鲜花,并说如果法国人不支付这笔鲜花费用的话,就证明拿破仑言而无信。法国人怎么会因为区区一笔鲜花的费用,而让自己的皇帝背上失信的名声呢? 法国人当即答应一定会支付这笔费用,但是,等计算结果出来以后,令法国人大吃一惊。原来,经过几百年的利滚利后,当年一笔微不足道的鲜花费用,如今已经超过了法国人全年的教育经费。无奈之余,法国人只好请求奥地利放弃催款,并承诺今后一定在教育事业方面尽力给奥地利提供帮助。

这个故事启示我们在进行任何投资理财时都千万不要忽略时间成本的力量。时间成本又称"货币时间价值"。它指一定量资金在不同时点上的价值量差额。众所周知,在商品经济条件下,即使不存在通货膨胀,等量资金在不同时点上的价值量也不相等,今天的 1 元和将来的 1 元不等值,前者要比后者的经济价值大。资金在使用过程中随时间的推移而发生的增值,即为资金的时间价值。

反观现代租赁正是以融资为目的的一种租赁活动。融资租赁可减少通货膨胀给企业造成的损失。因为签订租赁合同是全部租赁活动的首要环节，租金是在租赁开始时确定的。若作为承租人的你在租赁合同一开始就选取固定租金，即租金可在整个租赁合同期内固定不变。那么在租赁期内若通货膨胀下货币贬值(即本币国内购买力下降)，那么承租人定期支出租金的实际价值就会减少。若租金可变，那么出租人一般会调高租率以抵补租金价值的损失。但租金预先约定不变，这实质上减轻了承租人租金支出的压力。因此在租赁过程中计量时间成本可以节省成本。

那么请进一步思考，若你的身份发生改变，你是租赁合同出租人。你预期租约期内市场利率会发生变化，那么你会在签订租赁合同时选择固定租金、浮动租金还是租金组合？

📚 本章小结

(1) 现金资产有狭义与广义之分。狭义现金资产指银行库存现金。库存现金又称业务库存现金。它指银行持有以满足日常交易之需的通货。它是非营利性资产，因此所需防护保险等费用较高，需严格控制以保持适度规模。广义现金资产包括库存现金、中央银行存款、存放同业存款、在途资金。

(2) 中央银行存款又称存款准备金。它指商业银行存放在中央银行准备金账户上的存款。它指金融机构为保证客户提取存款与资金清算需要而准备的资金，包括法定存款准备金与超额存款准备金。

(3) 超额准备金率指商业银行在中央银行存款准备金账户中超过法定存款准备金的那部分存款与存款总额的比例，商业银行可自主决定。

(4) 金融机构按规定向中央银行缴纳的存款准备金占其存款总额的比例就是存款准备金率，它由中央银行规定。中央银行最初设定法定存款准备金率的目的是为了避免因流动性不足而导致的清偿力危机，但它逐渐成为中央银行调控货币供给量的重要手段。因此法定存款准备金具有强制性。

(5) 存放同业存款指银行在其他银行或非银行金融机构的存款。它便于同业间开展代理业务与结算收付以应对随时支付。

(6) 在途资金又称托收中的现金。它指银行间转账过程中的票据金额需经银行确认后方可提现使用。它在途时间短并属于资金占用。

(7) 现金资产是维持银行安全稳定的必要储备。它是实现银行安全性与营利性目标的重要工具。现金资产管理任务指保证银行经营过程流动性需求前提下，将持有现金资产保持在适度规模以降低机会成本实现安全性与营利性双目标，并最终服务于银行经营全过程的最优化目标。它包括"总量适度、适时调节、安全保障"三原则。

(8) 银行现金资产管理保证了银行经营过程中的债务清偿能力以防范支付风险，它有助于保持银行流动性。银行流动性需求指满足客户随时兑现的资金需要。预测银行流动性需求既要考虑宏观经济与金融形势，也需要结合银行自身经营情况与资产负债表结构，主要方法有因素法、资金结构法、流动性指标法。流动性管理策略具体有资产流动性管理策略、负债流动性管理策略、资产负债平衡性管理策略。

(9) 商业银行自身证券投资资产组合是其为获利而持有各种组合证券，主要通过团队科学测算及金融技术运用进行投资组合。这种获利将会纳入银行资产负债表。此外，银行通过管理证券交易账户而间接参与证券交易，此时银行作为证券市场专家可为客户提供咨询与建议或利用证券交易账户成为国债一级市场主要承销商，甚至于在证券市场作为"造势者"广泛参与证券交易。但这些行为产生的资本利得收入属于非利息收入，不纳入资产负债表，可拓宽银行利润增长点。

(10) 银行证券投资策略指银行应综合考虑收益率、流动性、法律法规、税收、分散度、利息敏感性等方面，通过调节所持有证券期限、地域、类型及发行机构类型，在不同种类与不同期限证券中进行资金分配以实现利率风险可控前提下流动性与收益的高效组合。常用的投资策略有分散投资法、期限分离法、收益率曲线法、证券转换法等。

(11) 分散投资法指银行购买多种类型证券以通过证券组合将非系统性风险相互抵冲、降到最低，使银行能较稳定获得中等程度收益。它包括期限分散法、地域分散法、类型分类法、发行者分散法。

(12) 租赁指所有权与使用权间的借贷关系，它经历了古代租赁、传统租赁与现代租赁三个历史发展阶段。其中，现代租赁指融资与融物相结合并以融资为主要目的的租赁。它指出租人取得租金及承租人取得使用权的一种以信用形式表现的商品交换方式。对银行来说现代租赁主要是资金运用。它可视为资产业务但也明显带有中间业务色彩。它不但能为银行拓展融资渠道，也有利于银行资产多样化及分散投资风险。此外，它为银行拓展中间业务服务功能提供了空间。

(13) 现代租赁包括经营性租赁与融资性租赁。融资性租赁是现代银行业常见租赁形式。它可按租赁方式、有无税收优惠、租赁物性质、租赁交易涉及地理区域、出资者出资比例等进行划分。

(14) 银行租赁业务管理要区分经营性租赁与融资性租赁。在我国银行参与经营性租赁主要有两种形式：一种是银行向经营性租赁公司提供贷款融资；另一种是银行直接出租通用设备或技术含量高与更新速度快的设备。前者如银行保管箱出租，后者如出租银行计算机、现代通信设施等。而相比经营性租赁，融资性租赁管理更复杂。

(15) 无界开放银行(API Bank)是以 API 架构驱动的全新银行业务与服务模式，即以开放、共享、高效、直达的 API 开放平台为承载媒介，将多种能力输出嵌入到各个合作伙伴平台与业务流程中以实现以客户为中心或场景为切入点来进行产品与服务快速创新以形成跨界金融服务、无界延伸银行服务触点、无限创新服务与产品。

 ## 练习与思考

一、名词解释

1. 存款准备金
2. 库存现金
3. 超额准备金率
4. 存放同业存款
5. 在途资金

6. 总量适度原则

7. 经营性租赁

8. 杠杆租赁

9. 无界开放银行

二、简答题

1. 商业银行现金资产的构成包括哪些?

2. 商业银行证券投资的目的是什么?

3. 简述现金资产管理原则。

4. 简述开放银行如何重构传统银行经营模式。

三、单选题

1. 下列不属于现金资产管理原则的有(　　)。

  A. 适度存量控制原则   B. 适时流量调节原则

  C. 安全性原则   D. 营利性原则

2. 各国监管当局和商业银行广泛使用的流动性风险评估方法是(　　)。

  A. 流动性比率/指标法   B. 自我评估法

  C. 关键风险指标法   D. 因果分析模型

3. 下列对流动性比率指标的说法错误的是(　　)。

  A. 传统观念认为贷款是商业银行的盈利资产中流动性最差的资产

  B. 易变负债与总资产的比率可以衡量商业银行在多大程度上依赖易变负债获得所需资金

  C. 大额负债依赖度不仅适合用来衡量中小商业银行的流动性风险，也适合用来衡量大型特别是跨国商业银行的流动性风险

  D. 流动性资产与总资产的比率越高，表明商业银行存储的流动性越高

4. 关于公司有价证券，下列说法正确的是(　　)。

  A. 先支付普通股股息，再支付优先股股息

  B. 优先股持有人有投票权

  C. 优先股股息通常可累计

  D. 优先股股息是契约义务利息

5. 商业银行划分了银行账户和交易账户之后，以下说法不正确的是(　　)。

  A. 有助于银行加强自身的风险管理

  B. 商业银行自营交易的盈亏将由暗变明

  C. 交易人员可以广泛进行"寻利性交易"

  D. 交易员基本不可能再利用银行账户，将交易类证券转到投资类证券以隐瞒交易损失

6. 关于同业拆借，下列叙述正确的是(　　)。

  A. 拆借双方仅限于商业银行   B. 属于有担保的资金融通行为

  C. 属于无担保的资金融通行为   D. 拆借利率由中央银行预先规定

7. 商业银行的票据贴现业务属于(　　)。

  A. 衍生产品业务   B. 授信业务

  C. 中间业务   D. 表外业务

四、多选题

1. 货币市场包括(　　)。

  A. 同业拆借市场   B. 回购市场   C. 票据市场

  D. 大额可转让定期存单市场 E. 股票市场

2. 下列各项中属于流动性风险预警的融资指标/信号的有(　　)。

  A. 融资成本上升   B. 资产质量下降

  C. 外部评级下降   D. 被迫从市场上购回已发行的债券

  E. 市场上出现关于该商业银行的负面消息

3. 流动性风险管理的作用包括(　　)。

  A. 增进市场信心，向外界表明银行有能力偿还借款，是值得信赖的

  B. 提高银行借入资金时所需支付的风险溢价

  C. 降低客户借入资金时所需支付的风险溢价

  D. 确保银行有能力履行贷款承诺，稳固客户关系

  E. 避免银行资产廉价出售，损害股东利益

4. 以下对商业银行流动性风险管理的方法中，能使商业银行形成合理的资金来源和使用分布结构，以获得稳定的、多样化的现金流量，降低流动性风险的方法有(　　)。

  A. 控制各类资金来源的合理比例，适度分散客户种类和资金到期日

  B. 在日常经营中持有足够水平的流动资金，持有合理的流动资产组合，作为应付紧急融资的储备

  C. 制定适当的债务组合以及与主要的资金提供者建立稳健持久的关系，以维持资金来源的稳定性与多样化

  D. 制定风险集中限额，监测日常遵守的情况

  E. 以同业拆借、发行票据等这类性质的资金作为商业银行资金的主要来源。因为其资金来源更加分散

5. 理财策略在(　　)情形下应增加股票配置。

  A. 预期未来利率水平上升   B. 预期未来利率水平下降

  C. 预期未来本币贬值   D. 预期未来通货紧缩

  E. 预期未来经济增长较快

6. 我国商业银行可以投资和买卖的债券包括(　　)。

  A. 中央银行票据   B. 资产支持证券

  C. 政策性金融债券   D. 国债   E. 公司债

7. 关于债券投资收益的说法下列错误的有(　　)。

  A. 债券投资的收益一般通过债券收益率进行衡量和比较

  B. 到期收益率，又称票面收益率，是票面利息与面值的比率

C. 名义收益率一般仅供计算债券应付利息时使用

D. 名义收益率是投资购买债券的内部收益率

E. 持有期收益率，是债券买卖价格差价加上利息收入后与购买价格间的比率

 微课视频

扫一扫获取本章相关微课视频。

5.1 表外资产概述及
狭义表外资产.mp4

5.2 表外其他资产.mp4

5.3 构建银行财商.mp4

第六章　商业银行表外资产

【本章提要】

为了规避资本管制增加盈利来源及转移与分散风险，并适应客户对银行服务多样化的要求，商业银行应利用自身优势与高新技术大力构建表外资产。这是在金融国际化、金融自由化与金融证券化条件下银行追求发展的一种选择。表外资产指银行资产负债表外的资产。它不影响资产负债总额，但影响当期损益，改变银行资产报酬率。而表外业务是与银行表外资产相对应的业务。按巴塞尔委员会的定义，广义表外业务可分为或有债权/债务与金融服务类业务。通常所说的表外业务主要指或有债权/债务，又称狭义表外业务、风险表外业务。而金融服务类业务又称无风险表外业务。本章主要介绍商业银行的中间业务与狭义表外业务及其对应管理，同时通过金融科技在远程银行加持下银行场景化金融的应用，感受商业银行表外资产业务数字化的发展。

【学习目标】

- 熟悉并掌握商业银行的中间业务与狭义表外业务。
- 了解商业银行的中间业务与狭义表外业务管理。
- 了解金融科技在商业银行场景化金融的应用及有助于场景化金融的远程银行。
- 构建逻辑、辩证与批判等科学思维。涵养诚信、遵纪守法的底线思维、社会责任意识与勇于担当的家国情怀。理解金融科技的哲学基础与金融科技为民要义，树立与时俱进、终身学习的理念。同时，充分理解党和国家提出"构筑人类利益共同体、命运共同体和责任共同体"的战略意义。

开篇案例与思考

2018 年 7 月"阜兴系"4 家私募基金公司的管理人经营中断，实际控制人失联，发行的私募产品陆续违约、无法兑付，涉案金额或达 270 亿元，许多投资者将维权进行到了托管银行之一的上海银行门口，要求托管银行"召开持有人大会""开展资产保全"等。

（资料来源：新浪财经，2018 年 7 月 13 日）

问题分析

思考上海银行在此案例中应承担什么责任？它是否需要承担法律责任？

第一节　中　间　业　务

课前思考

商业银行为什么要发展中间业务？中间业务有哪些特点？

　　20 世纪 70 年代以来，伴随外部环境中金融证券化与利率市场化的发展趋势，银行面临资金来源减少、存贷利差缩小及资金运用受限等经营困境而难以维系甚至被迫关闭。同时，面临内部日益严苛的资本管制、逐步增大的流动性风险缺口及日益多元化的客户服务需求，银行表内业务发展受到极大限制，面临前所未有的挑战。因此，银行开始依靠自身优势以大力发展中间业务。此外，信息技术与数字产业的迅速发展形成了数据处理计算机化与信息传递全球化，这也推动了银行中间业务的开展。

一、中间业务概述

　　中间业务指银行以中间人的身份为目标客户提供各项服务及收取相应手续费的业务活动。它最基本的特征是银行在办理中间业务时不直接以债权人或者债务人身份参与信用活动而以代理人或受托人身份来提供各种有偿服务，因此它不改变银行资产负债表。这也是其与银行资产负债业务的最根本区别。银行通过大力发展支付结算、代理、托管、咨询顾问与银行卡等中间业务，可提高产品创新力并增加利润增长点以达到有效增强竞争力的目的。同时，银行可有效合理配置社会资源、支持及推动经济发展。因此中间业务是银行的重要组成部分。如西方国家银行中间业务非常发达，已成为银行的重要收入来源，一般占比在 40%～50%，有的占比甚至高达 70%～80%。而我国银行中间业务占比处于初级阶段，因此仍有较多发展空间。

　　银行中间业务有五个特点。一是不运用或不直接运用银行自有资金而利用银行自身信息与技术优势为客户提供各类金融服务并收取相应手续费。二是接受客户委托而开展业务。它包括委托人、代理行、受益人三个主要当事人。三是银行主要接受客户委托并以中间人身份开展业务，其经营风险主要由委托人承担。四是银行主要通过收取手续费方式稳定获利。五是为适应社会经济生活发展变化与满足客户日益增长的需求，银行中间业务类型层出不穷，规模日趋扩大，占银行业务的比重不断上升。

课中案例

传统中间业务仍占主导地位，非传统中间业务发展空间广阔

　　2019 年商业银行中间业务收入保持稳定，主要银行手续费及佣金净收入增速为 9.58%，占营业收入比重为 13.16%，传统中间业务的主导地位依然稳固。主要银行中间业务分项占比和结构保持差异性，优势业务在各行之间继续分化。总体而言，银行卡类业务在传统中间业务中依然处于绝对领先水平，支付结算类业务收入增长势头良好，代理委托类业务收入有所反弹，担保承诺类业务收入增速平缓。商业银行非传统中间业务发展总体稳定，业务收入稳中微降，不同类型银行业务发展分化明显。2019 年，主要银行共实现非传统中间业务收入2683 亿元，较 2018 年减少 84 亿元，同比下降 3%。

2020 年以来，在全球新冠疫情加速蔓延、国内经济下行压力加大的背景下，加大传统中间业务投入成为银行业金融机构转型发展的重要方向。受疫情影响，虽然国际贸易支付结算类业务可能会有所放缓，但国内网上支付、二维码支付、手机支付等新兴支付发展潜力巨大。在这些重要因素驱动下，2020 年商业银行传统中间业务总体将保持平稳增长，业务规模预计会有所上升。但也应看到，在减费让利成为商业银行义不容辞的社会责任后，银行服务收费来源有所减少，市场竞争将进一步加剧。随着中美贸易摩擦持续升温，在核心技术争夺日趋白热化，国内大力推动创新，重视技术研发和人力资本投入的背景下，商业银行等金融机构也将共同打造服务创新创业企业的金融新生态，为优质的创新企业提供覆盖其生命周期的全方位综合金融服务，以投行类业务为主的非传统中间业务将迎来广阔的发展空间。此外，由于理财、托管、投行业务的轻资产、轻资本特性，更加契合银行未来转型发展方向，各银行将会更加关注理财、托管、投行等非传统中间业务，预计未来非传统中间业务将保持良好发展势头。

(资料来源：中国银行业协会《2020 年度中国银行业发展报告》，2019 年 7 月 31 日)

问题分析

结合案例思考相比非传统中间业务，传统中间业务在疫情阶段的优势，并进一步思考后疫情阶段非传统中间业务如何保持优势并进一步发展？

二、中间业务分类

中间业务包括支付结算、代理、托管、咨询顾问、银行卡等业务。

(一)支付结算业务

支付结算业务是国内银行业务量最大的典型中间业务。它指银行对公或对私客户采用票据、汇款、托收、信用证、信用卡等结算方式来为交易双方之间的商品交易、劳务供应与资金调拨等完成货币收付与划账交割等业务。它是在银行存款负债业务基础上产生的中间业务。它能使银行维护及促进货币流通正常进行的职能作用得到充分发挥以促进社会经济发展及维护社会经济金融秩序稳定。

参与支付结算活动的当事人应遵守"恪守信用、履约付款""谁的钱进谁的账""银行不垫款"三项基本原则，以确保支付结算顺利进行。特别是银行作为清算中介不承担包收款项责任。"谁的钱进谁的账"是指银行依法维护客户对其资金的所有权与占有权，确保客户对其资金支配权。银行结算工具是指用于结算的各种票据与凭证，主要包括汇票、本票、支票及其他转账结算凭证。支付结算所采用的工具必须遵循"快捷、有效、保密、安全"原则。

1. 汇票

汇票指由出票人签发且委托付款人在见票时或在指定到期日无条件支付确定金额给收款人或持票人的票据。它有三个基本关系人，即出票人、收款人及付款人。根据出票人不同可分为银行汇票与商业汇票。

银行汇票具有本票性质。与商业汇票不同，银行汇票只有两个实际关系人，即出票人与收款人。它主要用于转账，但填明"现金"字样的汇票也可支取现金，具有及时性、灵活性、兑现性强、运用广泛等特点。它采用实名制且付款期限一般为出票日期 1 个月内。过期汇票则银行不予受理。

商业汇票根据承兑人不同可分为商业承兑汇票及银行承兑汇票。前者指银行以外付款人承兑的汇票，一律记名且期限由交易双方协商，但最长不超过 6 个月。它在日常生活中较少使用。后者指银行承兑的商业汇票，因出票入账户(即承兑申请人)不足额交存票款时而将不足支付的款项转入出票人(即收款人或贴现银行)逾期贷款户。它是日常生活中使用较多的汇票。

2. 本票

本票指银行签发且银行承诺在见票时无条件支付确定金额给收款人或持票人的票据。它可分为不定额本票与定额本票两种类型。本票用于同城清算，一般提示付款期限为 2 个月。它见票即付的特殊性使其具有信誉度高与支付能力强的特点。

为贯彻落实国务院常务会议精神，支持实体经济发展，发展改革委与银监会联合印发通知，取消并暂停银行部分基础金融服务收费。通知规定自 2017 年 8 月 1 日起取消个人异地本行柜台取现手续费，暂停收取本票和汇票手续费、挂失费、工本费等 6 项收费，各银行应主动对客户在本行开立的唯一账户免收账户管理费与年费等。相关措施实施后预计每年可减轻客户负担 61.05 亿元并提高本票与汇票使用频率以有利于更好地发挥本票与汇票的优势。

3. 支票

支票指出票人签发并委托办理支票存款业务的银行或其他金融机构在见票时无条件支付确定金额给收款人或持票人的票据。支票可分为现金支票、转账支票、普通支票三类。其中，普通支票没有印字样，并兼具现金支票与转账支票的功能。若普通支票左上角画条平行线，则说明只能用于转账而不能支取现金。如我国支票提示付款期限为自出票起 10 日内，超过提示付款期限提示付款的开户银行则不予受理且付款人不予付款。

总之，汇票、本票与支票都可流通转让。票据收款人在票据到期日前，可将票据及其所载权利自由转让他人，受让人也可再转让他人。票据转让方法包括一般交付转让与背书转让两种。

支付结算有国内结算与国际结算两种方式。国内结算又可分为汇兑、委托收款、托收承付、国内信用证等；国际结算可分为国际汇款、国际托收结算、信用证结算等。

1) 国内结算

国内汇兑指汇款人委托银行将其款项汇付给收款人的结算方式。它可分为信汇与电汇两类。因其具有灵活方便、服务范围大、适用性广等特点而成为我国异地结算的主要方式。委托收款指收款人委托银行向付款人收取款项的结算方式。它可同城使用也可异地使用且不受最低金额限制。收款人可主动选择邮寄或电寄方式进行款项划拨。托收承付根据合同约定由收款人发货后委托银行向异地付款人收取款项并由付款人向银行承认付款的结算方式。这种结算方式是我国特有的，它主要适用于国有企业与银行审查同意的集体企业且最低结算起点金额仅 1000 元。若采取验货付款则付款期为 10 日且付款人对银行必须承付。国内信用证指银行在符合信用证条款条件下凭规定单据向收款人付款的付款承诺。它只限于转账业务而不可支付现金。可分为不可撤销及不可转让的即期信用证、延期信用证及可议付延期信用证等三类。

2) 国际结算

国际汇款指付款人通过本国银行运用各种结算工具将款项付给国外收款人的结算方式。它可分为信汇、电汇与票汇三种。具体指收款人将货物交于付款人后再通过银行收款,该业务属于商业信用,因此具有风险大、资金负担不平衡及手续简便、费用少等特点。如 2018 年 11 月中国银行依托中银集团完善的全球支付网络布局及支付清算内部通道优势推出中银闪汇。该产品适用于收付款人均在中银集团开户的跨境汇款业务,通过集团内部客户的专属汇款通道进行信息传输,进程可追踪,客户汇款更快捷。此外,它还具有汇款信息填写方便、费用优惠透明、信息更安全、支持多币种等特点。

国际托收结算指债权人为向国外债务人收取款项而向其开发汇票,并委托银行代收的结算方式。托收可分为光票托收与跟单托收两类。国际托收结算比国际汇款更加安全,但收款依靠商业信用且资金负担不平衡、费用略高、手续略多。信用证结算指付款人根据贸易合同请当地银行开立以收款人为受益人的信用证,银行审批同意并收取保证金后开具信用证。收款人接到信用证后履行合约及开证银行接到有关单据后向收款人付款则付款人再向银行付款的结算方式。它是世界贸易领域使用最广泛的结算方式。它属于银行信用。信用证是独立文件,银行仅凭相符单据付款。此结算方式下受益人收款有保障、资金负担相对平衡,但也存在易产生欺骗、手续烦琐、费用多等弊端。

(二)代理业务

代理业务指银行接受客户委托代为办理客户指定的经济事务、提供金融服务并收取费用的中间业务。它的特点是委托人财产所有权不变,而银行仅运用其信息技能与信誉等优势为委托人提供金融服务,银行不使用自己的资产、不为委托人垫款、不参与收益分配进而不承担损失、有偿服务(如银行收取手续费)等。

1. 目标对象不同

银行代理业务因目标对象不同可分为代理中国人民银行业务、代理政策性银行业务、代理商业银行业务等。其中,代理商业银行业务指银行间相互代理的业务,主要包括代理结算业务、代理外币现钞业务、代理外币清算业务等。其中最主要的是代理结算业务,包括代理银行汇票业务、汇兑、委托收款与托收承付业务等。代理银行汇票业务最具典型性,它又可分为代理签发银行汇票与代理兑付银行汇票业务。如截至 2019 年 5 月兴业银行已代理 341 家银行接入金融基础设施,为 357 家中小银行提供商业银行核心系统建设与运行托管等科技输出服务以有力提升中小银行的科技管理水平。特别是 2018 年兴业银行代理河南省农村信用社联合社接入人民币跨境支付系统(CIPS)合作关系获批,河南农信下辖行社共 19 家金融机构正式成为人民币跨境支付系统间接参与者。

代理中国人民银行业务指根据政策法规应由中国人民银行承担,但受限于机构设置与专业优势等原因,由中国人民银行指定或委托商业银行承担的业务,主要包括财政性存款代理、国库代理、发行库代理、金银代理等业务。而代理政策性银行业务指银行接受政策性银行委托,代为办理其因服务功能与网点设置等限制而无法办理的业务,包括代理贷款项目管理、代理结算、代理现金支付、代理专项资金管理等。目前我国商业银行主要代理中国进出口银行与国家开发银行的业务。

2. 标的物不同

银行代理业务因标的物不同可分为代理证券业务、代理保险业务、代收代付业务、代销开放式基金等。

1) 代理证券业务

目前我国银行业不能开办代理股票买卖业务以防止银行资金违规流入股市。代理证券业务指银行接受委托办理的代理发行、兑付、买卖各类有价证券(即国债、公司债券、金融债券、股票、基金、集合资金信托计划等)业务，还包括接受委托代办债券还本付息、代发股票红利、代理证券资金清算等业务。如中国银行代理华能澜沧江水电股份有限公司在银行间市场成功发行该公司 2019 年度第一期永续中期票据，发行金额为 20 亿元、期限 3+N 年、发行利率 4.17%。

2) 代理保险业务

代理保险业务指银行接受保险公司委托代其办理保险业务。它可受托代理个人或法人投保各险种的保险事宜，也可作为保险公司代表与保险公司签订代理协议代其承接有关保险业务。它主要包括代理人寿保险业务、代理财产保险业务、代理收取保费支付保险金业务、代理保险公司资金结算业务。银行销售保险是合规合法的代理销售行为，但在现实生活中也存在不少银行保险销售误导等现象，如个别银行在销售保险产品时有存单变保单的行为。2016 年 12 月家住内蒙古呼和浩特市的王某带着 500 万元到银行存款，却被自称银行工作人员的保险推销员和支行行长联合欺骗，购买了一份 100 周岁后才能取回的保单。发现被骗后王某向公安局报案、向监管部门投诉、找银行行长讨说法、跟保险公司谈判协商，甚至以命维权，最终拿回了本金和利息。中国银保监会于 2018 年 6 月 6 日在其官网发布消息，已严肃查处了这起保险销售误导的典型案例，责令相关银行与保险公司整改，停止该银行代理保险新业务 1 年并处保险公司 60 万元罚款，处银行 30 万元罚款，对相关银行与保险公司责任人给予警告并处 3 万～5 万元罚款。

3) 其他代理业务

代收代付业务指银行利用自身结算便利接受客户委托，代为办理指定款项收付的业务，主要包括代理各项公用事业收费、代理行政事业性收费与财政性收费、代发工资、代扣住房按揭消费贷款还款等。如 2019 年 8 月招商银行 App 已上线党费缴交服务。该功能是基于招行"缴费云平台"的具体解决方案，企业与单位可通过平台实现党费智能管理，无须系统开发、操作方便、安全私密、智能对账、在线收款、省时省力，还可自动入账企业的党费专用账户。而代销开放式基金指银行利用其网点柜台、电话银行、网上银行等销售渠道代理销售开放式基金产品的经营活动，主要包括基金的开户、认购、赎回、分红等。银行在代销开放式基金过程中向基金公司收取基金代销费用。

(三)托管业务

托管业务包括资产托管业务与代保管业务。

1. 资产托管业务

资产托管业务指具备托管资格的银行作为托管人，根据有关法律法规与委托人签订委托资产托管合同，履行托管人相关职责的业务。托管人职责包括对投资资产进行安全保管、资金清算、会计核算、估值与监督等。资产托管业务品种主要包括证券投资基金、保险资产、社保基金、企业年金、信托资产等托管业务。如 2017 年 1 月 10 日邮储银行携手 IBM(中国)有限公司推出基于区块链的资产托管系统。该资产托管系统以区块链共享账本、智能合约、隐私保护、共识机制四大机制为技术基础，选取了资产委托方、资产管理方、资产托管方、投资顾问、审计方五种角色共同参与资产托管业务场景，实现托管业务信息共享与资产使用过程的监督。

银行主要资产托管业务有证券投资基金托管业务、商业银行理财产品托管业务、信托资产托管业务、社保基金托管业务、保险资产托管业务等。证券投资基金托管业务指银行作为托管人依据法律法规与托管合同规定，安全保管基金资产、办理托管基金资金清算、会计核算、监督基金管理人投资运作、收取托管费等。银行理财产品托管业务指银行接受银行业金融机构(包括其他商业银行、政策性银行、农村金融机构等)委托，安全保管理财产品资产、履行资金清算、证券结算、会计核算、资产估值、投资监督、托管报告等。信托资产托管指银行接受信托公司委托根据信托资金保管协议、法律法规与合同约定，以履行信托财产保管、投资交易监督、项目进展情况监督、资金汇划清算及信托会计核算等。社保基金托管业务指银行作为托管人与全国社保基金理事会签署托管协议，依据法律法规与合同要求安全保管委托资产、监督投资管理人投资运作、办理资金清算、会计核算、资产估值等业务。保险资产托管业务是指商业银行作为托管人，与保险公司签署保险资金托管协议，依据法律法规和合同的要求，安全保管保险资产，办理保险资产名下的资金清算和证券交收，监督保险公司或经保险公司授权的投资管理人的投资运作，进行保险资产风险分析和绩效评价，并收取托管费的银行中间业务。

2. 代保管业务

代保管业务指银行以自身拥有的保管箱与保管库等设备条件，为客户代理保管各种贵重金属、重要文件资料、珠宝首饰等贵重物品、股票债券等有价证券等。它包括出租保管箱、露封保管业务与密封保管业务。

出租保险箱业务指银行为客户提供各种不同规格的保险箱，客户按自己需求选择，对客户存放物品不予查验且在租期内客户可随时开箱取物。它的租金按保险箱大小与租期长短收取，同时各家银行保险箱租金标准自行确定。露封保管业务指客户把物品交给银行代保管时不予加封，受理保管银行可了解保管内容并给客户开出收据及订立代保管契约，银行对保管品质量负相应责任。该业务主要用于股票证券等有价证券与单证的保管。而密封保管业务又称原封保管，客户自行将保管品加以密封再交银行代为保管，代保管期间银行不可开启密封物品。该业务主要用于珠宝首饰、重要文件、文物古董等贵重物品的保管。由于银行不可查验租期内客户存放品以至于客户存在隐瞒真实财产的可能性。如 2015 年 3 月佛山禅城庞先生因民间借贷纠纷将方某诉至禅城法院，要求其偿还 7500 多万元借款与利息。但因方某没有其他可供执行财产，法院于 2016 年 9 月以"终结本次执行"程序结案。然而在 2017 年 4 月，庞某发现方某在银行保险箱内还藏着 24.46 万元现金及珠宝，禅城法院对方某藏匿在银行保管箱的现金与珠宝进行强制执行。

(四)咨询顾问业务

咨询顾问业务指银行凭借自身信息、人才、信贷等方面的优势，收集与整理有关信息并通过对信息及银行与客户资金运动的记录分析形成系统资料与方案提供给客户，以满足其业务经营管理与发展需要的服务活动，同时也可为自身赢得客观咨询费收入的业务。银行开展该业务应坚持诚实守信原则确保客户对象与业务内容的合法性与合规性，并对提供给客户的信息的真实准确性负责，承担为客户保密的责任。我国咨询顾问业务主要可分为三大类，即财务顾问业务、信息咨询业务、现金管理业务。

1. 财务顾问业务

银行财务顾问业务包括大型建设项目财务顾问业务与企业并购财务顾问业务。前者指银行为大型建设项目融资结构与融资安排提出专业性方案；后者指银行为企业并购双方提供并购顾问业务，并参与企业并购及后续全过程。作为财务顾问银行可参与公司结构调整、资本充实、重新核定、破产及困境公司重组等策划与操作过程。

2. 信息咨询业务

银行信息咨询业务指银行通过资金运动记录及对与资金运动等经济金融相关资料的收集整理、加工、转让、出售或提供智力服务为主要内容的业务。银行根据特定需要以不同形式提供信息咨询服务。它可分为项目评估、企业信用等级评估、验证企业注册资金、企业管理咨询及常年经济信息咨询等形式。

1) 项目评估

项目评估包括对市政工程项目、建筑项目、企事业单位与个人的各类固定资产投资项目、企业技术改造项目等进行评估。从建设项目必要性与技术经济合理性进行全面审查与评价。为服务对象投资提供科学依据，同时也为银行自身投资性贷款提供安全保障。它是实现资源优化配置、保证工程项目实施及提高经济绩效的重要手段。

2) 企业信用等级评估

企业信用等级评估指由银行依据标准对企业资金信用、经济绩效、经营管理及发展前景等方面进行评价与估测。它将企业等级划分为 AAA. AA. A，BBB. BB. B，CCC. CC. C 九个信用等级。企业信用等级评估可以促进企业改善经营管理及提高信誉等级。

3) 其他信息咨询形式

验证企业注册资金指银行为委托单位核实及验证新老企业注册资金的真实性与合法性业务。企业管理咨询业务指银行委派专门人员根据企业要求，在调查研究的基础上运用科学方法对企业经营管理存在的问题进行定性定量分析，并提出切合实际改善企业管理状况的建议及指导实施。而常年经济信息咨询指银行充分利用众多信息网络与丰富的信息资源优势，通过提供信息资料、召开信息发布会及举办业务技术辅导讲座等途径，为客户提供综合金融信息、宏观经济信息、行业产品信息等服务。如兴业银行厦门分行始终致力于为客户提供全方位专业财富管理服务。不仅为客户提供专业理财产品，更为客户提供专业贴心服务，即为客户提供投资市场走势、理财信息等专业投资知识，及时传递理财动态、培育客户投资风险意识等。

3. 现金管理业务

现金管理指银行以企业为中心、以资金使用与服务为杠杆手段,充分利用各种内外部资源优势提供创造理财工具,为企业提供金融服务业务。它主要包括收付款服务、账户管理与信息服务、流动资金头寸管理、外汇风险管理及集团公司服务等。此外,与金融科技相融合的现金管理更有助于民生。如 2014 年兴业银行率先在国内推出"智慧医疗"解决方案,通过云计算技术在手机端进行辅助医疗服务,并与多家主流软件开发商合作。基于微信与支付宝等支付渠道,协助医院搭建便民移动医疗服务平台为患者提供贯穿于"诊前、诊中、诊后"全流程、一站式智能诊疗服务,以免除病人就诊过程中的"难"与"烦"。

此外,为规范及促进现金管理服务更好地发展,我国设立首批"现金服务示范区"。如 2019 年 7 月 5 日厦门市首批"现金服务示范区"授牌仪式在厦门农村商业银行何厝支行举行。它是民生工程,有利于发挥普惠金融、民生金融、绿色金融等主力军及示范区主办网点领头羊作用,更好地满足人民群众多元化、多层次现金服务需求,为社会各界提供更便利、更快捷、更优质的现金服务。

(五)银行卡业务

《中国银行卡产业发展蓝皮书(2019)》显示,十年来我国信用卡发卡量从 1.86 亿张增长到 9.7 亿张,交易总额从 3.5 万亿元增长到 38.2 万亿元;借记卡累计发卡量达 68.6 亿张,交易总额 751.4 万亿元。同时,银行卡受理市场迅速发展。境内受理商户从 156.65 万户增长到 2733 万户,POS 终端从 240.83 万台增加到 3414.8 万台,ATM 机具从 21.49 万台增长到 111.1 万台,银联卡境外受理国家与地区总数从 83 个增至 171 个,境外受理商户总数从 55.7 万户增长到 2637 万户。可见,作为传统中间业务的银行卡在我们日常生活中无处不在。

1. 银行卡概述

银行卡指由银行向社会发行、具有消费信用、转账结算、存取现金等全部或部分功能的信用支付工具。它具有支付结算、汇兑转账、储蓄、循环信贷、个人信用与综合服务等功能。随着科技的发展特别是计算机的广泛运用,银行卡使用范围日益扩大,以至于现金与支票流通不断减少。如不停车系统(ETC)带给大众生活便利的同时也有助于银行卡发行量提高以增大银行用户黏性及用户到网率。2018 年 1 月 1 日后使用 ETC 卡、用户卡交纳通行费,而 ETC 卡充值费可开具通行费电子发票。2019 年 5 月 10 日交通运输部副部长戴东昌表示取消省级收费站后,要确保当年年底前 ETC 使用率达到 90%以上,以保证整个路网运行通畅。

银行卡业务按能否透支可分为信用卡与借记卡;按发卡对象不同可分为单位卡(又称商务卡)与个人卡;按结算币种不同可分为人民币卡与外币卡;按信息载体不同可分为磁条卡与芯片(IC)卡。其中,单位卡指发卡机构向企业、机关、事业单位、社会团体法人签发的并由法人授权指定个人使用的银行卡。外币卡按结算货币数量可分为单币种外币银行卡与双币种外币银行卡。相比磁条卡,芯片卡是以芯片为介质的银行卡。它采用安全芯片、密码算法保障信息与交易安全,具有消费信用、转账结算、现金存取等功能。其信息存储量大、具备通信安全保障、数据访问控制、信息加密存储、抗攻击防护等安全机制。因此芯片卡更加安全可靠。中国人民银行发布的《关于进一步加强银行卡风险管理的通知》要求从 2017 年 5 月 1 日起银行将全面关闭芯片磁条复合卡的磁条交易,并增强对境外复合卡磁条交易的风险防控。复合卡磁条交易有安全短板,因此关闭复合卡磁条交易有助于防范伪卡欺诈交易风险、提升支付风险防控能力。

2. 银行卡的发展趋势

中国经济迈入新时代背景下我国银行卡产业呈现诸多发展趋势。一是金融科技与银行卡业务紧密联系。依托互联网化与大数据化，金融科技对于银行卡业务的发展起到了重大的推动作用。二是移动支付不断发展。二维码支付、人脸识别支付、云闪付等数字化无卡化支付方式不断普及，并借助科技力量不断创新，推动支付产业从现金支付、卡基支付向移动支付、无卡支付时代迈进。三是信用卡利率市场化。根据《中国人民银行关于信用卡业务有关事项的通知》，自 2017 年 1 月 1 日起信用卡透支利率实行上下限管理，透支利率上限为日利率0.05%，透支利率下限为日利率 0.05% 的 70%。信用卡透支结息方式由发卡机构自主确定。四是由因客定价向主流定价方式靠近。如在分期付款业务中根据客户风险等级等实施的因客定价。五是场景化。它成为银行开展银行卡业务的重要手段。

课后案例

2017 年 6 月河北邢台赵女士收到开头为"和校园"的信息，赵女士误以为是家中孩子学校发送的短信，随即点开查看。赵女士在短信提示下安装了软件，手机屏幕上弹出"版本不匹配，自动卸载"的字样，之后便没再理会。隔日，在进行购物时发现卡内资金"不翼而飞"，在这期间赵女士并没有接到过任何银行卡消费提醒短信。犯罪嫌疑人通过"伪基站"向不特定人群发送带有木马病毒链接的短信，非法获取公民个人信息，再通过网络购物平台利用已掌握的公民个人信息，对持卡人银行卡内的资金进行盗刷。

（资料来源：澎湃新闻，2019 年 9 月 2 日）

问题分析

结合案例思考日常生活中如何防范银行卡诈骗。

第二节　狭义表外业务

课前思考

什么是狭义表外业务？金融衍生品交易业务中的互换业务是套期保值衍生品业务，还是非套期保值衍生品业务？

狭义表外业务又称风险表外业务、或有债权/债务。它指未列入资产负债表但同表内资产业务与负债业务关系紧密，并在一定条件下会转为表内资产业务与负债业务的经营活动。同时，狭义表外业务灵活性大、透明度差、有较高风险，它既可给银行带来可观的收益，也可让银行陷入更大困境，因此银行有必要对其加强管理。银行内部要建立信用评估、风险评估与双重审核制度，注重杠杆比率管理与流动性比例管理。此外，巴塞尔委员会要求银行建立专门的表外业务报表以定期报告有关表外业务情况并对其风险衡量作了具体规定。

通常所说的表外业务主要指狭义表外业务。本节主要介绍承诺、担保、金融衍生品交易等狭义表外业务。

一、承诺业务

承诺业务指银行承诺在未来某一日期按约定条件向客户提供约定的信用业务。它包括贷款承诺、票据发行便利、信贷证明等。

(一)贷款承诺

贷款承诺指银行向客户作出未来一定时期内(通常为1~5年)按商定条件为该客户提供限定数额贷款的承诺。当贷款承诺签署生效后就成为银行或有负债且含有期权性质。客户需要资金融通时,若市场利率高于贷款承诺中双方约定的利率则客户就会从银行借入资金。当借款客户按照协议使用贷款额度后则贷款承诺就会转成资产负债业务。若市场利率低于贷款承诺中双方约定的利率则客户就可直接从市场中借入资金。由此可见,客户享有选择权而银行面临着利率风险。

此外,贷款承诺具有支持性较强与选择性灵活的特点,可满足借款者未来不确定性贷款需要,能提升借款者在直接融资市场上的信誉。对承诺者来说贷款承诺具有较高的盈利性,能减少信息不对称而引发的风险,并降低交易成本,提高金融市场整体效率。银行可提前作出资金安排、获得佣金,并通过建立长期客户关系最大化信贷市场份额。

贷款承诺包括定期贷款承诺、备用贷款承诺、循环贷款承诺。其中,定期贷款承诺指在贷款承诺期内借款人只按照约定条件一次性全部或部分使用银行承诺金额;备用贷款承诺指贷款承诺期内借款人按约定条件可多次使用银行所承诺的贷款金额,承诺期内剩余承诺仍然有效但已偿还部分不能再次提用;循环贷款承诺指贷款承诺期内借款人按约定条件可多次使用银行所承诺的贷款金额并可反复使用已偿还的贷款,只要某一时点借款人所使用贷款额不超过全部承诺的贷款金额即可。

(二)票据发行便利

票据发行便利指具有法律约束力的中期周转性票据发行融资的一系列协议,银行承诺在一定时期内为客户的票据融资提供便利条件以使票据顺利发行,并最终使客户筹措到所需资金。根据事先签订的协议,借款人可在一个中期内(通常为5~7年)以自己名义循环地发行短期票据,银行利用自己的票据发行网络与客户资源协助票据出售以满足客户资金需求,也使银行可节约自有资金及提高效益。此外,票据发行便利通过向大众发行票据避免了单独由一家银行向客户提供资金,分散了信贷集中造成的风险,获得了手续费收入,维持了与客户的长期合作关系。

票据发行便利是一种具有法律约束力的中期票据融资承诺,这是金融证券化的结果。它比辛迪加贷款有更多优点,适应融资方式与结构发展的需要,是具有更广阔市场前景的金融创新。它最主要的风险有流动性风险与信用风险。银行主要办理循环包销便利与无包销票据发行便利业务。

(1) 循环包销便利的实质是指票据发行人利用短期票据获得中期信贷。银行有责任帮助客户推销当期发行的短期票据,若客户票据没有在规定期限内完全推销则银行有责任购买剩余票据。由于可循环,销售对象通常为专业投资者或机构投资者而非私人投资者。

(2) 无包销票据发行便利指银行可将没卖完的票据退还给客户,即没有包销未售完票据的义务。采取这种形式的客户往往具有很高的信用等级，有信心凭借自身信誉售出全部票据；同时，银行可承担更少义务与更低风险。

(三)信贷证明

信贷证明指应投标人、招标人或项目业主的要求，在项目投标人资格预审阶段开出的用于证明投标人在中标后可用在承诺行获得针对该项目的一定额度信贷支持的授信文件。信贷证明根据银行承诺性质不同又可分为有条件信贷证明与无条件信贷证明。

二、担保业务

担保类业务指银行接受客户委托对第三方承担责任的业务。由于银行以自己信誉为申请人提供履约保证，因此银行在提供担保时要承担申请人违约风险、汇率风险和国家风险。它包括银行保函、备用信用证、商业信用证、银行承兑汇票等。

(一)银行保函业务

银行保函业务指银行应申请人要求向受益人作出书面付款保证承诺。银行按受益人提交的与保函条款相符的书面索赔履行支付或赔偿责任。它可分为融资类保函与非融资类保函两大类。前者包括借款保函、授信额度保函、有价证券保付保函、融资租赁保函；后者包括投标保函、预付款保函、履行保函、关税保函、即期付款保函、经营租赁保函等。

(二)备用信用证业务

备用信用证业务指开证行应借款人要求，以放款人作为信用证受益人而开具的特殊信用证，以保证借款人不能及时履行义务或破产情况下由开证行向受益人及时支付本利。它可分为可撤销备用信用证与不可撤销备用信用证两类。前者旨在保护开证行利益，而后者可保证受益人有可靠的收款保证。

(三)商业信用证业务

商业信用证是国际贸易结算中的重要方式。它是指进口商请求当地银行开出证书授权出口商所在地另一家银行通知出口商，在符合信用证规定的条件下，愿意承兑或付款承购出口商交来的汇票单据。信用证结算业务实际上是进出口双方签订合同后进口商主动请求进口地银行为自己付款责任作出的书面保证。

商业信用证种类很多，大体有如下划分方法：一是按是否跟单，可分为跟单信用证与光票信用证；二是按可否撤销，可分为可撤销信用证与不可撤销信用证；三是按议付方式，可分为公开议付信用证、限制议付信用证与不得议付信用证；四是按可否转让，可分为可转让信用证与不可转让信用证；五是背对背信用证、对开信用证、循环信用证、旅行信用证(不是常用形式，此处不再展开叙述)等类型。

其中，背对背信用证指在原信用证不撤销条件下，银行应信用证受益人申请，以该信用证为保证而另行开立的以实际供货商为受益人的信用证。对开信用证指在来料加工与补偿贸易等方式下，且在交易双方已签订原料或零部件贸易合同及加工制成品贸易合同的基础上，以双方互为开证申请人与受益人而开立的、金额大致相等的两个信用证。一般情况下，第一张信用证的通知行是第二张信用证的开证行。循环信用证是事先规定当信用证金额被全部或部分用完后仍可恢复到原来金额，可多次使用直至该信用证规定的使用次数或累计总金额用完为止的信用证。

(四)银行承兑汇票业务

银行承兑汇票业务是指由承兑银行开立存款账户的存款人出票，向开户银行申请并经银行审查同意承兑后，保证在指定日期无条件支付确定金额给收款人或持票人的票据。它的期限最长不超过 6 个月，以真实商品交易为基础。

三、金融衍生品交易业务

金融衍生品交易类业务是指银行为满足客户保值或自身头寸管理等需要而进行的货币与利率远期、掉期、期权等衍生交易业务。此类按交易目的可分为两类。一类是套期保值类衍生产品交易，指银行主动发起，为规避自有资产负债的信用风险、市场风险或流动性风险而进行的衍生品交易。它需符合套期会计规定并划入银行账户管理。另一类是非套期保值类衍生产品交易，指除套期保值以外的衍生品交易。它包括由客户发起，银行为满足客户需求而提供的代客交易与银行为对冲前述交易相关风险而进行的交易；银行可持续提供市场买卖双边价格并按其报价与其他市场交易者进行交易，并可主动发起并根据市场走势判断而运用自有资金以获利为目的而进行的自营交易。此类交易应由交易账户管理。

(一)互换

互换是指交易各方根据预先制定的原则，在一段时间内交换一系列款项的支付活动。该业务往往发生在信用等级不同，筹资成本、收益能力也不同的筹资者之间。它能保持债务债权关系不变，并能较好地限制信用风险。银行可借助互换业务发挥其巨大的信息优势与活动能力而获取较多收益，并丰富其风险管理手段及拓宽其业务范围。银行从事的互换交易主要是利率互换与货币互换。

(二)远期利率协议

远期利率协议是指交易双方以降低收益为代价，通过预先设定远期利率以防范未来利率波动从而实现稳定负债成本或资产保值的一种金融工具。它可分为普通远期利率协议、对敲远期利率协议、合成外汇远期利率协议与远期利差协议等。它的定价应考虑远期利率、启用费与利差收益三个因素。

(三)金融期货/期权交易

金融期货/期权交易是银行进行风险管理的工具，也是商业银行获得财务杠杆收益的重要来源，更是国际商业银行从事的重要表外业务。

(四)贷款出售

贷款出售是指银行采取各种方式出售贷款债权给其他投资者，优化其贷款资产组合，并缓解资本管制压力的一种业务活动。贷款出售的定价方式因贷款转移的方式与贷款质量的差异而不同。

此外，银行应按衍生产品交易业务分类建立与从事衍生产品交易相适应的风险管理体系、内部控制制度与业务处理系统，并配备银行上述职责所需工作人员。同时，银行应当建立并严格执行授权与止损制度，制定并定期审查、更新各类衍生产品交易限额、应急计划与超限额处理程序。

第三节　表外业务管理

　　什么是表外业务风险？表外业务的信用风险是什么？如何进行信用风险管理？

一、表外业务风险

　　表外业务风险指银行在表外业务经营过程中由于各种不确定性因素存在而导致银行面临遭受损失的可能性。造成银行损失的风险大致可分为信用风险、市场风险、国家风险、流动性风险、筹资风险、结算风险、操作风险、定价风险与信息风险九类。

　　信用风险指借款人还款能力发生问题而使债权人遭受损失的风险。银行中间业务大部分是担保与类似的或有负债业务，一旦被担保人或潜在债务人不能进行偿付时，银行就会成为债务人承担债务。这种风险经常与潜在债务人预期盈利能力有关。如在信用证业务与票据发行便利业务中，一旦开证人或票据发行人不能按期偿付时银行就要承担偿付责任。

　　市场风险指由于市场利率汇率波动而使银行中间业务蒙受损失的风险。在金融自由化、国际化与证券化趋势下，市场风险对银行收益安全性的威胁日益增大。如在贷款承诺协议期间，借款人可以按固定利率或者可变利率获得一笔贷款。但在此期间致使市场利率上升，由于银行资金成本升高从而使贷款协议利率与资金成本间的利差变得非常小甚至是负值。此时借款人必定会在有利利率下最大限度地使用贷款而银行将承受较大损失。

　　国家风险指由于债务人所在国政治、经济、军事等各种因素使银行提供给国外债务人的资产遭受损失的可能性。流动性风险指银行中间金融工具不能以合理价格迅速转让变现，而使银行面临资金头寸短缺或低价转让资产而遭受损失的可能性。如银行提供过多贷款承诺或备用信用证时，一旦出现大范围金融动荡，大众会急于平仓与收回资金而导致银行面临巨大流动性风险。筹资风险指银行因自有资金不足且无其他可动用的资金，以至于交易到期日面临无法履行的风险。当银行流动性不足时，其信用等级也会受到影响，甚至于其筹资难度就会增加。

　　结算风险指银行在从事中间业务后，因各种因素影响使其到交割期不能及时履约而产生的风险。它会使银行面临信用风险、市场风险与流动性风险。操作风险指由于内部程序、人员、系统的不完善或失误，或外部事件造成的直接或间接损失的风险。由于中间业务透明度较差，其在运作中存在的问题不易被及时发现，因此操作风险较大。定价风险指由于中间业务内在风险尚未被人们完全掌握，因而无法对其进行正确定价而丧失或部分丧失弥补风险能力的损失。信息风险指中间业务给银行会计处理带来诸多困难而无法真实反映银行财务状况，使银行管理层与客户不能及时得到准确信息，从而作出不适当投资决策而遭受的损失。

以上就是银行开展表外业务可能会遭遇的九类风险。银行表外风险有隐蔽性强、多样化、估算难度高等特点。其中，隐蔽性强指现代科技加持下银行创新手段与创新业务层出不穷，如银行信用卡、电子转账系统、POS 机、网上银行等。这些创新会加大中间业务风险。由于大部分中间业务不能反映在资产负债表上，因此会影响管理人员对中间业务潜在风险进行正确认识与分析，从而使监管者无法对银行中间业务进行有效监督与管理。多样化指尽管银行中间业务风险较资产负债业务风险低，但其品种繁多与个体差异性大，因而风险多样化。估算难度高是指由于金融工具创新性与单笔中间业务量小但种类多，传统风险识别、评价、决策等方法已无法准确评估业务风险，因而估算难度高。

二、表外业务管理

表外业务虽然能给银行带来可观收益，但是可使银行陷入更大困境，尤其是具有投机性的表外业务其经营风险难以估算。各国银行业自 20 世纪 80 年代开始加强表外业务管理。它已成为银行内部管理的重要内容，也是金融管理当局实行宏观金融监控的重要方面。

(一)管理措施

银行就表外业务的管理措施主要有建立管理制度与改进管理方法两项。

1. 建立管理制度

银行应建立信用评估制度、业务风险评估制度与双重审核制度，并以之管理表外业务。

1) 信用评估制度

加强对交易对手的信用调查与信用评估，可以避免与信用等级较低的交易对手进行交易。在交易谈判中应坚持按交易对手信用等级确定交易规模、交割日期与交易价格。部分银行对期限较长的表外业务还要求定期重新协商合同条款以避免风险转嫁。

2) 业务风险评估制度

对表外业务风险建立一整套评估机制与测量方法，在定性分析基础上进行定量分析，可以确定每笔业务的风险系数，并按业务风险系数收取佣金。如美国银行对期限短与风险系数较小的备用信用证所收的佣金为担保金额的 25～50 个基本点，而对期限长与风险系数大的备用信用证则收取 125～150 个基本点佣金，无追索贷款出售，收费率较低，只有 15 个基本点。

3) 双重审核制度

表外业务潜在风险大。为防患于未然各国银行吸取巴林银行教训，普遍实行双重审核制度，即前台交易员与后台管理人员各负其责，以便于银行对交易活动进行有效监管。前者要根据市场变化及时调整风险敞口额度，后者则做好跟踪结算、发现问题及时提出建议或向上级部门报告，以便及时采取补救措施。

2. 改进管理方法

经过多年实践银行总结表外业务风险管理方法有注重成本收益率、注重杠杆比率、注重流动性比例等。

注重成本收益率指每笔业务成交量达到一定规模才能使银行在弥补成本开支后获得较多净收益，以提高银行资产利润率及增强银行抗风险能力。这是以每笔表外业务风险系数既定为前提。注重杠杆比率指银行在从事表外业务时不按传统业务杠杆率行事，而是根据银行本身财务状况及每笔业务风险系数来运用较小的财务杠杆率，以防止预测失误使银行陷入困境。注重流动性比例指为避免因从事表外业务失败而使银行陷入清偿力不足的困境，银行针对业务量较大与风险系数较高的业务应适当提高流动性比例要求。如贷款承诺中要求客户提供补偿余额、备用信用证项下要求客户提供押金。

(二)监管措施

国际上对表外业务活动监管有完善的报告制度以加强信息披露、强化资信认证以限制市场准入、严格资本管制以避免风险集中三方面措施。

一是完善报告制度以加强信息披露。如巴塞尔委员会要求银行建立专门的表外业务报表，定期向金融监管机构报告交易的协议总额与交易头寸，以便采取适当补救措施。它还要求银行将交易账簿与贷款账簿分离，以建立期权交易报告制度。后者记载套期抵补的受长期市场风险影响的期权头寸；前者记载受短期市场风险影响的期权头寸，短期风险又可分为特殊风险与一般风险，以便金融监管机构对它们实施分别监管。不少国家也要求银行对表外业务场外交易状况作详细说明，如报告期权交易经营收入。

二是强化资信认证以限制市场准入。金融监管当局为规范表外业务及抑制过度投机，规定某些表外业务须达到政府认可的权威资信评级机构给予的某个资信等级，如远期利率协议、互换等交易活动。

三是严格资本管制以避免风险集中。巴塞尔委员会对银行从事表外业务提出严格资本要求。它认为将所有表外项目都包括在衡量资本充足的框架中是十分重要的，即通过信用转换系数把各类表外业务折算成表内业务金额，然后根据表外业务涉及交易对手方或资产的性质确定风险权数，再用这些权数将上述对等金额进行加总，并汇总到风险资产总额中，最后按标准资本比率对这些项目分配适宜资本。具体参见第二章资本金相关内容，本节不做赘述。

第四节　银行表外业务与金融科技

课前思考

什么是场景化金融？如何将金融科技与商业银行表外业务融合以促进其发展并有效避免"影子银行"风险？

场景化金融将金融需求与各种场景进行融合，为消费者提供能够在日常生活中使用的金融产品。面对"互联网+"时代更加激烈的竞争，各银行都在不断探索金融场景化布局并纷纷推出"场景化"金融产品。以下通过金融科技在银行场景化金融的应用来感受银行表外资产业数字化发展。

例如，2017年7月中信银行与ofo小黄车联合发行国内共享单车领域第一张联名银行卡——"小黄卡"。该卡实现有条件下免押金骑行。同时，在中信银行所有账户资金达5万元(包含投资类产品)以上客户每月可享30次免费骑行权益。此外，"小黄卡"还具有信用消费、存款、转账、投资理财等多种传统金融功能，这是"场景化金融"的进一步延伸。

尽管 2019 年 4 月 2 日全国企业破产重整案件信息网显示 ofo 运营主体之一北京拜克洛克科技有限公司作为"被申请人"而出现,"小黄卡"功能也可能被限制。但"场景化"金融已在银行业蔚然成风。如厦门农行初步形成了以"点"的突破带动"面"的复制的推广模式:在智慧出行、智慧社区、智慧医疗、智慧校园等方面,服务场景均取得进展。特别是在智慧出行方面,厦门农行停车无感应支付服务已经对接五大厦门主流智慧停车平台,基本覆盖厦门主流平台与主流商圈的停车场。而远程银行将有助于银行开展场景化金融服务。

课后案例

远程银行客户服务与经营规范

2018 年 11 月中国银行业协会客户服务委员会正式更名为"客户服务与远程银行委员会"。在中银协指导下,目前已有 11 家商业银行客服中心更名为"远程银行"。什么是远程银行?远程银行可以提供哪些服务? 11 月 21 日中银协发布银行业首份远程银行团体标准——《远程银行客户服务与经营规范》(以下简称《规范》)。《规范》指出,远程银行(AIR BANK)是单独组建或由客户服务中心转型形成,具有组织和运营银行业务职能,借助现代化科技手段,通过远程方式开展客户服务、客户经营的综合金融服务中心。客服中心升级为远程银行的背后,是商业银行客服中心运用科技手段服务用户,并探索从成本中心转向价值中心。

《2018 年银行业客服中心发展报告》数据显示,65%的客服中心应用了智能语义理解技术和机器人服务,并成为文字在线客服的主要服务方式之一。73%的客服中心建立了包括电话客服、在线客服、微信客服在内的全媒体多渠道服务平台。71%以上的银行客服中心建立了专职营销团队,开始从成本中心向价值中心的转型探索。36%的客服中心已经开始运用大数据技术对客户行为和业务进行综合分析,使客户服务和业务经营更为精准和人性化。

相比以往的客户服务要求,《规范》首次将远程银行客户经营体系纳入标准框架。远程银行客户经营,即通过网络、多媒体等平台为客户提供远程综合金融服务的创新服务模式。《规范》明确了制定远程银行发展定位及规划的原则。应以银行总体战略为基础,以客户服务和客户经营为主旨,以一体化、数字化、智能化为方向,以全功能服务模式为目标,以人工智能、大数据、区块链、云计算等新技术为手段,明确远程银行的发展定位。《规范》还明确了远程智能服务的测量标准,包括智能服务占比、机器人问题识别率、机器人问题解决率等。

中国银行业协会首席信息官、客户服务与远程银行委员会专职副主任高峰表示,《规范》的发布不仅对于推动客服中心与远程银行的规范建设和创新加强发展具有重要意义,而且将对整个中国银行业的数字化转型、金融科技赋能的落地发挥积极作用。高峰建议远程银行发展一要加强标准应用实施,二要金融科技赋能,三要加强人才队伍建设。

(资料来源:21 世纪经济报道,2019 年 11 月 24 日)

问题分析

1. 结合案例分析远程银行如何有助于银行开展场景化金融服务。

2. 请深入思考远程银行开展场景化金融服务过程中,商业银行还需要和什么机构合作?如何实现"开放、合作、共赢"?

财商小剧场

你或许听说过"影子银行"，但你并不知道只要购买非保本银行理财产品，你就已参与到中国影子银行体系之中。

【思考】什么是影子银行？非保本银行理财产品为什么会属于影子银行体系？

【问题解析】虽然银行金融机构受国家严格监管，但赚取高额利润又是它的营利性目标，因此银行会与证券、信托、券商、基金等金融机构合作"类银行"金融业务，即"影子银行"业务(如银行非保本理财产品)，以避开金融监管机构的严格监管。"类银行"金融业务有银行功能但没有银行实体像影子，因此难以监管。

我们很难就中国"影子银行"业务好坏给出定论。一方面它们可以促进资金流向投资效率更高的领域以提高全社会资金使用效率；另一方面它们经由缺乏监管的中间通道进入普通投资者财富管理产品领域而较易产生风险事件。普通投资者购买非保本银行理财产品时并未意识到这些产品有风险。从 2012 年开始，市场上有各种银行理财产品违约事件且都是大银行。如华夏银行"中鼎财富"系列理财产品，平安银行"聚宝盆"、交通银行"得利宝"。然而，银行只是代理这些产品并不负有保本责任。

普通投资者购买银行理财产品时有"类理财"想法，即只要是银行卖的理财产品就靠谱，其风险就不会太大。其实这是误解，银行除了自营产品还会帮助其他金融机构卖产品。"飞单"事件是银行员工为赚取差价私自向顾客出售非银行自营而是第三方机构发行的理财产品。如信托、保险、基金等，这些产品风险要比银行自营产品大得多。而银行自营的理财产品，在产品说明书中会有一个以大写"C"开头的 14 位产品登记编码，同时正规合同上的发行方会有银行的名字。银行通常会要求普通投资者做风险评估测试，投资者应购买与自己风险评估测试结果相应或更低风险等级的理财产品。

本章小结

(1) 为了规避资本管制增加盈利来源及转移与分散风险，并适应客户对银行服务多样化要求，商业银行利用其自身优势与高新技术大力构建表外资产。这是在金融国际化、金融自由化与金融证券化条件下银行追求发展的一种选择。表外资产指银行资产负债表外的资产。它不影响资产负债总额但影响当期损益及改变银行资产报酬率。而表外业务是与银行表外资产相对应的业务。

(2) 按巴塞尔委员会的定义，广义表外业务可分为或有债权/债务与金融服务类业务。通常所说的表外业务主要指或有债权/债务，又称狭义表外业务、风险表外业务。而金融服务类业务又称无风险表外业务。

(3) 中间业务指银行以中间人身份为目标客户提供各项服务及收取相应手续费的业务活动。它最基本的特征是银行在办理中间业务时不直接以债权人或者债务人身份参与信用活动而以代理人或受托人身份来提供各种有偿服务，因此它不改变银行资产负债表。这也是其与银行资产负债业务的最根本区别。托管业务包括资产托管业务和代保管业务。

(4) 银行通过大力发展支付结算、代理、托管、咨询顾问与银行卡等中间业务，可提高产品创新力并增强利润增长点，以实现有效增强竞争力目标。同时，银行可有效合理配置社会资源、支持及推动经济发展。因此中间业务是银行重要的组成部分。

(5) 银行中间业务有五个特点。一是不运用或不直接运用银行自有资金而利用银行自身信息与技术优势为客户提供各类金融服务并收取相应手续费。二是接受客户委托而开展业务。它包括委托人、代理行、受益人三个主要当事人。三是银行主要接受客户委托并以中间人身份开展业务，其经营风险主要由委托人承担。四是银行主要通过收取手续费方式稳定获利。五是为适应社会经济生活发展变化与满足客户日益增长需求，银行中间业务类型层出不穷，规模也会日趋扩大，占银行业务的比重将不断上升。

(6) 支付结算业务是国内银行业务量最大的典型中间业务。它指银行对公或对私客户采用票据、汇款、托收、信用证、信用卡等结算方式来为交易双方之间的商品交易、劳务供应与资金调拨等完成货币收付与划账交割等业务。它是在银行存款负债业务基础上产生的中间业务。它能使银行维护及促进货币流通正常进行的职能作用得到充分发挥，以促进社会经济发展及维护社会经济金融秩序稳定。

(7) 代理业务指银行接受客户委托代为办理客户指定的经济事务，提供金融服务并收取费用的中间业务。它的特点是委托人财产所有权不变，而银行仅运用其信息技能与信誉等优势为委托人提供金融服务、银行不使用自己资产、不为委托人垫款及不参与收益分配进而不承担损失、有偿服务(如银行收取手续费)等。

(8) 银行主要资产托管业务有证券投资基金托管业务、商业银行理财产品托管、信托资产托管业务、社保基金托管业务、保险资产托管业务等。证券投资基金托管业务指银行作为托管人依据法律法规与托管合同规定，安全保管基金资产、办理托管基金资金清算、会计核算、监督基金管理人投资运作、收取托管费等。

(9) 代保管业务指银行以自身拥有的保管箱与保管库等设备条件，为客户代理保管各种贵重金属、重要文件资料、珠宝首饰等贵重物品、股票债券等有价证券等。它包括出租保管箱、露封保管业务与密封保管业务。

(10) 咨询顾问业务指银行凭借自身信息、人才、信贷等方面的优势，收集与整理有关信息并通过对信息及银行与客户资金运动的记录分析形成系统资料与方案提供给客户，以满足其业务经营管理与发展需要的服务活动，同时也为自身赢得客观咨询费收入的业务。银行开展该业务应坚持诚实守信原则，确保客户对象与业务内容的合法性与合规性，并对提供给客户的信息的真实准确性负责及承担为客户保密的责任。我国咨询顾问业务主要分为三大类，即财务顾问业务、信息咨询业务、现金管理业务。

(11) 狭义表外业务又称风险表外业务、或有债权/债务。它是指未列入资产负债表但同表内资产业务与负债业务关系紧密，并在一定条件下会转为表内资产业务与负债业务的经营活动。同时，狭义表外业务灵活性大、透明度差、有较高风险，它虽然能给银行带来可观收益，但可使银行陷入更大困境，因此银行有必要对其加强管理。银行内部要建立信用评估、风险评估与双重审核制度，注重杠杆比率管理与流动性比例管理。此外，巴塞尔委员会要求银行建立专门的表外业务报表以定期报告有关表外业务情况并对其风险衡量作了具体规定。通常所说的表外业务主要指狭义表外业务，主要包括承诺、担保、金融衍生品交易等狭义表外业务。

(12) 表外业务风险指银行在表外业务经营过程中，由于各种不确定性因素存在而导致银行面临遭受损失的可能性。造成银行损失的风险大致可分为信用风险、市场风险、国家风险、流动性风险、筹资风险、结算风险、操作风险、定价风险与信息风险九类。表外业务虽然能给银行带来可观收益，但可使银行陷入更大困境，尤其是具有投机性的表外业务其经营风险难以估算。各国银行业自 20 世纪 80 年代开始加强表外业务管理。它已成为银行内部管理的重要内容，也是金融管理当局实行宏观金融监控的重要方面。

(13) 银行建立信用评估制度、业务风险评估制度与双重审核制度来管理表外业务。表外业务潜在风险大。为防患于未然各国银行吸取巴林银行教训，普遍实行双重审核制度，即前台交易员与后台管理人员各负其责以便于银行对交易活动进行有效监管。前者要根据市场变化及时调整风险敞口额度，后者则做好跟踪结算、发现问题及时提出建议或向上级部门报告，以便及时采取补救措施。

(14) 表外业务风险管理方法包括注重成本收益率、注重杠杆比率、注重流动性比例等。国际上对表外业务活动监管有完善报告制度以加强信息披露、强化资信认证以限制市场准入、严格资本管制以避免风险集中三方面措施。

 练习与思考

一、名词解释

1. 表外业务
2. 汇票
3. 国际托收结算
4. 代理中国人民银行业务
5. 代理保险业务
6. 商业信用证
7. 互换
8. 远期利率协议
9. 信息风险

二、简答题

1. 简述商业银行中间业务的特点。
2. 简述金融衍生品交易业务。
3. 简述表外业务管理措施。
4. 简述表外业务监管措施。

三、单选题

1. 办理资金收付业务，收到客户支付的 100 元手续费，这属于商业银行的(　　)。
　　A. 中间业务　　　B. 票据业务　　　C. 负债业务　　　　D. 贷款业务
2. 不能用于支取现金的支票是(　　)。
　　A. 现金支票　　　B. 普通支票　　　C. 划线支票　　　　D. 记名支票
3. 由出票银行签发的，由其在见票时按照实际结算金额无条件支付给收款人或者持票人的票据是(　　)。

A. 支票　　　　　　B. 银行本票　　　　C. 银行承兑汇票　　　　D. 商业承兑汇票

4. 银行本票提示付款期限为(　　)。

　　A. 1个月　　　　　　B. 2个月　　　　　C. 3个月　　　　　　D. 6个月

5. 商业银行受政策性银行的委托对其自主发放的贷款代理结算，并对其账户资金进行监管，这属于商业银行的(　　)。

　　A. 代理业务　　　　B. 托管业务　　　　C. 承诺业务　　　　　D. 支付结算业务

6. 下列选项中，属于商业银行托管业务范围的是(　　)。

　　A. 代保管业务　　　　　　　　　　B. 代理证券业务

　　C. 个人理财业务　　　　　　　　　D. 票据发行便利

7. 下列关于商业银行出租保管箱业务的表述，正确的是(　　)。

　　A. 商业银行无任何风险　　　　　　B. 客户与银行之间是租赁合同

　　C. 客户与银行之间是保管合同　　　D. 商业银行需要严格查验保管物品

8. 商业银行向客户提供财务分析与规划、投资建议、个人投资推介等专业化服务的是(　　)业务。

　　A. 综合授信服务　　　　　　　　　B. 投资银行服务

　　C. 私人银行业务　　　　　　　　　D. 财务顾问服务

9. 商业银行给予持卡人一定的信用额度，持卡人可在信用额度内先使用、后还款的银行卡称为(　　)。

　　A. 借记卡　　　　　　B. 贷记卡　　　　　C. 商务卡　　　　　　D. 储蓄卡

10. 下列关于借记卡的表述，错误的是(　　)。

　　A. 不能透支　　　　　　　　　　　B. 不可以预借现金

　　C. 有存款利息　　　　　　　　　　D. 申办须进行资信审查

四、多选题

1. 商业银行的中间业务相对于其他业务而言，其特点有(　　)。

　　A. 种类多、范围广，占比日益上升

　　B. 以接受客户委托为前提，为客户办理业务

　　C. 以收取服务费的方式获得收益

　　D. 不运用或不直接运用银行自有资金

　　E. 不承担或不直接承担市场风险

2. 下列票据必须由商业银行签发的有(　　)。

　　A. 银行汇票　　　　　　　　B. 支票　　　　　　　　C. 本票

　　D. 企业承兑汇票　　　　　　E. 银行承兑汇票

3. 目前，我国普遍使用的支票主要包括(　　)。

　　A. 空头支票　　　　　　　　　　　B. 转账支票

　　C. 普通支票　　　　　　　　　　　D. 划线支票

4. 下列关于商业银行支付结算业务规定的表述，正确的有(　　)。

　　A. 传统的结算方式是汇票、本票、支票和汇款

　　B. 国际上通常采用的支付结算方式是汇款、信用证和托收

　　C. 支付结算业务是银行的中间业务，主要收入来源是手续费收入

D. 银行本票提示付款期限为 1 个月

    E. 汇票是出票人签发的

5. 汇款的方式主要有(　　)。

    A. 电汇　　　　　　　　B. 票汇　　　　　　　　C. 信汇

    D. 信用证　　　　　　　E. 电子汇兑

6. 银行卡代理中央银行业务主要包括(　　)。

    A. 代理专项资金管理　　B. 代理国库　　　　　　C. 代理财政性存款

    D. 代理贷款项目管理　　E. 代理金银

7. 下列选项中属于银行代保管业务的有(　　)。

    A. 出租保管箱　　　　　B. 露封保管业务　　　　C. 密封保管业务

    D. 查验保险箱　　　　　E. 资产托管业务

8. 银行资产托管业务对象主要包括 (　　)。

    A. 社会保障基金　　　　B. 信托资产　　　　　　C. QFII 资产

    D. 保险资产　　　　　　E. QDII 资产

9. 下列关于信用卡的说法中，不正确的有(　　)。

    A. 我国发卡银行一般给予持卡人 30～50 天的免息期

    B. 准贷记卡持卡人需按发卡行的要求缴存一定金额的备用金

    C. 信用卡分为准贷记卡和贷记卡

    D. 信用卡消费通常为短期、小额、无指定用途的信用

    E. 当准贷记卡备用金账户余额不足以支付时，该卡便不能进行透支

10. 银行卡的功能包括(　　)。

    A. 支付结算　　　　　　B. 汇兑转账　　　　　　C. 储蓄功能

    D. 个人信用　　　　　　E. 风险转移

 ## 微课视频

扫一扫获取本章相关微课视频。

6.1 国际化概述及国际化　　　　6.2 构建银行财商.mp4
业务种类.mp4

第七章 商业银行国际业务

【本章提要】

　　商业银行国际化很大程度上是通过国际业务来体现的，因此银行业务国际化已然成为其国际化发展的必然趋势。从广义上讲，银行国际业务指所有涉及外币或外国客户的活动。与国内业务相比，其在交易对象、业务规模与空间上具有显著区别。同时，经营环境的复杂程度与不可预见性使其在安全性与流动性上的要求也高于国内同类业务。但它是国内业务的延伸，已成为各银行合理规避管制、分散风险与追逐高利润的重要手段。本章主要介绍商业银行国际结算、国际信贷、外汇买卖与离岸金融等国际化业务及其管理，并在银行国际化背景下介绍有助于商业银行数据开源共享的联邦学习技术。

【学习目标】

- 熟悉并掌握商业银行国际结算、国际信贷、外汇买卖与离岸金融等国际化业务。
- 了解商业银行国际化业务管理策略。
- 了解银行国际化背景下有助于商业银行数据开源共享的联邦学习技术。
- 构建逻辑、辩证与批判等科学思维。涵养诚信、遵纪守法的底线思维、社会责任意识与勇于担当的家国情怀。理解金融科技的哲学基础与金融科技为民要义，树立与时俱进、终身学习的理念。同时，充分理解党和国家提出"构筑人类利益共同体、命运共同体和责任共同体"的战略意义。

📚 开篇案例与思考

　　2016年2—10月，平安银行厦门瑞景支行未按规定尽职审核转口贸易真实性，凭企业虚假提单办理转口贸易付汇业务。该行上述行为违反《外汇管理条例》第十二条。根据《外汇管理条例》第四十七条，处以罚没20万元人民币，责令追究负有直接责任高级管理人员和其他直接责任人员的责任。

（资料来源：国家外汇管理局官网，2018年8月2日）

问题分析

本案例涉及银行哪项国际业务？银行应如何加强管理以应对本案例风险？

第一节　国际业务概述

课前思考

　　商业银行为什么要发展国际业务？商业银行国际业务经营目标有什么特殊性？商业银行通过什么组织机构开展国际业务？

　　商业银行国际业务源于国际贸易的产生与发展。其中，国际贸易融资是银行的传统国际业务。随着国际贸易与经济全球化的发展，开展国际业务已然成为银行参与国际金融市场提高自身国际竞争力的重要手段。而银行作为现代金融中介核心积极开展国际业务也成为历史必然。此外，现代金融科技的发展极大地促进了银行跨国经营。它改变了传统金融市场的运作方式，使银行业成为集信息网络技术与金融服务于一体的综合性服务行业。2019 年 9 月 12 日商务部、国家统计局、国家外汇管理局联合发布的《2018 年中国对外直接投资统计公报》披露中国已成为第二大对外投资国、投资覆盖全球 188 个国家与地区且投资存量相对集中、投资行业分布广泛、门类齐全与六大行业存量规模超千亿美元等。其中，六大行业覆盖租赁与商务服务、批发零售、金融、信息传输、制造及采矿等。因此，如此庞大的海外投资企业急需中资银行提供与之相配套的国际金融服务，这也为中资银行国际化发展带来机遇。

　　国际业务是银行的重要业务，它是银行追逐高利润的重要手段。近年来，银行收入结构中国际收入超过国内收入，甚至有些银行靠国际业务盈余来弥补国内亏损。国际业务经营目标符合银行经营的"三性"，但也有其特殊性。基于此，它的营利性目标应强调三点：其一是维持与扩大其在国际银行业务市场中的份额；其二是获取较高或有利的信贷利润率；其三是在全球范围内建立及发展广泛的客户联系。

　　同时，由于国际业务经营环境的复杂性及不可预见性远高于国内业务，因此它的安全流动性目标也应强调下述三点。

　　第一是建立银行内部风险评估系统及确定防范风险的措施，以减少由国家风险所造成损失的可能性。具体地讲，银行国际业务往往受主权国家因自身利益而拒绝履行或拒绝承担担保的责任影响而使经营国际业务的银行承受主权风险，或因东道国政府的政策或法规禁止、限制资金转移而使经营国际业务的银行无法将其在东道国的存款收入汇出所造成的转移风险。因此，国家风险分析与防范应贯穿于整个国际业务中。

　　第二是加强银行信用管理以降低银行国际业务的信用风险。具体地讲，由于借款人所处的国家经济环境、会计环境与法律环境等不同，因而就国际业务引发的对借款人信用调查与分析则显得格外重要。整个信用调查与分析框架中包括国家风险及其对信用的影响、借款人经营策略分析、借款人会计分析、财务报表分析及预测分析。在此基础上确定借款人信用等级及放款量最高限额。信用给定后还应进行信用追踪，以根据借款人信用等方面的变化作出相应调整。因此，银行国际业务信用管理应充分考虑国家风险影响。

　　第三是加强外汇风险管理。国际业务风险除了利率风险、信用风险与流动性风险外还包括汇率风险。由于各国使用的货币不同及汇率波动使银行存在外汇储备头寸、外汇债权债务与国际贸易结算风险。就银行而言，其经营国际业务而存在的外汇风险是客观现实，而有些风险属系统性风险很难防范。因此，银行应采取外汇风险防范措施以尽量减少外汇风险。

此外，银行国际业务只有通过组织机构实施及运作才能完成。目前，中小型银行直接通过总部国际业务部开展有关业务，而大型银行乃至跨国银行则大都通过其国外分行、分支机构或国外代理行等来经营国际业务。由于各国对外开放程度及管制不一，各家银行的实力、信用及战略不同，各国文化、历史、法律环境差异较大，因此，银行在国际业务组织机构设计上必然存在较大差异。以下介绍常见组织结构，包括代表处、代理机构、附属银行、海外分支行、国际联合银行与总部等。

代表处指从事业务会谈与联络的场所，其设立较易，可收受支票、转寄总行及签署贷款协议。其基本任务也包括充当总行与当地银行管理机构的联络员。它有助于银行获取商业习惯、商业情况等并提供有关新银行业务市场的统计资料。代理机构是从代表处向经营全面业务银行的过渡。在无法设立分支机构的情况下，该形式有利于跨国银行有效处理相关国际业务。它为总行顾客贸易融资扮演重要角色。如在美国，由于代理机构不接受普通存款而不受法定存款准备金、M条例和D条例的管制。此外，它对客户放款不受总行资本与盈余账户比例的限制。

附属银行在法律上独立于总行但直接或间接受总行控制。如在美国，附属银行有充分的经营银行业务的权力，接受与美国国内银行相同的管制。它们可领取联邦执照亦可领取州执照，而总行对附属机构的控制程度取决于持股程度。海外分支行是其总行的组成部分，是总行的外延。它不是独立法律实体而不能独立发行股票。分支行内部虽可保持自己账目但从法律上讲它没有资产与负债。它可在东道国办理各种国内外银行业务并享受东道国的国民待遇。它的主要资金来源于大额定期存单、最低应存额与银行同业拆借款。尽管业务限制在所在国银行所准许经营业务范围内，但它的利润远远超过总行与海外附属机构。因此，它是开展国外业务的较好形式。

国际联合银行是指由多个跨国银行投资组建的银行，也是由外籍行在世界主要金融中心共同投资设立经营国际业务的联合银行。它成本低、手续快、便于迅速开展国际业务。其业务由合伙人共同拟定、利润按股份分配及风险共同承担。国际业务部经营管理全行国际业务，在无专门管理资金部门时它还负有筹集资金的责任。它包括直接商业贷款、零售贷款、租赁融资与证券买卖等业务。此外，其他国际业务机构则通过该部向总部汇报。

银团银行通常是由两个以上不同国籍的跨国商业银行共同投资成立的公司性质合营银行。任何一个投资者所持有的股份都不超过50%。

总之，在以上七种形式中，代表处、代理机构与海外分支行不是独立法人，母行可对其进行完全控制；附属银行、联营银行、银团银行是独立的法人，母行只能根据控股量而对其产生不同程度的影响。从业务范围来看，代表处、代理机构业务有限，银团银行一般不经营小额业务，只有海外分支行、附属银行、联营银行的经营范围较广。代理银行是外国商业银行，与本国商业银行有着广泛的业务代理关系，但毕竟不是本国的商业银行，因此在使用上不如使用本国境外联营银行方便。

知识窗

埃奇公司

"埃奇公司"形式仅在美国国内存在。在美国，埃奇公司是由联邦储备委员会核发执照的境内机构，根据《埃奇法》设立。埃奇公司可不接受国内存款，但可以经营国际银行与金融业务。埃奇公司可以持有由于国际贸易而产生的贷方余额，并在股东所在州以外地区设立机构。外国银行可以在一个州以上设立埃奇公司。《埃奇法》规定，埃奇公司的业务经营限制为总行国际银行业务的附带业务。这些业务包括持有来自国外的活期与定期存款、发行信用证、为贸易融资办理银行承兑汇票、参加银团贷款、参与外国金融机构的资本投资。它也是银行跨州经营业务的一种手段，另外税率高的州的银行可以利用埃奇公司把银行业务收入的一部分在税率低的州登记纳税。

第二节 国际结算与国际信贷

课前思考

贸易融资有哪些分类？银行应如何加强管理以防范贸易融资风险？

综合性银行经常为参与国际贸易活动的双方提供国际结算与国际信贷服务。这既为贸易活动提供贸易融资与资金往来便捷结算，也为银行自身增加信贷利息等表内收入与结算费用等表外收入。全球经济一体化背景下贸易融资包括出口贸易短期融资与中长期贸易融资两类。本节主要通过贸易融资来展示银行国际结算与国际信贷服务等传统国际业务。

一、出口贸易短期融资

常见出口贸易短期融资包括打包放款与进出口押汇。

打包放款又称信用证抵押贷款，它指银行以出口商收到的进口方银行开立的有效信用证或销售合同为抵押而向出口商提供的一种短期贷款，因该贷款初期主要用于解决受益人包装货物之需而称为打包放款。具体而言，出口商收到进口商所在地银行开出的信用证后，在采购与这笔信用证有关的出口商品或生产出口商品时，资金出现短缺时可用该信用证作为抵押向银行申请本外币流动资金贷款，用于弥补对出口货物进行加工、包装及运输过程中出现的资金缺口。银行应加强管理以防范信用证或销售合同的有效性风险。

进口押汇指在信用证结算方式下银行应进口商的请求对出口商开出信用证后，在接到议付行寄来的议付通知书索汇时，经审核验明单证相符后以进口商全套提货单据为抵押，代进口商向出口商垫付货款的贸易融资方式。银行应加强管理以防范进口押汇风险。首先是认真审核出口商交来的单据，只有在单证相符情况下才能对外垫付款项；其次是对进口商品国际国内行情进行认真了解以确定进口商品是否有良好的市场销路与营利性及保证押汇的按时收回；再次是审核同意押汇后双方要签订进口押汇协议书；最后是进口押汇属短期垫款，期限一般不超过 90 天，利息从银行垫款之日起开始计收，到期与本金一并归还。

出口押汇指在信用证结算方式下银行以出口商发运货物后取得的提货单据为抵押向出

口商提供的融资业务。办理出口押汇业务时收到出口商提交的信用证项下全套出口单据与出口押汇申请后，银行应认真审核开证行的资信与其他注意事项以加强风险管理。有下列情况之一则不做出口押汇，即审核不符或有疑点、开证行(或偿付行)资信或经营业绩不佳、索汇线路迂回曲折、开证行(或偿付行)所在国家或地区政局不稳定或已发生金融危机等。

二、中长期贸易融资

常见中长期贸易融资包括出口信贷与福费廷。

出口信贷指出口国为支持本国产品出口以增强国际竞争力，在政府支持下由本国银行向本国出口商或外国进口商(或银行)提供较市场利率略低的贷款，以解决买方支付进口商品所需资金问题。它有政府支持型贷款、贷款利率较优惠、与出口信贷保险相结合三方面特点。它根据贷款对象不同可分为卖方信贷与买方信贷。出口卖方信贷是指出口方银行向本国出口商提供商业贷款，出口商以此贷款为垫付资金而允许进口商赊购自己的产品与设备。一般应将贷款利息等资金成本计入出口货价中以将贷款成本转移给进口商。卖方信贷指出口商向国外进口商提供的延期付款信用方式。一般做法是在签订出口合同后，进口方支付 5%～10% 定金，在分批交货、验收及保证期满时再分期支付 10%～15% 货款，其余 75%～85% 货款则由出口商在设备制造或交货期间向出口方银行取得中长期贷款以便周转。当进口商按合同规定的延期付款时间付讫余款与利息时，出口商再向出口方银行偿还所借款项及应付利息。买方信贷指出口国政府支持出口方银行直接向进口商或进口商银行提供信贷支持,以供进口商购买技术与设备并支付有关费用。此类贷款与平常进货贷款一样较简单。

福费廷又称"包买票据"。这是银行为国际贸易提供的中长期融资方式。 在延期付款的国际贸易中出口商把经进口商承兑并经由进口地银行担保后，期限在半年以上(一般为5～10 年)的远期汇票，以贴现方式无追索权地出售给出口商所在地银行或其他金融机构，达到提前取得现款的目的。此类融资方式在延期付款的成套设备、机器飞机、船舶等贸易中运用广泛。它与一般贴现业务有四项区别：一是票据无追索权；二是票据多与出口大型设备相联系，包括数张等值汇票(或期票)，票据间隔时间一般为 6 个月；三是票据需要有一流银行作担保；四是贴现手续较复杂，贴现费用负担较高，除按市场利率收取利息外一般还要收取管理费、承担费、罚款等费用。它与保付代理业务有四项区别：一是用于大型成套设备交易，即金额较大、付款期限长、多在较大企业间进行；二是票据需进口商所在地银行担保；三是经进出口双方协商确定；四是业务内容单一，即主要用于大型成套设备出口与结算。

相比贸易短期融资，中长期贸易融资持续期长而不确定性因素多，因此商业银行对此国际业务管理除了应注意贸易融资全流程关键节点外，还应借由金融科技来进行管控。如反洗钱等。具体参见本章最后一节联邦学习技术。

📖 课后案例

在工信部发布的《2018 年中国区块链产业白皮书》中，建行浙江省分行办理的业内首笔跨行区块链福费廷交易入选区块链应用典型案例，充分展示了该行在区块链技术研究与应用的先发优势。据悉，该行从 2016 年开始研究区块链，2017 年 9 月起担任浙江省区块链技术应用协会副会长单位，目前在区块链贸易金融应用领域走在同业前列，是国内唯一实现区块链福费廷交易功能的银行。2017 年 11 月建行浙江省分行境内区块链福费廷业务落地，2017

年 12 月和 2018 年 1 月分别落地跨境区块链福费廷业务和跨行区块链福费廷业务。目前该分行福费廷链上交易近 300 笔，金额接近 200 亿元。

今后，浙江建行将继续在总行的大力支持和指导下，秉承"信任为要，客户中心，科技为器，服务至上，回归本源"的理念，积极探索区块链等金融科技的研究与应用，提升创新能力，扩大创新成果，推动构建"实业+金融+技术+监管"的生态圈。

（资料来源：人民网，2018 年 6 月 20 日）

问题分析

结合案例思考区块链金融科技如何有效促进银行开展国际业务？

第三节　外汇买卖与离岸金融

外汇交易有哪些分类？离岸金融市场有哪些市场？外汇买卖有哪些交易策略？

除了贸易融资过程中银行提供国际结算与国际信贷等国际业务外，我国商业银行传统国际化业务还包括外汇买卖。此外，离岸金融也是近年来我国商业银行跨国经营中常见的国际化业务。

一、外汇买卖

外汇是以外国货币标示、可用于国际结算的支付手段。主要包括可兑换外国货币、外币有价证券、外汇支付凭证与外币存款凭证等。外汇的作用主要表现在作为国际结算支付手段以促进国际贸易发展、调节国际资金余缺以促进资本在国际上移动、作为国际储备主要资产以代表国家对外经济实力三方面。外汇买卖是银行基本的国际业务，主要包括两方面内容：一是接受客户委托代理客户进行外汇买卖；二是银行自身为降低外汇风险以调整外汇头寸或自行经营而进行的外汇买卖。通常，银行通过外汇买卖来规避外汇风险及调剂外汇头寸。

(一)外汇市场

外汇买卖市场又称外汇交易市场或外汇市场，它指由外汇需求与外汇供给双方及外汇交易中介机构所构成的外汇买卖场所与网络。它的参与者主要包括各国中央银行、商业银行、非银行金融机构、经纪人公司、自营商与大型跨国企业等。它们交易频繁，交易金额巨大，每笔交易均在几百万美元，甚至千万美元以上。如据国家外汇管理局统计数据显示，2019 年 1—12 月中国外汇市场累计成交 200.56 万亿元人民币(等值 29.12 万亿美元)。

外汇市场分类多样。按组织形态可分为有形外汇市场与无形外汇市场，如国际外汇市场基本是无形外汇市场；按活动范围可分为国内外汇市场与国际外汇市场；按外汇交易类型可分为现货外汇市场与非现货外汇市场，如期货、远期、期权、互换等；按交易对象可分为批发外汇市场与零售外汇市场。此外，外汇市场又可称全球外汇市场，它是全球性 24 小时不间断运行市场。因为全球时差把世界各地外汇市场营业时间相互连接以不断进行交易，即每天凌晨位于澳大利亚惠灵顿与悉尼两城市外汇市场率先开市，接着亚洲的东京、中国香港与新加坡市场开始营业，然后欧洲的法兰克福、卢森堡、苏黎世与伦敦市场相继开市，直到美国纽约市场闭市时则澳洲市场又开始新一天的交易。

(二)外汇交易

外汇交易包括即期外汇交易、远期外汇交易、掉期外汇交易与外汇衍生交易。

1. 即期外汇交易

即期外汇交易指交割日或起息日为交易日后第二个工作日(即银行营业日)的外汇买卖。其中，交割日或起息日是外汇买卖合同到期日，在该日买卖双方互换货币。它是外汇交易中最基本的交易，可满足客户不同货币需求。根据交割日不同，即期外汇交易可分为三种：标准即期起息交易，即起息日为交易日后第二个营业日；明天起息交易，即起息日为交易日后第一个营业日；当日起息交易，即起息日为交易当天。即期外汇标价方法可分为直接标价法与间接标价法两种。直接标价法又称为应付标价法，它以外国货币为标准折算为本国货币来表示其汇率。在直接标价法下，外国货币数额固定不变，汇率涨跌都以相对的本国货币数额变化来表示。如包括我国在内的国际上大多数国家都采用直接标价法。间接标价法又称应收标价法，它以本国货币为标准折算为外国货币来表示其汇率。在间接标价法下，本国货币数额固定不变，汇率涨跌都以相对的外国货币数额变化来表示。

外汇市场上报价银行在报出外汇交易价格时一向采用双向报价法，即同时报出银行买卖价。在直接标价法和间接标价法下，报价是不相同的。直接标价法下银行报出的外汇交易价格是买价在前、卖价在后。

【例7-1】美元兑日元汇率为US$=JY115.70/115.80，前面数(JY115.70)表示报价银行买入美元付出日元的价格，后面数(JY115.80)表示报价银行卖出美元收回日元价格。间接标价法下银行报出的外汇交易价格是卖价在前、买价在后。

【例7-2】美元兑德国马克汇率为US$=DM1.6615/1.6625，前面数(DM1.6615)表示美国银行卖出德国马克价格，即客户用1美元只能买到1.6615德国马克；后面数(DM1.6625)表示美国银行买入德国马克价格，即客户要用1.6625德国马克才能买到1美元。

知识窗

合格境内外机构投资者(QDII)

合格境内机构投资者(QDII)是指符合《合格境内机构投资者境外证券投资管理试行办法》规定，经中国证监会批准在中华人民共和国境内募集资金，运用所募集的部分或者全部资金以资产组合方式进行境外证券投资管理的境内基金管理公司和证券公司等证券经营机构。在目前中国外汇管理体制下，参与合格境内机构投资者发起的各类理财产品，是中国境内投资者参与境外资本市场投资的合法途径。

合格的境外机构投资者(QFII)，QFII机制是指外国专业投资机构到境内投资的资格认定制度。QFII是一国在货币没有实现完全可自由兑换、资本项目尚未开放的情况下，有限度地引进外资、开放资本市场的一项过渡性的制度。这种制度要求外国投资者若要进入一国证券市场，必须符合一定的条件，得到该国有关部门的审批通过后汇入一定额度的外汇资金，并转换为当地货币，通过严格监管的专门账户投资当地证券市场。

2019 年 9 月 16 日,国家外汇管理局宣布,经国务院批准,决定取消 QFII/RQFII 投资额度限制。同时,RQFII 试点国家和地区限制也一并取消。

2. 远期外汇交易

远期外汇交易指以约定汇率在将来确定日期进行交割的外汇交易。其中,约定汇率称为远期汇率而交割日称为远期日。它的买卖报价采用远期汇率报价方法。它是期汇交易合同中规定的双方将来交割时所执行的协议价格。远期汇率实际上是银行对未来外汇市场即期价格的预测,银行通常根据目前即期汇率水平结合相互兑换两种货币各自当前利率水平及整个汇率走势把握来确定远期汇率水平。一般情况下,远期汇率标价方法仅标出远期升水数或贴水数。其中,升水指货币在外汇市场上远期汇价高于即期汇率;贴水指货币在外汇市场上远期汇价低于即期汇率。在直接标价法下远期汇率若升水,即在即期汇率基础上加上升水数即为远期汇率;远期贴水则在即期汇率基础上减去贴水数即为远期汇率。在间接标价法下则正好相反。远期汇率有买入价与卖出价,而远期汇率升水数与贴水数都有大小两个数。在直接标价法下远期汇率若升水则把升水数小数加入即期汇率买入价,把升水数大数加入即期汇率的卖出价。

远期外汇交易的主要作用是避险保值。不管是工商企业还是金融机构,都需确保其将来收入或支出的外汇或现有货币头寸不因汇率波动而遭受损失,这就需要用到远期外汇交易。除避险保值外,它还可用来投机获利。投机交易没有实际商业与金融业基础而单纯凭着对汇率走势判断来获取利润。

【例 7-3】某进出口企业有一笔进口业务,4 月初签订进口合同并将于 7 月 9 日支付 1000 万欧元。为规避汇率风险,公司于 4 月 8 日与银行续做远期外汇交易约定在 7 月 9 日按照远期成交价格用美元向银行购入欧元。到期日时买卖双方按约定汇率进行交割,以避免欧元上涨的汇率风险而锁定外汇成本。

总之,远期交易能够将未来收入与支出以事先确定成本固定从而规避汇率波动带来的风险与不确定性。

3. 掉期外汇交易

掉期外汇交易又称对冲交易或换汇交易,它指买卖双方在一段时间内按事先规定汇率相互交换使用另一种货币的外汇买卖活动。它通常包含两个方向相反的交易,即期买入(或卖出)一种货币而获得另一种货币,同时又卖出(或买入)另一种货币远期而到期时换回原来货币。它的目的主要是轧平外汇头寸以防止汇率变动而遭受的损失并不是单纯为了获利。一般掉期外汇交易中两笔方向相反的交易金额相同且使用汇率相等。在短期资本投资或资金调拨活动中,若将一种货币调换成另一种货币,为避免外汇汇率波动风险常运用掉期业务以防止可能发生的损失。

【例 7-4】一家美国贸易公司在 1 月份预计 4 月 1 日将收到一笔欧元货款,为防范汇率风险,公司按远期汇率水平同银行续做一笔 3 个月远期外汇买卖,买入美元卖出欧元,起息日为 4 月 1 日。但到 3 月底公司得知对方将推迟付款,即在 5 月 1 日才能收到这笔货款。因此公司可通过一笔 1 个月掉期外汇买卖,将 4 月 1 日头寸转换至 5 月 1 日。如一家日本贸易公司向美国出口产品收到货款 500 万美元。该公司需将货款兑换为日元用于国内支出。同时公司需从美国进口原材料并将于 3 个月后支付 500 万美元货款。此时公司可续做一笔 3 个月美元兑日元掉期外汇买卖，即即期卖出 500 万美元并买入相应日元，3 个月远期买入 500 万美元并卖出相应日元。通过上述交易公司可轧平其资金缺口以达到规避风险的目的。

掉期外汇交易按远期交割日不同可分为三种类型：即期对远期掉期交易，即一笔为即期交易而另一笔为远期交易的外汇组合交易；隔日掉期交易，即一笔交易在成交后第一个营业日(次日)交割而另一笔则成交后第二个营业日(次次日)交割的外汇组合交易；远期对远期掉期交易，即买进或卖出期限较短货币远期时而卖出或买进期限较长该货币远期的掉期交易。

4. 外汇衍生交易

金融衍生工具指在传统金融工具基础上派生出来的金融创新工具。外汇衍生工具则指价值会随一种或多种相关外汇市场基础变量(如利率与汇率)变化而变化的创新金融工具，其种类繁多、形式多样，但最主要的外汇衍生工具包括外汇期货、外汇期权与货币互换等。自 20 世纪 70 年代以来外汇衍生工具获得迅猛发展，到目前为止其交易额已远远超过外汇基础工具交易额。

1) 外汇期货交易

外汇期货交易指在有形外汇交易市场上由清算所向下属成员清算机构或经纪人以公开竞价方式进行具有标准合同金额与清算日期的远期外汇买卖。外汇期货交易始于 1972 年芝加哥商品交易所国际货币市场，而后其他期货交易所也开始设有外汇期货交易。目前外汇期货交易主要国际市场有伦敦国际金融期货交易所 LIFFE、巴黎 MATIF、法兰克福 DTB、新加坡 SIMEX、东京 TIFFE、悉尼期货交易所等。外汇期货交易制度包含以下五方面内涵。

一是订单或指令制度。所谓订单或指令指客户决定在外汇期货交易时向期货经纪商下达的买或卖某种外汇期货合约指示。二是公开叫价制度。外汇期货市场交易指通过公开叫价表示客户买或卖某种外汇期货合约要求。在激烈竞争的外汇期货市场上通过公开叫价竞争达成买卖外汇期货合约，有利于维护公平、公开与公正竞争原则以保护参与者利益。三是保证金制度。买卖双方需缴纳保证金，其目的是保障买卖双方的权利以作为买卖双方都能履行其权利或义务的保证。外汇期货市场通常会存在信用风险，若市场汇价出现不利一方的情况则会出现亏损，亏损达到一定程度则亏损方很可能会选择违约。因此，保证金制度可以防止买卖双方违约行为发生，使外汇期货市场能正常有序运行。它是外汇期货市场核心机制。四是逐日盯市制度。外汇期货市场每天都进行结算。当市场价格变动不利于投资者，保证金比例降到或低于维持保证金水准时，交易所即要求投资者将保证金追加到交易前水平；当价格变动有利于投资者而出现盈利时，投资者也有权从保证金账户将其获利部分提出。五是现金交割制度。大多数外汇期货交易者并非以实际买卖期货为目的，其目的在于投机。大多数期货合约都在交割日前以反向交易方式冲销掉，即买进再卖出或卖出再买进。据估计仅 5%左右外汇期货合约等到交割日到期时进行实际交割。因此，当合约进行现金结算时就按冲销汇价进行清算以计算头寸损益。

2) 外汇期权交易

外汇期权指期权买方向卖方支付期权费后，有权在约定期(到期日)或在此之前按约定汇率即履约价格买入或卖出特定数量外汇的权利。若市场价格比履约价格更有利，期权买方可选择不执行期权而任其到期作废。它的具体交易形式变化多端，基本形式可分为买入期权与卖出期权两种。看涨期权(买权)指期权买方到期买入被报价货币并卖出报价货币的期权。看跌期权(卖权)指期权买方到期卖出被报价货币并买入报价货币的期权。期权按行使权利可分为欧式期权与美式期权两类。前者指期权买方只能在期权到期日前第二个工作日，方能行使是否按约定汇率买卖某种货币权利；而后者灵活性较大而费用价格较高。外汇期权的优点是可锁定未来汇率及保值。由于其具有较大的灵活性，在汇率变动向有利方向发展时可从中获得有利机会。然而购买期权需支付手续费，若到期不执行期权则会增加企业成本。

【例 7-5】某公司手中持有美元并要在一个月后用日元支付进口货款，为防止汇率风险该公司向银行购买"卖美元买日元，期限为一个月，约定汇率为 132.12"欧式期权。那么该公司则有权在期权到期时以 1 美元=132.12 日元向银行购买约定数量日元。若期权到期时，市场即期汇率为 1 美元=132.52 日元，那么该公司可不执行期权，因为此时市场上即期汇率购买日元更为有利。相反，如果在期权到期时 1 美元=131.56 日元，则该公司可决定行使期权要求银行以 1 美元=132.12 汇率将日元卖给公司。由此可见，外汇期权业务的优点在于客户具有灵活选择性，对于合同尚未最后确定进出口业务时具有较好的保值作用。

3) 货币互换交易

互换指交易双方按市场行情约定在一定时期内相互交换货币或利率金融交易。互换可分为货币互换与利率互换。货币互换指交易双方相互交换不同币种、相同期限、等值资金债务或资产货币及利息的衍生外汇业务。它主要功能是提供避险保值服务与降低融资成本。其参与者有两种类型：其一是资金最终使用者，参与互换交易目的是从事融资、投资、理财及规避汇率与利率风险；其二是货币互换的中间人与经纪人，参与互换交易目的是安排交易并从中获取中介费收入。

银行在外汇互换交易中可充当交易一方或充当中介人。银行通过互换可降低筹资成本；通过互换工具可消除其敞口风险以尽量避免汇率风险与利率风险；外汇互换属表外业务可规避外汇管制、利率管制与税收方面的限制。因此，近年来外汇互换交易在国际金融市场上发展迅速。银行作为中介方参与互换交易时，它可运用公开或者非公开介绍的方式进行。其中，公开方式下银行将互换双方安排成面对面直接谈判。银行在这个过程中充当咨询和中介，因此不承担风险而仅收取包含介绍费与咨询费等在内的手续费；非公开方式下互换双方分别与银行签订合约，为此银行承担交易双方违约风险，这种风险是双重的。另外，银行为撮合这类交易向交易双方或一方出售，这将导致互换双方在期限或利息支付等方面承受不完全匹配的差额风险。因此，非公开方式下银行必须加强对风险的管理与控制；否则将与运用这种金融工具的本意相悖。

(三)外汇交易策略

外汇交易虽然可带来巨大收益，但银行又会招致对应的风险。因此银行在外汇交易中除了应遵循营利性、安全性与流动性三项经营原则外，还应在总经营原则下制定经营策略。

1. 准确预测汇率

汇率经常发生变化。影响汇率变动的因素既有经济方面的因素，也有非经济方面的因素。汇率上涨或下降往往是各种因素相互交织与综合作用的结果。因此，应对汇率进行基本分析，与技术分析，力求准确把握汇率中长期走势而选择买卖合适时机，以作出正确交易决策。

2. 选择合适交易方

选择资信良好与作风正派的交易方是外汇交易安全顺畅实现的前提。选择交易方应考虑四个因素。一是交易方服务。它包括及时向对手提供有关交易信息、市场动态及它们对经济指标或未来汇率波动产生影响的预测程度等。二是交易方资信度。它包括资信度与交易方实力。其中，交易方资信度高低直接影响交易风险，若交易方资信不佳则银行在外汇交易过程中承担信用转移风险概率加大。三是交易方报价速度。它的快慢是衡量指标，即优质交易方报价速度快，方便银行抓住机会以尽快促成外汇交易。四是交易方报价水平。交易方应在报价上显示出很强能力，报价基本能反映市场汇率动向与走势，具有竞争性与代表性。

3. 严格交易程序与规则

银行不仅要建立完善外汇交易程序与规则来控制风险，而且还要了解、掌握并遵循相关交易程序规则以使稳健经营原则贯穿始终。

4. 培养高素质交易员

外汇交易员素质高低直接影响银行盈利高低。高水平外汇交易员应具备良好的心理素质、道德修养与专业能力。银行必须有意识选拔、培养人才，并为其提供适宜成长的环境。

🏅 课中案例

央行：落实取消合格投资者境内证券投资额度管理要求

为贯彻落实党中央、国务院决策部署，进一步扩大金融业对外开放，2020年5月7日，中国人民银行、国家外汇管理局发布《境外机构投资者境内证券期货投资资金管理规定》(中国人民银行 国家外汇管理局公告〔2020〕第2号，以下简称《规定》)，明确并简化境外机构投资者境内证券期货投资资金管理要求，进一步便利境外投资者参与我国金融市场。《规定》主要内容包括：一是落实取消合格境外机构投资者和人民币合格境外机构投资者(以下简称合格投资者)境内证券投资额度管理要求，对合格投资者跨境资金汇出入和兑换实行登记管理；二是实施本外币一体化管理，允许合格投资者自主选择汇入资金币种和时机；三是大幅简化合格投资者境内证券投资收益汇出手续，取消中国注册会计师出具的投资收益专项审计报告和税务备案表等材料要求，改以完税承诺函替代；四是取消托管人数量限制，允许单家合格投资者委托多家境内托管人，并实施主报告人制度；五是完善合格投资者境内证券投资外汇风险及投资风险管理要求；六是人民银行、外汇局加强事中事后监管。

(资料来源：澎湃新闻，2020年5月7日)

问题分析

结合案例思考该《规定》会对我国银行业外汇买卖国际业务产生什么影响？

二、离岸金融

离岸金融业务指在本国境内发生的外国机构(或个人)之间以外币进行的交易。由于其资金来源于境外，资金运用也在境外，因此俗称是"两头在外"的银行业务。其服务对象为非居民，具体指境外(含中国台、港、澳地区)自然人、法人(含在境外注册的中国境外投资企业)、政府机构、国际组织与其他经济组织，包括中资金融机构的海外分支机构，但不包括境内机构的境外代表机构与办事机构。

离岸金融业务与传统在岸金融业务有较明显的区别，其特点主要体现为一是交易对象以非居民为主体，通常是银行与跨国公司而不对本国居民开放。二是管制较少。离岸金融中心往往没有或很少管制，具有地理优越性政策优惠、政治稳定等特点。如税收优惠、免缴存款准备金与存款保险、取消利率限制或放松外汇管制等。三是属于批发性银行业务。其存贷金额较大，交易额应在一定起点之上。

离岸金融市场根据业务范围有"内外一体型""避税港型""内外分离型"与"分离渗漏型"四种主要类型离岸金融市场。

其一是"内外一体型"。它指境内外金融市场业务融为一体。居民与非居民均可从事各种货币的存贷款业务，银行离岸业务与在岸业务没有严格界限。较为典型的一体式金融市场为伦敦离岸金融市场与中国香港离岸金融市场。内外一体型离岸金融市场模式代表着国际离岸金融市场的发展方向。

📖 知识窗

伦敦离岸金融市场

伦敦离岸金融中心，始于 20 世纪 50 年代末的欧洲美元市场，是国际上形成最早也是最大的离岸金融市场，作为第一代国际金融中心，其基本设施、交易技术以及人才储备等都有着深厚的基础。

其二是"避税港型"。该类型市场没有实际离岸资金交易，只是办理其他市场交易记账业务，目的是逃避交易市场所在地税收。其主要位于自身经济规模极小的小型国家或地区，因所处位置政局稳定、税赋低，产生的投资效应、就业效应与国民收入效应很低，该类型市场以加勒比海地区开曼与巴哈马的离岸经济为代表。

其三是"内外分离型"。境内金融业务与离岸金融业务分账处理。居民存贷款业务与非居民存贷款业务分开。一方面便于金融管理当局对在岸业务与离岸业务分别加以监管，另一方面可较为有效地阻挡国际金融市场对国内金融市场的冲击。该类型市场以纽约、新加坡和东京的离岸经济为代表。

📖 知识窗

新加坡离岸金融市场

新加坡离岸金融中心，由于有政府的强力扶持和严格监督，并针对亚洲金融市场的特点首创了有特色的亚洲美元金融市场和金融期货市场，从而使新加坡能在对制度灵活自由的中国香港和资金实力雄厚的日本的竞争中，迅速发展成为东南亚地区影响最大的国际金融中心。

其四是"分离渗透型"。该类型市场基础是分离型，其模式是在将境内金融业务与离岸金融业务分账处理前提下，居民存款业务与非居民存款业务分开，根据经济发展引资需要允许一定比例离岸账户资金流入。这种类型主要出现在发展中国家，典型的如雅加达离岸金融市场。

离岸金融业务包含多样形式，具体有存款、放款、国际证券发行、离岸票券融资、离岸商业本票、存款票券与转动承办融资等。

存款形式包括通知存款、定期存款与存单等。通知存款指隔夜至 7 天存款，可随时发出通知提取。定期存款分 7 天、1 个月、3 个月，最长不超过 5 年，尤以 1 个月与 3 个月定期存款最为常见，每笔存款不得低于 5 万美元。存单是银行发行的存款证明，具有不记名可转让的特点，可在二级市场上出售。它按期限可分为短期存单与中期存单(1～5 年)，按利率可分为固定利率存单与浮动利率存单。存单币种以美元居多，其最低面额为 10 万美元，发行对象主要是银行或非银行金融机构投资者。自 20 世纪 70 年代以来存单很快成为主要筹资工具，在欧洲货币市场与亚洲货币市场较流行。但在有些离岸金融市场因担心美元资产外流而对存单发行进行限制。而放款形式有银行同业短期拆放、中长期放款与发行欧洲债券三种。银行同业短期拆放主要凭信用，期限短则隔夜，长则不到 1 年。中长期放款金额大与期限长，往往采用银团贷款形式，采用定期浮动计息，每 3 个月或 6 个月定期浮动一次。发行欧洲债券按发行条件可分为发行固定价格债券、浮动利率票据、可转换债券、授权证债券与合成债券五种。

欧洲货币市场上有新的离岸金融业务形式，它主要有多种货币贷款、灵活偿还期限贷款、分享股权贷款与多种选择贷款等。其中，分享股权贷款指贷款人愿意接受低于市场的利率来分享贷款项目的股权，这种放款方式可使借贷双方共同分担项目风险。而多种选择贷款是灵活的辛迪加贷款，银行允许借款人在银行帮助下选择多种融资方式。

知识窗

辛迪加贷款

辛迪加贷款又称"银团贷款"，是由一家或几家银行牵头，若干家商业银行联合向借款人提供资金的贷款形式。借款人只需委托一家银行牵头组织贷款，手续方便；借款成本 (包括利息和各种费用) 相对较低；贷款金额大，可达数十亿美元；贷款期限长，从 3 年到 15 年不等，通常采用分期偿还方式，大部分采用浮动利率。借款人多为各国政府机构、国际机构和大公司。

(资料来源: 庄毓敏. 商业银行业务与经营[M]. 5 版. 北京: 中国人民大学出版社，2008.)

随着金融管制放松，商业银行参与国际证券发行程度将更深更广。目前，国际债券(包括外国债券与离岸债券)、国际股票(包括多重挂牌上市、存托凭证与离岸股票)渐渐成为跨国公司重要的融资手段。 其中，存托凭证是国际股票融资的主要方式，它专为非本国公司提供股权融资。如中国、日本、英国、荷兰、德国、澳大利亚等国的许多公司都利用美国存托凭证(ADR)在美国获得资金。除了美国接受外国企业(泛指非美国公司)以 ADR 方式在美国融资外，英国与荷兰也接受外国公司此类融资要求。

离岸票券是短期性融资工具。它是由公司、银行与政府筹集资金时所使用的短期融资工具。其特点是到期日 1～6 个月不等、以浮动利率为主(如 LIBOR+1/8%)、发行方式同票券发行融资相似。离岸商业本票也是短期性融资工具。其特点是发行者信誉良好(多为信誉良好的大公司、国际银行或政府)、无抵押担保承诺票据、不通过银团承销(由第三者直接出售给保险公司、共同基金等投资者)。与国内商业票据相比，其到期日较长、信用等级较低、次级市场交易活跃。

存款票券指由国际银行与世界银行所发行的中长期无抵押担保票券。其到期日一般为 9 个月、5 年、20 年等，还可长达 30 年，发行利率为固定利率或浮动利率。存款票券面值与到期日以投资者需求而定，通过经纪商发售，发行面额不是一次就以大额方式发行而是以多次小额度方式发行。在合约有效期内，借款人可多次通过银团发行票券筹集资金。银团组织固定不变，每次融资都由相同银团承办促销。

总之，相比银行的传统国际业务，离岸金融形式多样交易也更灵活，它在带来银行高收入的同时也带来高风险。银行对离岸金融业务管理应注意离岸金融交易的合法合规性。如潜在的反洗钱问题。

第四节　联邦学习技术

课前思考

什么是联邦学习技术？联邦学习技术是否有助于银行业国际化业务的开展？

本节在银行国际化背景下介绍有助于商业银行数据开源共享的联邦学习技术。联邦学习技术是新兴人工智能基础技术。2016 年谷歌最先提出此概念，原本用于解决安卓手机终端用户在本地更新模型的问题，其设计目标是在保障大数据交换时的信息安全、保护终端数据与个人数据隐私、保证在合法合规的前提下，多参与方或多计算节点之间开展高效率的机器学习。其中，联邦学习技术可使用的机器学习算法不局限于神经网络，还包括随机森林等重要算法。联邦学习技术有望成为下一代人工智能协同算法与协作网络的基础。2019 年年初微众银行正式开发全球首个工业级联邦学习技术框架 FATE，并开始尝试将联邦学习技术应用于金融业务中。

作为分布式机器学习范式，联邦学习技术能够有效解决数据孤岛问题，让参与方在不共享数据基础上联合建模，从技术上打破数据孤岛。联邦学习技术已在关键金融领域取得进展。如联合反洗钱建模、联合信贷风控建模、联合权益定价建模、联合客户价值建模等。相比其他领域，金融领域对数据管控更严格，对数据隐私更重视，因此也是最需要通过技术手段解决数据孤岛问题的领域。如 2020 年微众银行人工智能部副总经理陈天健表示，信贷风险管理、核保风险评估等都是联邦学习技术较适合的金融应用。他认为由于风险价格是金融产品价格的主要组成部分，相对于其他领域，金融应用更着力于风险量化，基于联邦学习技术的风险量化模型能通过扩展数据维度以显著改善风险量化能力，从而降低整体金融产品价格，并提升金融服务对社会大众的可得性。

联邦学习技术包括三大分类体系实践。具体而言，横向联邦学习技术指两个数据集用户特征重叠部分较大而用户重叠部分较小；纵向联邦学习技术指两个数据集用户重叠部分较大而用户特征重叠部分较小；联邦迁移学习指通过联邦学习技术与迁移学习，解决两个数据集用户与用户特征重叠部分都比较小的问题。不同的分类体系，适合解决金融领域不同场景下的问题。以下以横向、纵向联邦学习技术为例来进行思考。

课中案例

横向联邦学习技术

首先我们来了解一下横向联邦学习技术的应用实践。陈天健表示，横向联邦学习技术的特点是数据特征相同，样本 ID 不同，金融领域的常见应用是银行处理反洗钱。反洗钱在银行的日常运作中起着重要作用。但确定交易记录是否为洗钱活动很无聊且容易出错。传统上银行使用基于规则的模型来过滤那些明显的非洗钱记录并手动查看其余记录。这类基于规则的模型可以提供很多帮助，但由于覆盖范围较小，因此人工审核仍然会花费大量时间。此外，虽然传统模型在已知的传统情况下效果很好，但对于未知情况，如新的洗钱形式等却显得缺乏认知。而通过横向联邦学习技术，各个机构无须建立物理模型即可共享通用模型，这可以有效解决该领域样本少，数据质量低的问题。如在不共享用户数据的前提下，微众银行联合多家银行建立了反洗钱模型，经过模拟测试这一模型参与银行越多其性能就越高。这一应用中所使用到的联邦训练模型称为同质逻辑回归(Homo-LR)。所有银行都能提供同类数据，这意味着它们具有相同的特征，但具有不同的样品编号。

纵向联邦学习技术

其次是纵向联邦学习技术，特点是数据特征不同与样本 ID 相同，这种方法可以应用在风控信贷方面。近年来在国家政策的支持下，小微企业贷款受到越来越多关注，已成为衡量银行发展潜力和能力的重要指标。由于风险过高，许多银行不愿向小微企业贷款，因此如何规避风险并降低小微企业的不良率尤为重要。目前，大多数银行都将白名单机制用于小微企业贷款的风险管理，而白名单是通过筛选规则和风险模型来实现的。规则和风险模型都取决于小型和微型企业及其控制者的相关数据。对于风险管理，相关数据可以包括中央银行的信用报告、税收、声誉、财务、无形资产等。但是对银行而言，实际上只有中央银行的信用报告而拿不到其他有效信息。纵向联邦学习技术为模型训练提供了一种可行的方式：不将数据泄露给其他人，并且可以实现等效或接近完整数据模型的效果。举例来说，假设银行拥有标签 Y 和中央银行信用报告特征 X3，合作公司拥有相关数据 X。因为缺少 Y 的信息合作公司无法训练模型，但因为隐私安全问题又不能直接将数据 X 传给微众银行，通过联邦学习技术找到两者之间的交集，如纳税人识别号。但这项工作不能让另一方知道，利用 RSA 加密技术合作公司可以通过与加密的中间结果(而不是原始用户数据)交互来安全地得到相关信息。陈天健表示，银行目前能够结合发票开票金额与央行的征信数据等标签属性进行联合建模，将小微企业风控模型区分度——AUC of ROC(衡量模型区分好坏样本的评估标准之一)提升12%。最后则是走在科技前沿的联邦迁移学习技术。陈天健表示，联邦迁移学习技术目前还处于研究阶段，是纵向联邦学习技术和横向联邦学习技术的一种增强、提升和统一，实际工业应用还有待进一步开发。

金融企业实践建议

陈天健结合微众银行的实践经验给出了一些建议。他表示，首先金融企业需要意识到数据规制的严格化是个趋势性问题，因此需要在制定企业长期发展所依赖的数据战略时，将联邦学习技术作为数据发展战略的一个重要组成部分。其次与大数据打交道最为频密的中台部门，如风险管理部，需要牵头对联邦学习技术应用进行验证和改进，以一个示范应用为突破，再推广到其他。再次需要选择比较靠谱的合规数据合作伙伴，因为联邦学习技术是一种数据保护技术，并不是数据保护的全部。联邦学习技术合规性的前提是假定各方数据采集的过程都是合规的，这一点一定要保证。最后技术层面要选择开放、开源、可被第三方审计的技术。

一方面，开源可保证技术供应的连续性；另一方面，开源可保证第三方审计的可行性。如现已变成 Linux 基金会托管的联邦学习技术国际项目 FATE 会是一个比较好的选择。

(资料来源：腾讯云社区，2020 年 3 月 10 日)

问题分析

1. 结合案例思考联邦学习技术是否有助于银行业国际化业务开展？
2. 请思考通过联邦学习技术，商业银行是如何实现与其他机构"开放、合作、共赢"的？

财商小剧场

【思考 1】中国金融开放会引起金融危机吗？

【问题解析】2010 年中国一跃成为全球第二大经济体。自此日本终结了"二战"后 40 多年仅次于美国的"经济奇迹"。但中国的资金水域相对封闭。如较严苛限制外资机构在银行、证券与保险等金融领域持股的比例与业务范围；较审慎监管外资机构与外国人的资金账户；人民币不能完全自由兑换及跨境资本交易受限。这些限制都会对银行国际化及其国际化业务开展产生影响。那是否应抓紧"开放"，将这些限制取消，让中国资金水域完全与世界融通呢？

我们先将"金融开放"拆解成两个层次：第一层次是"金融服务业开放"，它有助于提高金融业水平，使普通投资者支付更低费用及享受更好金融服务，也能提升中国在世界市场的信用水平；第二层次是"金融资本开放"又称"资本项目开放"，但若时机不合适就会引发金融危机，让国家经济增长与普通投资者遭遇损失困境。因此，我们要加快对外开放金融服务业领域的步伐与力度；但在金融资本开放领域，我们应谨慎，切忌操之过急。这样分两层次、两步走的中国金融开放，可在一定程度上避免金融危机。

【思考 2】第一层次金融服务业开放对普通投资者钱袋子有何影响？

【问题解析】什么是金融服务业开放？简单地讲，就是放开对境外金融机构(即保险、银行、证券、信托等)在中国开展业务的限制，让它们可以在国内提供"金融服务"。OECE 编制的 STRI 指数是世界通用的衡量"服务贸易限制程度"的指标，该指数值越高意味着国家在某行业"外资限入、竞争限制与监管透明度"等方面限制越多。我国银行业 STRI 指数(0.41)劣于国际平均水平(0.24)，因此国际社会对我国金融开放的诟病一直很多。

相比国际我国金融服务业还比较落后，很多都是拿来主义。如我国第一村镇银行是中国香港上海汇丰银行设立的、无抵押信用贷款是渣打银行试点发行的、保险个人代理销售模式是友邦保险引进的。2018 年外资私募巨头贝莱德发行贝莱德中国 A 股票机遇私募基金 1 期，管理费率仅 0.75%/年，业绩报酬计提比例仅 10%，而我国目前私募是 2%管理费率与 20%业绩报酬计提。

由此可见，外国金融机构进入加快了国内金融机构的学习过程，也倒逼国内银行业业务能力与服务水平不断提高。这在普通投资者看来，就是"金融服务供给"增加了。市场提供服务的人多了，那么由此带来的市场竞争加剧必然有助于服务质量的提高与服务费用的下降。

此外，中国政府开放金融服务业的姿态也给世界释放了一个坚定的信号，即中国连金融行业都坚持"开放"则市场化大方向不会发生改变。信用时代 "让人相信"与"稳定预期"是国家、企业、甚至个人的最大资产。你给人信念越强则他人对你预期越稳定。创造货币与财富能力越强则融资成本越低。请进一步思考，如果完全限制外资金融机构进入，那么现在中国可能会面临何种境遇？

📚 本章小结

(1) 商业银行国际化很大程度上是通过国际业务来体现的，因此银行业务国际化已然成为其国际化发展的必然趋势。从广义上讲，银行国际业务指所有涉及外币或外国客户的活动。与国内业务相比，其在交易对象、业务规模与空间上具有显著区别。同时，经营环境的复杂程度与不可预见性使其在安全性与流动性上的要求也高于国内同类业务。但它是国内业务的延伸，已成为各银行合理规避管制、分散风险与追逐高利润的重要手段。本章主要介绍了商业银行国际结算、国际信贷、外汇买卖与离岸金融等国际化业务及其管理，并在银行国际化背景下介绍了有助于商业银行数据开源共享的联邦学习技术。

(2) 国际业务是银行的重要业务，它是银行追逐高利润的重要手段。近年来，银行收入结构中国际收入超过国内收入，甚至有些银行靠国际业务盈余来弥补国内亏损。国际业务经营目标符合银行经营的"三性"，但也有其特殊性。基于此，它的营利性目标应强调三点：其一是维持与扩大其在国际银行业务市场中的份额；其二是获取较高或有利的信贷利润率；其三是全球范围内建立及发展广泛的客户联系。

同时，由于国际业务经营环境的复杂性及不可预见性远高于国内业务，由此它的安全流动性目标也应强调三点：第一是建立银行内部风险评估系统及确定防范风险的措施以减少由国家风险所造成损失的可能性；第二是加强银行信用管理以降低银行国际业务的信用风险；第三是加强外汇风险管理。国际业务风险除了利率风险、信用风险与流动性风险外还包括汇率风险。

(3) 银行国际业务只能通过组织机构实施及运作才能完成。目前，中小型银行直接通过总部国际业务部开展有关业务，而大型银行乃至跨国银行则大都通过其国外分行、分支机构或国外代理行等来经营国际业务。由于各国对外开放程度及管制不一，各家银行的实力、信用及战略不同，各国文化、历史、法律环境差异较大，因此，银行在国际业务组织机构设计上必然存在较大差异。常见组织结构包括代表处、代理机构、附属银行、海外分支行、国际联合银行与总部等。

(4) 综合性银行经常为参与国际贸易活动的双方提供国际结算与国际信贷服务。这既可为贸易活动提供贸易融资与资金往来便捷结算，也可为银行自身增加信贷利息等表内收入与结算费用等表外收入。全球经济一体化背景下贸易融资包括出口贸易短期融资与中长期贸易融资两类。常见出口贸易短期融资包括打包放款与进出口押汇。常见的中长期贸易融资包括出口信贷与福费廷。除了在贸易融资过程中银行提供国际结算与国际信贷等国际业务外，我国商业银行传统国际化业务还包括外汇买卖。此外，离岸金融也是近年来我国商业银行跨国经营中常见的国际化业务。

(5) 外汇买卖是银行的基本国际业务，主要包括两方面内容：一是接受客户委托代理客户进行外汇买卖；二是银行自身为降低外汇风险以调整外汇头寸或自行经营而进行的外汇买卖。通常银行进行外汇买卖以规避外汇风险及调剂外汇头寸。外汇交易包括即期外汇交易、远期外汇交易、掉期外汇交易与外汇衍生交易。金融衍生工具指在传统金融工具基础上派生出来的金融创新工具。外汇衍生工具则指价值会随一种或多种相关外汇市场基础变量(如利率与汇率)变化而变化的创新金融工具，其种类繁多、形式多样，但最主要的外汇衍生工具包括外汇期货、外汇期权与货币互换等。自 20 世纪 70 年代以来外汇衍生工具获得迅猛发展，到目前为止其交易额已远远超过外汇基础工具交易额。

(6) 离岸金融业务指在本国境内发生的外国机构(或个人)之间以外币进行的交易，由于其资金来源于境外，资金运用也在境外，因此俗称是"两头在外"的银行业务。其服务对象为非居民，具体指境外(含中国台、港、澳地区)自然人、法人(含在境外注册的中国境外投资企业)、政府机构、国际组织与其他经济组织，包括中资金融机构的海外分支机构，但不包括境内机构的境外代表机构与办事机构。离岸金融市场根据业务范围有"内外一体型""避税港型""内外分离型"与"分离渗漏型"四种主要类型离岸金融市场。离岸金融业务包括多样形式，具体有存款、放款、国际证券发行、离岸票券融资、离岸商业本票、存款票券与转动承办融资等。

(7) 联邦学习技术是新兴的人工智能基础技术。2016 年谷歌最先提出此概念，原本用于解决安卓手机终端用户在本地更新模型的问题，其设计目标是在保障大数据交换时的信息安全、保护终端数据与个人数据隐私、保证在合法合规的前提下，多参与方或多计算节点之间开展高效率的机器学习。其中，联邦学习技术可使用的机器学习算法不局限于神经网络，还包括随机森林等重要算法。联邦学习技术有望成为下一代人工智能协同算法与协作网络的基础。2019 年年初微众银行正式开发全球首个工业级联邦学习技术框架 FATE，并开始尝试将联邦学习技术应用于金融业务中。

(8) 作为分布式机器学习范式，联邦学习技术能够有效地解决数据孤岛问题，让参与方在不共享数据基础上联合建模，从技术上打破数据孤岛。联邦学习技术已在关键金融领域取得进展。如联合反洗钱建模、联合信贷风控建模、联合权益定价建模、联合客户价值建模等。

 练习与思考

一、名词解释

1. 存款票券
2. 打包放款
3. 福费廷
4. 国际银团贷款
5. 远期外汇交易
6. 外汇期货交易
7. 货币互换交易
8. 离岸金融
9. 分离渗透型离岸金融市场

二、简答题

1. 银行业务国际化的原因有几个?

2. 福费廷业务与一般贴现业务和保付代理业务有什么区别?

3. 外汇期货交易制度有哪些?

4. 离岸金融市场的分类有哪些?

三、单选题

1. 从事国际短期资金借贷的市场是(　　)。
   A. 货币市场　　　　B. 黄金市场　　　　C. 外汇市场　　　　D. 资本市场

2. 关于离岸金融市场的说法中,不正确的是(　　)。
   A. 与各国国内金融市场相对立　　　　B. 交易货币一般是市场所在国发行的
   C. 交易双方一般是市场所在地的非居民　　D. 政策管制上较为灵活

3. 按照浮动汇率制度下国际收支的自动调节机制,当一国国际收支出现逆差,则汇率变动情况为(　　)。
   A. 外汇汇率下降　　　　　　　　　　B. 本币汇率上升
   C. 外汇汇率上升,本币汇率下降　　　　D. 本币汇率上升,外汇汇率下降

4. 国际储备的最基本作用为(　　)。
   A. 干预外汇市场　　　　　　　　　　B. 充当支付手段
   C. 弥补国际收支逆差　　　　　　　　D. 作为偿还外债的保证

5. 汇率标记采用直接标价法的是(　　)。
   A. 英国　　　　B. 中国　　　　C. 美国　　　　D. 澳大利亚

6. 除美元外所有货币的第二大交易市场是(　　)。
   A. 伦敦外汇市场　　　　　　　　　　B. 纽约外汇市场
   C. 东京外汇市场　　　　　　　　　　D. 新加坡外汇市场

7. 下列说法正确的是(　　)。
   A. 外汇风险的结果即遭受损失
   B. 外汇风险都是由于外汇汇率变化引起的
   C. 交易风险不是国际企业的最主要的外汇风险
   D. 外汇风险对企业生存无足轻重

8. 本币贬值的作用(　　)。
   A. 有利于货物与劳务进口　　　　　　B. 有利于货物与劳务出口
   C. 有利于资本流出　　　　　　　　　D. 有利于资本流入

9. 国际收支不平衡是指(　　)不平衡。
   A. 自主性交易　　　　　　　　　　　B. 调节性交易
   C. 资本金融账户交易　　　　　　　　D. 经常账户交易

10. 国际储备运营管理有三个基本原则是(　　)。
    A. 安全、流动、盈利　　　　　　　　B. 安全、固定、保值
    C. 流动、保值、增值　　　　　　　　D. 安全、固定、盈利

四、多选题

1. 国际金融中心的形成条件有(　　)。

　　A. 强大繁荣的经济基础　　　　　　　B. 安定和平的政治基础

　　C. 高效健全的金融制度　　　　　　　D. 分布集中的金融机构

2. 按照国际金融市场产生的历史可将国际金融市场分为(　　)。

　　A. 传统的国际金融市场　　　　　　　B. 黄金市场

　　C. 新型的国际金融市场　　　　　　　D. 资本市场

3. 辛迪加贷款的特点是(　　)。

　　A. 贷款数额大　　　　　　　　　　　B. 贷款期限长

　　C. 利息较低　　　　　　　　　　　　D. 利息较高

4. 国际债券是在国际证券市场上筹资,发行对象为众多国家的投资者主要为(　　)。

　　A. 外国债券　　　　　　　　　　　　B. 欧洲债券

　　C. 武士债券　　　　　　　　　　　　D. 扬基债券

5. 欧洲债券按发行方式可分为(　　)。

　　A. 短期债券　　　　　　　　　　　　B. 长期债券

　　C. 公募债券　　　　　　　　　　　　D. 私募债券

微课视频

扫一扫获取本章相关微课视频。

7.1.1 资产负债管理概述(一).mp4

7.1.2 资产负债管理概述(二).mp4

7.2.1 构建银行财商(一).mp4

7.2.2 构建银行财商(二).mp4

第八章　商业银行资产负债管理

【本章提要】

　　资产负债管理是现代商业银行管理的核心内容。在现代商业银行管理领域，资产负债具有特定内涵，它不能简单等同于商业银行资产与负债管理，而通常是指商业银行各种业务管理，也就是商业银行全方位的管理方法，即银行为实现已确定经营目标对银行各种业务进行协调管理。纵观世界商业银行管理发展历程，其经历了资产管理、负债管理与资产负债综合管理三个阶段。本章主要介绍商业银行三阶段管理理论演变及其管理策略，并引导读者思考金融科技如何赋能商业银行资产负债综合管理。

【学习目标】

- 熟悉并掌握商业银行三阶段管理理论演变及其管理策略。
- 引导读者思考金融科技如何赋能商业银行资产负债综合管理。
- 构建逻辑、辩证与批判等科学思维、创新意识与创新兴趣。理解金融科技的哲学基础与金融科技为民要义，树立与时俱进、终身学习的理念。

开篇案例与思考

资管新规下商业银行资管业务的转型路径

　　2017年11月17日，央行联合银监会、保监会、证监会、外汇局发布《关于规范金融机构资产管理业务的资管新规(征求意见稿)》，提出打破刚兑、净值化管理、禁止资金池、规范期限错配、消除多层嵌套和通道的监管要求，内容涉及商业银行资管的同业业务、委外业务、保本理财业务以及非标通道业务等方面。结合目前商业银行资管业务现状，新规下商业银行资管业务转型发展任重道远。

(资料来源：搜狐网，2018年1月24日)

资管新规的延期体现了监管尊重市场主体

　　关于资管行业未来前景，证监会原副主席屠光绍认为资管行业与监管互动可以让资管行业的未来前景更广阔，具体来讲表现在三个方面：首先，监管的再定位使资管市场发展路线更清晰。他表示，对于资管市场以及资管行业，政府监管提出了九个字的再定位，即建制度、不干预、零容忍。对于资管行业来说，一要建制度，二要遵从市场规律，不能干预市场，三要做到对违规行为的零容忍，监管保护的是投资人的权益，这个互动会让整个资管市场、资本市场更加纯粹。其次，资管市场化进程与政府监管体系的再协调。他强调，过去资管行业分布在不同的领域，承载在不同的金融机构，这些都是分业管理的，所以会有监管标准不一致的现象出现，现在监管部门出台了新的监管体系，促使资管行业管理更积极有效。最后，资管新规对于资本市场产生了积极的影响。屠光绍表示，资管市场的市场化进程使监管的方式也开始进行了调整，最明显的就是资管新规的出台。此外，资管新规的延期实施和实行也体现了监管尊重市场主体的一种方式和理念。所以，资管市场与政府监管的互动会为资管行业市场化改革和资管市场本身的自律和规范带来非常积极的影响。

(资料来源：新浪新闻，2020年8月25日)

问题分析

结合案例思考历经近三年时间，资管新规发生了什么变化？进一步思考资管新规对银行资产负债管理有什么影响？

第一节　资　产　管　理

课前思考

> 商业银行资产管理理论产生的时代背景及其理论内涵。

资产管理是商业银行三阶段管理的第一阶段，是以银行资产流动性为重点的传统管理方法。20世纪50年代前各国银行业普遍采用此管理战略。这是基于社会生产力低下，银行负债来源较为固定、业务范围狭窄，国内外金融市场不够发达，银行家们普遍认为既然银行存款种类、数量及银行能借入资金主要由客户决定，那么银行经营管理的重要决策领域不是负债而是资产，即银行只需对贷款者资质进行决策。而银行利润主要源于资产业务，以资产流动性实现银行三性目标。该理论历经商业贷款理论、资产转移理论、预期收入理论与超货币供给理论四个时期。伴随这四个时期的发展，银行资产范围逐步扩大，以致银行利润也逐步提高。

一、商业贷款理论

商业贷款理论又称生产性贷款理论，是最早的资产管理理论，由18世纪英国经济学家亚当·斯密在其《国富论》中提出。它认为银行资金来源主要是流动性很强的活期存款，因此其资产业务应主要集中于短期自偿性贷款，即基于商业行为能自动清偿的贷款，如短期工商业流动资金贷款。这有助于保持与资金来源高度流动性相适应的资产高度流动性。由于强调贷款自动清偿，该理论又被称为"自动清偿理论"。此外，该理论强调银行贷款以商业行为为基础并以真实票据为抵押，该理论还被称为"真实票据论"。

商业贷款理论产生于资本主义自由竞争阶段，对银行业务经营曾发挥过积极作用。首先它保证了银行的流动性与安全性。其次它适应了商品交易对银行信贷的需要。银行信贷随商品交易规模扩大或缩减可进行自动调节以避免通货膨胀或通货紧缩。因此该理论至今仍对银行经营方针具有重要作用，它是整个资产负债管理理论的基础。但它因偏重资产流动性而存在一定缺陷。随着资本主义经济发展该缺陷越来越明显，主要表现在四方面。首先该理论忽视国民经济发展对贷款需求的扩大与贷款多样化的需求。若固守该理论则银行业务经营会受限则银行会处于竞争劣势，也会阻碍经济高速发展。其次该理论忽视银行存款的相对稳定性。随着经济发展银行定期存款比重上升、稳定性增强、银行资金可用度增大，则该理论的弊端日益突出。再次该理论忽视贷款自我清偿的外部条件。贷款清偿既受制于贷款性质又取决于市场状况。最后该理论助长了经济波动。根据该理论要求银行贷款规模将完全依照商业需要而自动伸缩。这就自发地加剧了商业循环波动幅度而与央行逆周期货币政策相悖。

二、资产转移理论

资产转移理论又称转移理论，是关于资产的流动性理论。该理论认为银行流动性强弱取决于其资产迅速变现能力。因此保持资产流动性最好的方法是持有可转换资产。这类资产需具有信誉好、期限短、流动性强的特点以保障银行在需要流动性时资产能迅速转化为现金。

相比商业贷款理论，资产转移理论扩大了银行资产范围使其业务经营更加灵活多样。银行除了可经营短期性放款外，还可从事有价证券买卖并腾出部分资金用于长期贷款。这既不影响银行资金流动性又可获得更大收益。同时也可促进短期证券市场发展。该理论的不足之处在于过分强调运用转换资产来保持流动性而限制了银行高营利性资产运动。同时，可转换资产变现能力在经济危机时期或证券市场需求不旺盛情况下会受到损害，以至于影响银行流动性与营利性目标的实现。

三、预期收入理论

预期收入理论认为银行资产的流动性取决于借款人预期收入而不是贷款期限长短。借款人预期收入有保障则期限较长的贷款可安全收回；借款人预期收入不稳定则期限较短的贷款也会丧失流动性。因此，预期收入理论强调贷款偿还与借款人未来预期收入之间的关系，而不是贷款期限与贷款流动性之间的关系。

预期收入理论为银行拓展营利性新业务提供了理论依据，使银行资产运用范围更广泛，并促进了贷款形式多样化，巩固了银行金融业的地位。此外，该理论还可促使银行增强参与企业经营活动的意识。由于贷款是按企业预期收入评估而发放的，在贷款发放后银行为保证其资产安全就会主动关心企业生产经营活动。这使银行由生产领域局外人变为企业生产经营活动积极的参与者，加深了银行对经济的渗透。其不足之处在于，借款人未来收入预测是银行主观判断的经济参数。随着客观经济条件状况发生变化，借款人实际未来收入与银行主观预测量之间会存在偏差，从而使银行经营面临更大风险。由于收入预测与经济周期有密切关系，因此有可能增加银行的信贷风险。银行危机一旦爆发则其规模与影响范围将会日益增大。

四、超货币供给理论

超货币供给理论认为只有银行才能够利用信贷方式提供货币。随着货币形式多样化非银行金融机构也可供给货币，银行信贷市场面临竞争压力。因此，银行资产应超出单纯提供信贷货币界限而提供多样化服务。如购买证券、开展投资中介与咨询、委托代理等配套服务。总而言之，银行资产经营应向深度与广度发展。

现代商业银行全能化与国际化发展已表明，银行信贷经营管理应当与银行整体营销及风险管理相结合而发挥更大作用。银行信贷理论发展过程是银行发展与金融创新的过程，它揭示了既要努力发展业务又要控制风险。该理论缺陷是银行在广泛扩展业务后增加了经营风险，若处理不当易遭受损失。

第二节 负债管理

商业银行负债管理理论产生的时代背景及其理论内涵？

20 世纪 60 年代前商业银行负债主要以活期存款为主，银行的主要任务就是把既定资金来源分配给最理想资产组合。由于银行资金来源渠道比较单一，因而难以进行灵活资产配置。但 60 年代后世界经济处于繁荣时期，生产流通不断扩大，银行贷款需求也不断增加。在追求利润最大化目标下，银行希望通过多渠道吸收资金扩大规模。同时欧洲货币市场兴起、通信手段现代化、存款保险制度的建立等，这些都极大地促进了资金融通并刺激银行负债经营发展，也为负债管理理论产生创造了条件。负债管理理论认为银行没有必要完全依赖较高水平现金资产与出售短期证券来满足流动性需要，而可以借助负债管理办法，积极主动地在货币市场吸收资金来满足流动性需求以适应目标资产规模扩张需要。银行运用此策略可降低流动性资产储备水平以扩大收益性资产与提高资产盈利能力。但负债经营必然提高银行负债成本，即在扩大银行盈利的同时也增大风险。若银行过分依赖借款来满足流动性需求，就可能导致短存长贷供需错配现象更严重。因此，银行必须加强负债管理。

负债管理理论历经存款理论、购买理论与销售理论三个不同时期。伴随这三个时期的发展，银行负债范围逐步扩大，促进银行利润提升的同时又增大其风险。

一、存款理论

存款理论是指从商业银行安全性与流动性出发，按客户意愿组织存款，并根据所吸收存款的状况安排商业银行贷款等资产，以保持资金较高的流动性并防止出现挤兑现象。存款理论的主要观点包括五项。其一存款是银行最主要资金来源，它是资产业务基础。其二存款能否形成是存款人自主决策的结果。其三银行应当支付存款利息以作为存款人出让资金使用权的报酬。其四为保证银行经营的安全性与稳定性，银行资金运用必须以其吸收存款沉淀余额为限。其五存款可分为初始存款与派生存款两类，银行利用支票账户创造派生存款具有扩展信用的功能，但此功能受央行货币政策影响。

存款理论的主要特征是稳健性与保守性，强调应按存款流动性来组织贷款，将安全性原则摆在首位并反对盲目存贷款及反对冒险谋取利润。该理论的缺陷在于它缺失银行在扩大存款或其他负债方面的能动性，还缺失负债结构、资产结构及资产负债综合关系改善对保障银行资产流动性及提高银行营利性等方面的作用。

二、购买理论

购买理论有三种观点：其一银行对存款不是消极被动而是可以主动出击；其二银行购买资金的资本是为了增强其流动性；其三银行吸收资金的适宜时机是通货膨胀时期。

购买理论对存款理论存在很大否定，它产生于西方发达国家经济滞胀时代。它促进银行更主动吸收资金，刺激信用扩张与经济增长，以及增强银行竞争力。但其缺陷在于助长银行片面扩大负债与加重债务危机，导致银行业恶性竞争并加重经济通货膨胀负担。

三、销售理论

销售理论的基本观点认为银行是金融产品制造企业，银行负债管理中心的任务就是迎合顾客需要并努力推出金融产品以扩大银行资金来源与提升收益水平。该理论给银行负债管理注入现代企业营销理念，即围绕顾客需要来设计资产负债类产品与金融服务，并通过不断改善金融产品销售方式来完善服务。它标志着金融机构正朝着多元化与综合化发展。但它的局限性是未能很好地解决银行营利性、流动性与安全性统一的问题。

第三节　资产负债综合管理

> 商业银行资产负债综合管理理论产生的时代背景及其理论内涵？

在 20 世纪六七十年代前银行管理中，资产管理与负债管理大都被看成是相互独立的两个方面，但事实上这两者是不可分离的一个整体。银行家们越来越重视这两者之间的关系，强调资产与负债的联合管理，因此产生了许多资产负债综合管理理论。所谓资产负债综合管理理论就是对银行资产与负债进行全面管理的一种理论。为了有效均衡与协调银行的安全性、流动性与营利性，必须遵循具有普遍意义的原则并采用能够保持银行资产负债平衡的方法来管理银行资产负债，着力解决资产与负债规模对称、利率对称、期限结构对称的问题，并重视银行自由资本及时补充。

一、对称原则

商业银行在进行资产负债综合管理时应遵循下述三个原则。

一是规模对称原则。它指银行资产规模与银行负债规模在总量上必须保持相互对称及统一的动态平衡关系。简单来说就是资产与负债应相适应。主要由银行是否拥有足够的法定资产与银行能否及时清偿债务来衡量。

二是结构对称原则。它指银行资产结构与银行负债结构间必须保持相互对称与统一动态平衡关系，即银行资产与负债期限应相对应，避免"短期资金长期运用"或"长期资金短期运用"。它需要以银行负债来制约银行资产，即坚持长期负债用于长期资产，短期负债用于短期资产，尽量避免大量出现"长存短贷"与"短存长贷"现象。

三是偿还期对称原则。它指资金分配运用必须由银行资金来源流转速度来决定，即银行资产偿还期与银行负债偿还期必须保持对称关系。根据资金来源流转速度可将银行负债划分为活期存款、定期存款与银行资本，同时根据资金运用流转速度可将银行资产划分为现金资产、中长期贷款资产与固定资产；然后以现金资产对应活期存款，以中长期贷款资产对应定期存款，以固定资产对应银行资本。

二、管理方法

商业银行资产负债综合管理方法包括偿还期对称法、集中管理法、中心分配管理法、利率敏感性缺口管理法与持续期缺口管理法等。

一是偿还期对称法。它指银行根据资金来源与流转速度决定流动资产与营利性资产分配。短期负债对应短期资产而长期负债对应长期资产。它的核心内容是用负债期限结构去抑制资产期限结构，其基本原则是规模对应原则，即存贷款间有对应比例关系，所有资金运用在资金来源许可范围内进行且二者应相互对称。但这只是原则或方向上对称，它包括总量与结构两个方面对称，即必须坚持综合平衡原则以资金来源制约资金使用，合理安排适度贷款规模与防止超负荷经营。

它要求应积极采取各种有力措施，努力扩大资金来源，加速信贷资金周转与提高资金效益，以实现资金积极平衡。

二是集中管理法，它又称资金蓄水池法。是指不分资金来源期限长短而把资金统一集中起来，然后根据资产流动性与营利性目的，从中将资金分配到银行认为最合适的资产上去，分配次序依次是一级储备、二级储备、贷款、投资与固定资产配置。其中，一级储备由现金资产(包括存入中央银行的法定准备金)组成，以保证资产流动性与清偿能力；二级储备主要由可转让短期有价证券组成。当一级储备不能确保资产流动性与清偿能力时，需将二级储备转让出去取得现金以弥补一级储备的不足。它的特点是资产分配不受负债期限结构限制只受负债总量制约，因此资产结构调控比偿还期对称法灵活。但是很难把握各种资产按比例分配方式。若一级储备与二级储备分配不好，则会出现流动资产过多或盈利性资产过多的现象。此外，这种方法未考虑资产期限结构与负债期限结构的关系，也未必完全正确。

三是中心分配管理法。它指银行根据资金来源不同，按其周转速度快慢与上缴法定准备金数量把资金划归到不同中心从而分配给不同资产领域。一般法定准备金率越高资产周转速度越快，则表明这种资金来源波动性越大与稳定性越低；反之亦然。它根据资金来源特点分类建立中心然后采取不同分配政策，能够将资产周转速度与负债周转速度及资产流动性与负债流动性结合起来,保持两者在规模结构上的一致性。通过资金来源划分减少投放于流动性资产的资金数量,通过储蓄存款与定期存款获得资金可大部分投向流动性较低长期资产以增加盈利性,同时也可保持流动性需要。

四是负债管理法。它分为储备头寸负债管理法与全面负债管理法两种。前者指银行在面临清偿能力不足时,可用短期借入款来弥补提取的存款。全面负债管理法是指商业银行在发生可贷资金不足时,可通过借入款来满足增加的借款需求。如西方银行一般通过发行大额可转让定期存单、向中央银行借款、向其他商业银行借款、通过回购协议借款、从欧洲货币市场借款等来扩大负债以解决银行流动性与营利性问题。

五是利率敏感性缺口管理法。它指银行在对利率进行预测的基础上调整考察期内利率敏感性资产与负债的对比关系,以规避利率风险或从利率风险中提高利润水平。它是目前最常用的利率风险分析与技术。其中,利率敏感性缺口简称敏感性缺口,它等于计划期内银行利率敏感性资产(ISA)与利率敏感性负债(ISL)间货币差额,即 GAP=ISA-ISL。当 GAP>0 时称为正缺口,意味着利率浮动资产中有部分来自固定利率负债;当 GAP<0 时称为负缺口,意味着部分固定利率资产来自利率浮动负债;当 GAP=0 时称为零缺口,意味着利率浮动资产等于利率浮动负债。利率敏感性缺口管理主要有两种策略。一是进取性策略,它指利用利率变动主动获利。当预期利率上升时银行应保持正缺口,若预期利率上升幅度较大正缺口值也扩大,反之亦然。这种策略适合大银行与投机意识较强的银行。二是防御性策略,大多数中小银行往往采用此策略,保持利率敏感性资产与敏感性负债间平衡,使缺口值为零或很小,以达到最大限度减少利率风险损失的目的。

六是持续期缺口管理法。它与利率敏感性缺口管理相似,只是目标不同。前者目标是股权价值最大化而后者侧重于净利息收入最大化。持续期是一笔或一组金融资产或负债,以现值方式收回其价值时间,有人将其视为金融工具投资回收期。持续期缺口管理有进取性与防御性两种策略。进取性策略旨在通过对缺口值调整以增加银行股权价值,因而在利率上升时期缩小缺口值,在利率下降时扩大缺口值。防御性策略旨在保持银行股权价值相对稳定,采取零缺口或微缺口方式避免利率风险。其中,持续期采用下列公式进行计算

$$D = \frac{\sum_{i=1}^{n} \frac{P_t t}{(1+i)^t}}{\sum_{i=1}^{n} \frac{P_t}{(1+i)^t}} \tag{8-1}$$

其中,D 为持续期;P_t 为在时间 t 利息收入(或利息支出)与本金偿还预期现金流;t 为某笔现金流发生时刻距期初的时间;i 为利息率或收益率;n 为现金流量次数。银行持续期缺口(GAP)等于其资产组合持续期 Da 减去其负债组合持续期 D_1,即 $GAP=Da-D_1$。

第四节　银行管理策略

银行资产负债管理是贯穿其生存发展始终的基本管理行为。它是银行战略规划、风险管理与价值创造的核心工具。在当代银行经营管理中资产负债管理是银行运营重要中枢,高效资产负债管理已成为银行核心竞争力的重要体现。当前中国宏观经济、金融监管与市场体系

都已发生巨大变化，金融环境已进入"新常态"，银行经营管理面临更为复杂严峻的经营环境，其内涵与外延已不断得到扩充丰富。以下从宏观、监管与金融市场三个层面来反映金融环境新常态下银行管理策略。

其一是宏观层面。自 2008 年全球金融危机后，中国经济增速与中枢也随全球经济调整逐步回落至 7%以下并接近 6%。经济增长新动力更多依靠全要素生产率提高与供给侧结构性改革。此背景下货币政策更注重松紧适度、货币供给增速也随之回落、财政政策更注重结构调整。因此，银行管理单纯依赖资产规模增长与存贷利差，传统经营盈利模式逐渐趋弱。资产负债综合管理策略围绕银行"三性"目标逐步从传统存贷息差盈利模式转向综合金融服务模式。如财富管理、投资银行与资管新规下资产管理等金融科技赋能业务。

其二是监管层面。引入《巴塞尔协议Ⅲ》整套框架并建立严格监管体系。如 2011 年中国银监会下发《关于中国银行业实施新监管标准的指导意见》，对实施《巴塞尔协议Ⅲ》提出明确要求与过渡方案。2014 年陆续出台相关监管文件对影子银行、同业业务实施规范，2016年央行推出宏观审慎评估体系，2017 年监管部门大力推行金融去杠杆化。特别是 2017 年 7月全国金融工作会议确立"服务实体经济、防控金融风险、深化金融改革"等金融工作主题，以推进金融监管体制改革，并正式进入严监管周期。2018 年国内监管新规对于流动性风险、利率风险、资本监管等方面都提出更高要求，因此它对银行资产负债综合管理也提出新内涵。2019 年年初中央提出金融供给侧结构性改革已成为未来中国金融改革方向，未来金融工作重心将从注重"量"扩张转向金融供给优化重组与提质增效以提升服务实体经济能力。2020年 4 月银保监会就《中国银保监会信托公司行政许可事项实施办法(征求意见稿)》公开征求意见。同年 7 月银保监会发布《商业银行小微企业金融服务监管评价办法(试行)》。同时，中国银保监会、财政部、中国人民银行、国务院扶贫办联合发布《关于进一步完善扶贫小额信贷有关政策的通知》。这些举措都有助于银行规范并落实其金融业务。总之，金融监管与银行资产负债管理具有内在一致性，严监管可以有效约束银行风险行为，有助其回归金融服务实体经济本质，但同时又可以限制银行监管套利行为，以促进银行夯实资产负债表。因此，资产负债综合管理策略在银行"三性"目标下注重逆周期宏微观审慎管理，避免风险资产过多而风险过于集聚，以适应复杂多变的宏观环境。同时，银行应稳定存款基础及提升主动负债水平，以形成多元化市场融资格局，银行资产与服务应更多向三农、高科技及中小微等实体经济倾斜。

其三是金融市场层面。目前存贷款利率上下限已放开，但人民银行仍公布存贷款基准利率，存在基准利率与市场利率并存的利率"两轨"制，这对市场化利率调控与传导形成阻碍。央行有关负责人多次在公开媒体表示，以及央行货币政策执行报告也多次表明，2019 年将稳妥推进利率市场化改革，推动利率逐步"两轨合一轨"。国内银行习惯利率管制带来的稳定利差收入则资产负债管理侧重规模增长与单指标比例管理。因此，"两轨合一轨"下银行资产负债管理策略注重基差风险与重定价风险等利率风险敏感性管理并加强规模、结构、期限与价格等综合配置管理。

总之，商业银行在管理过程中要有"新三性"管理要求。在资产负债结构调整中要遵循服务实体经济与严守风险管理底线原则，执行各项金融监管政策，继续围绕战略转型以不断完善资产负债管理理念与方法。

第五节　银行管理与金融科技

课前思考

金融科技如何赋能商业银行资产负债综合管理？

以下通过资管新规与科技互动相结合来思考金融科技如何赋能商业银行资产负债综合管理。

 课中案例

资管与科技互动

证监会原副主席屠光绍首先强调资管与科技互动有三种方式：其一是资管机构运用金融科技。他认为资管机构可投入资源配置于金融科技，也可运用金融科技发展自身资管机构。其二是科技企业拥抱金融机构。他表示科技企业与互联网企业跨界资管行业，因科技含量高、拥有客户优势、线上线下结合优势，有助于金融机构提升金融服务效率及丰富资管机构业态形态，还会产生催化与化学反应。其三是企业"平台化"合作。他指出资管机构与科技企业、互联网企业合作有助于企业"平台化"。通过搭建企业合作平台，形成金融机构特别是资管机构的合作对接，这有助于合作中催化产生裂变，形成新资管机构形态以改变资管行业业态。此外，对于资管与科技互动带来积极效应，屠光绍也给出自己看法：第一是互动会产生更多普惠性。他认为以前资管行业与财富管理行业门槛很高，大部分家庭根本进不去。现在有了资管与科技互动后，一块钱也可理财，无论是理财还是资产管理对老百姓而言成本更低更便捷。所以资管与科技互动最重要的是增加普惠性，使越来越多人进入到理财领域。第二是互动会产生广泛适应性。他指出过去无论是理财机构还是理财品种都较单一，投资者可选择余地较少，有科技应用后适应性得到极大提高。最直观的就是头部的适应性即资管与科技互动融合。第三是极大地提高了资管行业的时效性。

（资料来源：新浪新闻，2020年8月25日）

问题分析

1. 结合联邦学习技术，思考本案例资产管理与金融科技相结合为何具有普惠性？金融科技如何赋能银行资产负债综合管理？

2. 请结合前面章节，思考商业银行还有哪些业务能与金融科技合作实现金融的普惠性？或者你认为还有哪些业务可以与金融科技合作实现金融的普惠性？

📽 财商小剧场

【思考1】财经新闻或期刊经常提到逆周期管理与宏观审慎金融监管是什么意思？读懂这些概念对我们普通投资者有什么意义？

【问题解析】金融监管最常听说的词语中肯定包括"巴塞尔协议"。《货币银行学》教科书与各种金融从业资格考试，尤其是各大银行招聘考试中它出现概率接近100%。

20世纪70年代后两家老牌跨国银行倒闭，各国政府开始发现跨国金融机构的风险比其他跨国机构大。有此共识后西方主要国家政府首脑很快就达成一致，要建立全球性协调监管机制且监管重心要放在避免银行倒闭，即银行经营风险管理。在本书最后一章会详细讲解银行经营风险与内部控制制度。经过巴塞尔委员会反复讨论，于1988年通过统一国际银行资本计算与资本标准的报告，简称《巴塞尔协议Ⅰ》。它为全球银行业经营风险提供了一系列具体的量化标准与指标，以形成以资本充足率为核心的"宏观审慎框架监管标准"。银行负债经营，若自有资本比率过高就会影响银行利润，但若比率过低则银行杠杆过高，又会影响其经营稳健。因此，各国监管层非常重视资本充足率指标。如全球金融市场膨胀式发展但基本保持稳定。即使是在2008年金融危机后也没有像1929年那样陷入长时间萧条而是迅速恢复。因此《巴塞尔协议》下宏观审慎监管框架对整个时代金融稳定功不可没。

2015年11月金融稳定理事会公布35家"全球系统性重要银行"，中国监管当局出于审慎原则将工、农、中、建、交与招行、中信七家银行列为系统性重要银行。全球系统性重要银行资本金追加超过其他普通银行。

【思考2】以上这些对我们普通投资者有什么重大意义？

【问题解析】在与银行打交道的过程中，普通投资者最怕银行破产以至于自己钱取不出来。第二章财商小知识告诉大家，2015年存款保险制度设置保障了个人银行账户中50万存款资金的安全。同时告诉你央行作为最后贷款人，为金融机构提供流动性支持，以阻止市场连锁反应并防止恐慌通过各种渠道像瘟疫蔓延至整个市场，最终导致整个系统崩溃，它可以避免普通投资者包括存款在内的财富大幅度缩水。

今天接着告诉你，根据《巴塞尔协议》宏观审慎监管框架要求，系统性重要银行资本金超过其他银行，普通投资者在办理存贷或理财业务时应选取系统性重要银行，以使财富资金更安全。前面提到2015年11月金融稳定理事会公布35家"全球系统性重要银行"，中国监管当局出于审慎原则，将工、农、中、建、交与招行、中信七家银行列为系统性重要银行。时间过去5年，现在是2020年，你认为还有哪些中国商业银行也应纳入全球系统性重要银行范畴。

📖 本章小结

(1) 资产负债管理是现代商业银行管理的核心内容。在现代商业银行管理领域，资产负债具有特定内涵，它不能简单等同于商业银行的资产与负债管理，而通常指商业银行各种业务管理，即商业银行全方位的管理方法，银行为实现已确定经营目标对银行各种业务进行协调管理。纵观世界商业银行管理发展历程，其经历了资产管理、负债管理与资产负债综合管理三阶段。

(2) 资产管理是商业银行三阶段管理的第一阶段。它是以银行资产流动性为重点的传统管理方法。20世纪50年代前，各国银行业普遍采用此管理战略。这是基于社会生产力低下、银行负债来源较为固定、业务范围狭窄、国内外金融市场不够发达背景，银行家们普遍认为既然银行存款种类、数量及银行能借入资金主要由客户决定，那么银行经营管理重要决策领域不是负债而是资产，即银行只需对贷款者资质进行决策。而银行利润主要源于资产业务，以资产流动性实现银行"三性"目标。该理论历经商业贷款理论、资产转移理论、预期收入理论与超货币供给理论四个时期。伴随这四个时期发展，银行资产范围逐步扩大以致银行利润也逐步提高。

(3) 20 世纪 60 年代前商业银行负债主要以活期存款为主，银行主要任务就是把既定资金来源分配给最理想资产组合。由于银行资金来源渠道比较单一而难以进行灵活资产配置。但 60 年代后世界经济处于繁荣时期，生产流通不断扩大，银行贷款需求也不断增加。在追求利润最大化目标下，银行希望通过多渠道吸收资金扩大规模。同时欧洲货币市场兴起、通信手段现代化、存款保险制度建立等，这些都极大地促进了资金融通并刺激银行负债经营发展，也为负债管理理论产生创造了条件。负债管理理论认为银行没有必要完全依赖较高水平现金资产与出售短期证券来满足流动性需要，而可以借助负债管理办法以积极主动在货币市场吸收资金来满足流动性需求以适应目标资产规模扩张需要。负债管理理论历经存款理论、购买理论与销售理论三个不同时期。伴随这三个时期的发展，银行负债范围逐步扩大，促进银行利润提升的同时也增大了其风险。

(4) 20 世纪六七十年代前银行管理中，资产管理与负债管理大都被看成是相互独立的两个方面，但事实上这两者是不可分离的一个整体。银行家们越来越重视这两者之间关系，强调资产与负债的联合管理。因此，产生了许多资产负债综合管理理论。所谓资产负债综合管理理论就是对银行资产与负债进行全面管理的一种理论。为了有效均衡与协调银行的安全性、流动性与营利性，必须遵循具有普遍意义的原则并采用能够保持银行资产负债平衡的方法来管理银行资产负债，着力解决资产与负债规模对称、利率对称、期限结构对称的问题，并重视银行自由资本及时补充。商业银行资产负债综合管理方法包括偿还期对称法、集中管理法、中心分配管理法、利率敏感性缺口管理法与持续期缺口管理法等。

(5) 银行资产负债管理是贯穿于其生存发展始终的基本管理行为。它是银行战略规划、风险管理与价值创造的核心工具。在当代银行经营管理中资产负债管理是银行运营重要中枢，高效资产负债管理已成为银行核心竞争力的重要体现。当前中国宏观经济、金融监管与市场体系都已发生巨大变化，金融环境已进入"新常态"，银行经营管理面临更为复杂严峻的经营环境，其内涵与外延已不断得到扩充丰富。以下从宏观、监管与金融市场三个层面来反映金融环境新常态下银行管理策略。商业银行在管理过程中要有"新三性"管理要求。在资产负债结构调整中要遵循服务实体经济与严守风险管理底线原则，严格执行各项金融监管政策，继续围绕战略转型以不断完善资产负债管理理念与方法。

 ## 练习与思考

一、名词解释

1. 真实票据论

2. 转移理论

3. 预期收入理论

4. 超货币供给理论

5. 存款理论

6. 购买理论

7. 销售理论

8. 结构对称原则

9. 利率敏感性缺口管理

二、简答题

1. 简述商业银行资产负债管理的内涵。

2. 商业银行如何运用利率敏感性缺口来管理其资产和负债?

3. 简述商业银行资产和负债管理理论演变的三个阶段,以及每个阶段的管理重心和所处环境差异。

4. 试述我国商业银行实施资产负债管理存在的问题和对策。

三、单选题

1. 商业银行传统资产负债管理的对象是(   )。

    A. 资产负债表   B. 利润表

    C. 现金流量表   D. 所有者权益变动表

2. 净利息收入与生息资产平均余额之比为(   )。

    A. 平均净资产回报率   B. 平均总资产回报率

    C. 净利息收益率   D. 风险调整后资本回报率

3. 资产负债管理长期目标可以概括为从银行整体战略出发,建立符合现代商业银行要求的资产负债管理体系,强化资本约束,提高风险控制水平,加强业务经营引导和调控能力,实现(   )最大化,进而持续提升股东价值回报。

    A. 净现金流量   B. 经济利益

    C. 净利息收益率   D. 经济资本回报率

4. 在短期内,影响银行价值的主要变量是(   )。

    A. 净现金流量   B. 获取现金流量的时间

    C. 与现金流量相关的风险   D. 净利息收益率

5. 下列对于汇率风险管理的表述中,不正确的是(   )。

    A. 商业银行面临的汇率风险主要是指由于汇率波动造成以基准计价的资产遭受价值损失和财务损失的可能性

    B. 商业银行需要密切关注汇率变化及其对外币资产负债的影响

    C. 商业银行需要及时对银行账户外币资产、负债和表外项目的汇率风险进行监测、分析和防范

    D. 随着人民币汇率市场化形成机制的逐步完善,人民币汇率双向浮动区间将进一步缩小,汇率风险管理面临的挑战也随之减少

6. 关于缺口管理法,说法不正确的是(   )。

    A. 缺口管理法又称为利率敏感性缺口管理法

    B. 根据对未来利率变动趋势和收益率曲线形状的预期,改变资产和负债的缺口

    C. 当预期利率上升,增加缺口

D. 缺口是指浮动利率资产和负债之间的比率

7. 关于内部资金转移定价的说法不正确的是( )。

    A. 内部资金转移定价是资金中心与业务单位之间发生的资金价格转移

    B. 资金中心是指实体资金交易部门

    C. 一定规则是指根据资金的期限和利率属性确定的定价方法

    D. 全额是指对每一笔提供或占用资金的业务,在其发生的1～5天,根据期限及利率属性进行逐笔计价

8. 以下不属于收益率曲线用途的是( )。

    A. 计算相似期限不同债券的相对价值

    B. 用于利率衍生工具的定价

    C. 反映近期收益率水平的指标

    D. 用于计算和比较各种期限安排的收益

9. 风险免疫管理策略的核心思想是通过资产久期和负债久期的匹配,实现( )的相互抵销,进而锁定整体收益率。

    A. 利率风险和购买力风险   B. 利率风险和再投资风险

    C. 利率风险和流动性风险   D. 利率风险和汇率风险

10. 下列对商业银行日常资产负债期限结构的描述,恰当的是( )。

    A. 通常情况下,资产与负债的久期相等

    B. 通常情况下,资产与负债的久期缺口为零

    C. 通常情况下,资产的久期小于负债的久期

    D. 通常情况下,资产的久期大于负债的久期

四、多选题

1. 下列关于会计平衡法的说法,正确的有( )。

    A. 根据会计平衡的要求,通过借贷记账方法

    B. 借贷记账法要求"有借必有贷,借贷必相等"

    C. 负债计入借方

    D. 所有者权益计入贷方

    E. 资产计入贷方

2. 资产负债匹配管理立足于资产负债管理,以( )等为约束条件。

    A. 流动性指标   B. 资本充足率

    C. 期限结构   D. 成本收益结构

    E. 资产负债相关项目的关联关系

3. 下列关于商业银行传统资产负债管理的说法,正确的有( )。

    A. 以资本约束为核心   B. 以收益性为前提

    C. 以资产负债组合管理为基本工具   D. 对象为银行的资产负债表

    E. 以安全性、流动性为基本前提

4. 资产负债管理的构成内容包括( )。

    A. 资本管理   B. 资产负债组合管理

    C. 资产负债计划管理   D. 定价管理

E. 银行账户利率风险管理

5. 资产负债管理的对象表现为( )趋势。

    A. 表内外
        B. 全球化
        C. 集团化

    D. 动态化
        E. 本外币

6. 商业银行的结构指标的衡量指标包括( )。

    A. 资产结构
        B. 收入结构
        C. 成本收入比

    D. 负债结构
        E. 贷款结构

7. 下列关于经济资本的表述，正确的有( )。

    A. 经济资本可能大于账面资本，也可能小于账面资本

    B. 经济资本的大小与商业银行的整体风险水平成反比

    C. 经济资本被广泛应用于商业银行的绩效管理、资源配置、风险控制等领域

    D. 经济资本就是会计资本

    E. 经济资本是银行持有的可用于抵御风险的现实资本

8. 下列属于资产负债管理原则的有( )。

    A. 战略导向原则
        B. 资本约束原则
        C. 银行价值最大化原则

    D. 综合平衡原则
        E. 价值回报原则

9. 内部资金转移定价的作用主要表现在( )。

    A. 核算区域与成本
        B. 公平绩效考核
        C. 衡量银行总体利率风险

    D. 剥离利率风险
        E. 减少银行资金风险

10. 资产负债组合结构优化主要包括( )方面。

    A. 优化资产负债品种结构
        B. 优化资产负债区域结构

    C. 优化资产负债期限结构
        D. 优化资产负债利率结构

    E. 优化资产负债表内外结构

微课视频

扫一扫获取本章相关微课视频。

8.1.1 经营风险与内部控制概述(一).mp4

8.1.2 经营风险与内部控制概述(二).mp4

8.2.1 构建银行财商(一).mp4

8.2.2 构建银行财商(二).mp4

8.2.3 构建银行财商(三).mp4

第九章　商业银行风险管理

【本章提要】

商业银行作为经营货币信用的特殊企业，其显著特征是高风险性。在金融一体化与经济全球化背景下，金融市场不确定性增大，商业银行识别风险、预测风险、管控风险重要性凸显。商业银行对风险管理应贯穿于资产业务、负债业务及其他各项业务全过程。本章主要介绍商业银行风险含义、类别与成因、风险预测与内部控制及风险管理策略等，并引导读者思考金融科技如何赋能商业银行风险管理。

【学习目标】

- 熟悉并掌握商业银行的风险含义、类别与成因、风险预测与内部控制及风险管理策略。
- 引导读者思考金融科技如何赋能商业银行风险管理。
- 构建逻辑、辩证与批判等科学思维。涵养诚信、遵纪守法的底线思维、社会责任意识与勇于担当的家国情怀。理解金融科技的哲学基础与金融科技为民要义，树立与时俱进、终身学习的理念。

 开篇案例与思考

浙商银行在金融圈中可谓家喻户晓。天价罚单让其扬名中外，资本风云中万宝之争、乐视风暴也让其备受监管层关注，不良贷款率攀升，让其未来业绩暗藏风险。2018 年 11 月 9 日公司因同业理财产品未尽职查审；向客户缴交土地出让金提供理财资金融资；投资非保本理财产品，违规接收回购承诺；理财产品销售文本使用误导语言；个人理财资金违规投资；理财产品交易，业务风险隔离不到位；向非保本理财产品提供保本承诺。七大违规行为被银保监会给予 5550 万元处罚。

（资料来源：新浪财经，2019 年 10 月 23 日）

问题分析

结合案例分析浙商银行存在哪些风险管理缺失？应如何进行风险管理？

第一节　银行风险概述

课前思考

商业银行可能面临的风险有哪些及其产生的原因是什么？

一、银行风险的含义与类别

商业银行风险指银行在经营活动中由于不确定单一或多重因素影响，使银行遭受损失或获取额外收益的机会和可能性。包括风险承担者、收益与风险相关性、不确定性因素与风险度量四个基本要素。银行经营过程面临的风险可分为流动性风险、市场风险、信用风险、投资风险、资本风险、国别风险等。

(1) 流动性风险。它指银行无法筹集足够资金来满足存款人提款需求、借款人贷款需求或筹资成本超出银行可承受范围。因此，银行需保持足够流动性来维持其正常运转，以满足客户存贷款需求。其一银行可在其资产负债表"储备"流动性，即持有一定量现金性资产；其二银行在金融市场"买入"流动性，即通过买入短期资产增加其流动性。如 2018 年 7 月 1 日起我国施行《商业银行流动性风险管理办法》对银行流动性风险实施"分层"监管，以总资产 2000 亿元为界，对规模以上较大型银行提出适用流动性比例、流动性覆盖率、净稳定资金比例与流动性匹配率指标要求；对于规模以下中小型银行则提出适用流动性比例、优质流动性资产充足率与流动性匹配率指标要求。

(2) 市场风险。它指金融资产价格与商品价格波动给银行表内外头寸造成的损失。包括利率风险与汇率风险等。利率风险指因利率波动导致银行资产负债组合净利息收入或长期市场价值受到削弱的风险。市场利率不确定性则影响银行盈利或内在价值预测值的不准确性。汇率风险指因汇率波动导致的银行净收益出现下降。它产生的原因是资产与负债币种结构不匹配，即所谓存在汇率敞口。它的衡量指标主要为汇率风险敞口与汇率变动。

(3) 信用风险。它指接受信贷者不能按约偿付贷款的可能性。该风险会使银行产生大量无法收回贷款呆账，从而影响银行贷款资产质量。如 2019 年 6 月 6 日华声在线报道，衡阳农商银行通过"双管齐下"来管理信贷风险。一方面放好新贷款成立贷款监察大队以严格贷款发放和贷后管理，严禁支行发放跨区域贷款；另一方面管好老贷款，着力处置化解表内风险，以及重视关注类贷款和继续开展专项清收活动。

(4) 投资风险。它是指银行因受未来不确定性变动而使投入本金与预期收益产生损失的可能性。可细分为经济风险、政治风险、道德风险、法律风险与资本风险等。经济风险包括内外部风险。它是银行投资风险的主要来源。内部风险是指由被投资方本身经营不善或财务运营得不到补偿而引发。外部风险指由被投资方之外经济因素(即市场、购买力、利率与汇率等因素)引发。政治风险指由政治体制变动与政策变动，给国内经济活动造成巨大影响并体现在投资收益上。道德风险指被投资方不诚信或者不履行义务行为所引发的会使银行因投资行为失效而遭受损失的风险。法律风险指由投资行为不符合法律规范而引发的从而使银行因投资行为失效而遭受损失的可能性。资本风险指银行最终支持清偿债务能力方面的风险，其大小能够说明银行资本耐受程度与雄厚程度。而银行资本可作为缓冲器而维持其清偿能力以保证银行正常经营。银行资本越充足其承受违约资产的能力越强，同时银行资本风险与其营利性成正相关关系。

(5) 国别风险。它指由某国或地区经济、政治、社会变化或突发事件导致该国或地区借款人或债务人没有能力或拒绝偿付银行债务，或银行在该国或该地区商业存在遭受损失的风险。同时，它可由一国或地区经济状况恶化、社会动荡、资产被国有化或被征用、政府拒付对外债务、外汇管制、货币贬值等引发。

此外，银行风险在不同分类标准下可分成以下 7 类，如表 9-1 所示。

表 9-1　银行风险在不同分类标准下的分类

分类标准	类　别
风险主体不同	资产风险、负债风险、中间业务风险、外汇风险
产生原因不同	客观风险、主观风险
风险程度不同	低度风险、中度风险、高度风险
风险性质不同	静态风险、动态风险
风险形态不同	有形风险、无形风险
业务面临的 风险不同	流动性风险、利率风险、信贷风险、投资风险、 汇率风险、资本风险

二、银行风险成因

银行风险形成因素来自外部经济环境与内部经营管理。其中，外部经济环境因素包括宏观经济政策、经济周期、金融监管、行业竞争、市场风险与法律条文变更等，内部经营管理则包括银行经营策略与管理水平等。

(一)外部经济环境

1. 宏观经济环境

宏观经济环境包括宏观经济政策、经济周期与金融监管等。

政府制定与实施宏观经济政策通常会就货币供应量、投资总量、投资结构与资金流向等进行相关调控，以直接或间接影响银行业务规模与资金状况。而经济周期不同阶段银行面临的风险也不同。经济衰退与萧条期社会消费需求与社会投资萎缩，以至于企业绩效低迷，从而导致银行信贷规模缩小、资产质量恶化与经营利润不断下降。经济复苏与繁荣期社会消费需求旺盛，社会投资欲望强烈而使银行信贷规模扩大。相比经济衰退与萧条期，银行面临的风险相对较小。而银行作为金融体系主体，其风险涉及面广造成危害大且金融体系中普遍存在信息不对称问题，因此需要金融监管机构监管。而金融监管部门的监管体系、监管力度与监管措施等同样也是银行主要风险环境因素。如 2013 年中国人民银行审慎监管应对外国媒体"银子银行"诟病，同时也带来银行间市场"钱荒"事件。

课中案例

金融业加大改革开放力度，银行探索再出发

2019年7月12日在由证券时报主办的2019中国区银行业年会现场，证券时报常务副总编辑周一在致辞中表示，"在银行业的基因中，经济周期和风险是永恒不变的底层代码，能够识别风险、战胜周期的银行，才会最终跑出来勇立潮头。此外，金融科技开始真正重构银行业，让这个绵延数百年的古老行业焕发出新的生机。"他表示在银行业转入3.0时代后，一些高度重视金融科技发展的银行已经在行业内获得了新的竞争优势。

恒生银行(中国)副董事长兼行长宋跃升在会上发表的主题演讲《以质为本，提升价值——金融银行业抓住开放机遇再出发》中提到，政策周期、经济周期、产品周期都在不断变化，外部环境变化、监管环境变化、客户需求的变化，让银行一定要跟着变。宋跃升认为，在金融改革开放的大背景下，银行从规模银行转向价值银行，从起步阶段转到深度与广度，银行现在关注的东西和现在互联网金融及互联网经济所关注的东西是一样的。而恒生银行的经验是以人为本、价值导向，更多关注于客户的需求，提升产品服务和质量，差异化、特色化经营，如提供境内外一站式服务、深入了解不同客户的业务模式并做好风险控制。

中国建设银行普惠金融事业部总经理张为忠发表主题演讲《普惠金融的必要性及银行的实践》，在分享普惠金融经验时说，今天发展普惠金融有三个非常重要的特征：政府推动和监管的引领、数字普惠科技赋能、重塑信用发现机制，重构社会信用体系。去年以来，建行提出"双大""双小"形成共融的生态，并力图打造新普惠和大普惠，新普惠是利用传统模式和新型的模式，大普惠就是把大小生态、供应链生态、板块生态做齐做好，以便跳出金融做金融。同时普惠金融不仅仅是银行商业和金融机构的事情，需要政府发力，即政府如何组织资源，有效配置市场要素。

(资料来源：新浪新闻，2019年7月13日)

问题分析

结合案例思考金融业改革会给银行带来什么风险？面对风险银行应如何应对？

2. 微观经济环境

微观经济环境包括行业竞争、市场风险与法律条文变更等。其中，行业竞争指银行面临国际化竞争环境、经营风格、经营方针与经营理念等。银行要想在激烈竞争中脱颖而出则必须在原有基础上积极拓宽其业务领域、创新金融产品、同时也需承担新业务带来潜在风险。市场风险指金融市场中利率、汇率与资金供求变动趋势难以把握，银行在经营活动中由于汇率和利率等因素的变化会产生各种无法避免的经营风险。法律条文变更是指会对银行经营范围、经营行为等产生影响且可能会使银行处于不利竞争地位的风险。

(二)内部经营管理

内部经营管理包括银行经营策略与银行管理水平。

银行经营策略不当会使银行面临风险。银行经营管理的基本目标是在兼顾银行安全性与流动性的前提下，通过购买或出售金融产品与服务等业务活动来增加其内在价值。因此银行经营策略应在基本目标前提下引导银行对各项活动有效管理。但在实际运营中，银行价值增

值目标会与其他目标产生冲突而导致不能完成。银行资产负债业务管理水平、财务管理水平、人事管理水平等综合体现其经营管理水平。银行财务管理目标实现过程中风险会贯穿于银行投资、筹资、盈利决策与执行的全过程;银行人事管理由劳动管理与人事管理构成,可通过贯彻全面发展原则、激励原则、物质利益原则与经济效益原则建立完善的劳动人事管理制度,但银行从业者包括银行家,在实现银行目标中可能会考虑自身利益从而使银行面临风险。

第二节　银行风险预测与内部控制

课前思考

> 如何有效进行风险预测?银行内部控制是如何展开的?

经营过程遭遇风险将使银行遭遇利润损失甚至陷入倒闭困境。因此有效进行风险预测与内部控制将有助于银行"三性"目标的实现。

一、银行风险预测

银行风险预测指通过对潜在各种风险进行系统归类与全面分析,以对特定风险发生的可能性或造成损失范围与程度进行预测。风险预测作为风险管理重要环节,不仅是银行整个风险管理中最重要与最难处理的问题,而且还是风险控制的前提条件。风险预测主要包括调查分析、风险识别与风险预测三部分。

(一)调查分析

银行经营中由于经营环境多变性其面临风险不一样,因此需要通过调查分析来识别与了解风险。调查分析包括营业环境分析、管理环境分析与地位分析等。

银行对其所在营业环境进行分析,能够充分了解其所在金融系统的市场环境与竞争结构。营业环境有国内环境与国际环境,银行在分析所在国内外竞争环境状况与发展态势中可对市场风险与国家风险进行归类。银行管理环境由国家银行监管部门管理方法与管理质量构成。银行为更有效预测管理部门行为对管理环境分析需要关注两点:一是管理部门在面对银行出现问题时干预与解决问题的能力和意愿;二是管理部门平衡各金融机构在国内金融体系中地位的能力。银行在社会经济发展中举足轻重,是现代金融制度最重要组成部分。银行在金融系统中地位高低影响着银行在危机中政府的支持力度,因此银行进行风险识别与衡量前需要充分了解银行在国内金融系统的地位。

(二)风险识别

银行风险可分为流动性风险、利率风险、信贷风险、投资风险、汇率风险与资本风险。银行风险识别是在调查分析的基础上对风险进行归类,分析风险的可靠性、动因与引发后果等。

1. 识别银行经营环境

银行经营环境会引发包括利率风险、国家风险与竞争风险在内的银行风险。国内经营环

境风险识别需要关注各细分市场中同业竞争力、其他金融机构竞争力、享有政府特权与优势情况、政府运用银行体系程度与国外银行竞争力。若银行从事国际业务量大、持有外汇资产和负债数目较大，应着重关注所处国际环境变化趋势所引发的汇率风险。

2. 识别银行管理环境

银行管理环境风险按风险识别要求，可以进行四步骤管理环境分析。

一是分析所处国家金融管理部门管理政策与执行能力、管理质量与方法、对银行风险干预与控制力。一般来说管理质量高风险较小，反之较大。

二是分析与预测所处国家金融自由化进程和银行面临金融非中介化程度与发展趋势。金融自由化进程可以增加金融体系不稳定性，其负面产物会使银行面临信用风险。金融非中介化是在金融业竞争中产生可使银行改变经营策略、开拓新业务以增加利润，但由于新业务经营管理经验不足易导致经营风险。

三是分析银行与其金融管理部门的联系。银行与其管理部门关系的深度与广度对银行确认与识别风险有着重要作用，银行通过与管理部门联系形式来判断存在风险及其程度。具体地讲，管理部门是否对银行进行过特殊审计或寄送要求银行谨慎经营信件；是否要求或强制银行参与其他银行或公司经营；银行是否在资本充足性与资产质量等方面与管理部门产生矛盾；银行是否曾向中央银行请求过紧急援助；银行经营者在风险控制方面是否受到过管理部门批评等。

四是分析国际金融管理变化与发展趋势。国际金融管理变化与发展趋势可能会给银行带来新风险或改变原有风险，因此在国际金融市场一体化进程中，需充分分析与加强国际金融管理。

3. 识别银行金融系统地位

银行在金融系统中地位的高低影响着银行在危机中政府支持力度，有效分析银行在金融系统地位有利识别银行风险。银行在金融系统中地位体现在两方面。其一是特定时刻银行风险可能会传递到与其有利益关联的个人、法人或政府。因此在分析识别时应了解银行在突发状况中是否能够保障客户群体相关利益。其二是银行作为企业其经营目标应与一国经济发展情况相适应并与未来发展方向相适应。随着银行市场占有率提高，银行对国家经济政策制定也会产生影响。

4. 识别银行债权人法律地位

银行债权人面临法律风险是由法律法规变更引发的。法律也规定了银行债权人的受偿次序与相关权利义务，因此分析债权人法律地位也要关注债权人法律地位的变化。

5. 识别银行所有权与法律地位

银行由于所有制性质不同可分为国有银行、股份制银行和城市银行等，在非市场原则下国有银行比其他银行拥有更多政府支持且其法律地位与特殊性决定其承担风险较小，在市场原则下则是各银行在所有权与法律地位上所承担风险平等。

(三)风险预测

银行风险预测指通过对潜在各种风险进行系统归类与全面分析，对特定风险发生的可能性或造成损失的范围与程度进行预测。风险预测指在风险识别基础上对其进行延伸，即在长期风险研究管理实践中形成系列风险预测方法。同时，科技发展可为风险预测准确性提供支持。银行风险预测可分为定量分析与定性分析两种。

1. 定量分析

定量分析是指利用历史数据资料通过数学推演来估计银行未来风险的方法。建立数学模型是定量分析的关键，常见方法有时间序列预测法、马尔科夫链预测法、累计频率预测法、弹性分析法等。以下以弹性分析法为例进行介绍。

弹性分析法指在风险因素与风险损益因果关系基础上分析风险因素变化给风险收益带来的影响，即差量分析法或敏感性分析法。该方法通常用于汇率或利率风险预测，如利率风险预测。其公式为

$$利率风险=F(利率风险敞口，资产价值的变动) \tag{9-1}$$

上式表示三个因素函数关系。利率风险敞口是利率风险产生的基础，而银行资产结构不匹配可以导致利率风险敞口。

👥 知识窗

商业银行浮动利率的资产和负债 ISA_S 和 ISL_S 及 ISG

商业银行资产和负债按利率特点可分为 3 类。一是浮动利率下的资产和负债，即利率敏感性资产(ISA_S)和负债(ISL_S)。而利率敏感风险缺口(ISG)是一定时期内银行利率敏感性资产和负债之差。二是利率、期限匹配的资产负债，不存在风险敞口，利率变动因为对冲而对银行损益影响不大。三是固定利率的资产、负债，利率的变动因其固定化对净利息收益率影响小。

不同市场利率水平下利率敏感性缺口伸缩对银行安全性、流动性与营利性都会产生影响，因此利率风险预测可以根据对缺口的衡量来预测。

$$利率敏感性缺口(ISG)=ISA_S-ISL_S \tag{9-2}$$

若 ISG>0，为正缺口；ISG<0，为负缺口。银行经营利率敏感性资产与负债净利息收入(NII)是利率敏感性资产利息收入与利率敏感性负债利息支出之差。

假设利率是 r，利率敏感性资产与负债净利息收入(NII)有以下关系式：

$$ISG \cdot r=ISA_S \cdot r-ISL_S \cdot r=NII \tag{9-3}$$

当利率变动时 Δr，上式则为

$$\Delta NII=ISA_S \cdot \Delta r - ISL_S \cdot \Delta r - ISG \cdot \Delta r \tag{9-4}$$

由该式知，正缺口 ISG>0 时，利率上升则银行收益上升、净利差增加，反之负缺口 ISG<0 时，利率上升导致银行经营成本增加，收益下降则净利差减小。

2. 定性分析

定性分析又称判断预测法。它是熟悉业务、拥有理论储备、具有综合判断能力的专业人员通过已掌握银行相关资料、情况或自身经验教训，对银行可能面临的风险进行预测的方法。定性分析是定量分析的补充，常用定性分析方法有专家意见法、德尔菲法、主观概率法、交叉影响法、领先指标法、反馈性与集中判断性等。其中，德尔菲法主要通过与相关专家通信利用预测问题调查表来收集与征询专家意见，再经过多次反复、汇总、整理、归纳专家意见，最后得出预测判断结果。它的优点在于保密性。银行制定并递送调查表过程中由专家独立作出判断并写下书面意见，整个过程具有独立性与保密性而不受他人干扰。反馈性指在收集意

见、整理分析后向专家反馈情况，在各方相互借鉴与保密下作出第二次预测，过程反复多次使预测判断更趋于合理成熟。集中判断性指银行预测员利用中位数、平均数或加权平均数等方法将最终预测结果综合从而得到基本一致的结果。

二、银行内部控制

内部控制指银行内部按规定经营目标与工作程序，对各个部门、人员与业务活动进行组织、协调与相互制约，以减少与控制潜在风险，确保银行完成任务并实现预期目标的管理制度。

(一)内部控制目标

银行应通过建立内部控制机制来控制风险、防止与减少损失、保障其经营活动安全顺畅进行。它具体体现在两方面：一是风险损失前银行可借助有效内部控制制度，以最低损失来获取控制风险的最佳效果；二是风险损失后，必须采取有效措施使银行不至于因风险产生而造成更大损失，甚至危及其生存并确保银行营利性目标顺利实现。

(二)内部控制实施原则

内部控制实施有四原则。其中，全面原则指内部控制应当渗透银行各项业务过程与各操作环节并覆盖所有部门与岗位。它由全体人员参与，任何决策或操作均应当有案可查。审慎原则指内部控制应以防范风险与审慎经营为出发点，银行经营管理，尤其是设立新的机构或开办新的业务，均应当体现"内控优先"的要求。有效原则指内部控制应具有高度权威性，任何人不得拥有不受内部控制约束的权力，内部控制存在问题应能及时反馈与纠正。独立原则是指内部控制监督、评价部门独立于内部控制建设与执行部门及有直接向董事会、监事会与高级管理层报告的渠道。

(三)内部稽核

银行实行风险控制时必须正视现实，即银行必须建立严格操作程序规范从业人员行为与业务运作方式，且银行应建立严格稽核制度保障规则与规定。银行稽核功能仅体现在防错、纠错、保障与揭露等方面且具有提高经济效果作用，即消除银行经营管理不利因素与薄弱环节以健全制度、改进工作方式及提高经济效益。这些功能应体现在稽核内容与原则方法中。

稽核范围包括银行所有业务与管理活动，它主要体现在四方面。一是资产负债表稽核。稽核内容包括资产负债预计与实际规模、资产负债结构与变化趋向、资产质量与安全性、负债流动性与稳健性、证券交易价格与持有证券资产结构、利率与利差、资金流向等。二是会计与财务稽核。其中，会计稽核包括会计过程、结算户资格、结算方式与结算纪律、往来账户与清算、业务差错情况、出纳发行制度、现金收付与运送、库房管理、货币发行与回笼、出纳长短款等。而财务稽核内容包括财务预算与执行、各项收入支出、盈亏处理等。三是金融服务稽核。稽核内容包括咨询、信托、租赁等银行业务规章与手续、收费标准与执行情况、服务质量与设备等。四是横向联系稽核。稽核内容包括银行与客户及同业银行的关系与协作、是否有重大经济纠纷、业务以外经济关系等。

银行稽核工作应遵循以下各项原则以有利于稽核工作效果与效率提高。它主要有回避原则、重要原则、经济原则、适合原则、从简原则、行动原则与直辖原则等。银行进行稽核时常见的方法有观察法、审阅法、听证法、复查法、核对法、盘点法、查询法等。在稽核中应将各种方法有机结合同时注意稽核形式。稽核有全面稽核与专项稽核之分、定期稽核与不定期稽核之分、独立稽核与会同稽核之分等。因此,有效稽核应是上述原则指导下对稽核方法与方式进行有效搭配以有效加强内部控制。

第三节　银行风险管理策略

课前思考

什么是流动性风险?如何进行流动性风险管理?什么是信用风险?信用风险对商业银行有什么影响?

本章第一节我们提到在银行经营的过程中面临的风险可分为流动性风险、市场风险、信用风险、投资风险、资本风险、国别风险等。事前必要的风险预测与内部控制将有助于银行降低风险,但事后风险管理也有助于银行缓释风险。以下以常见的流动性风险与信贷风险为例来分析银行风险管理策略。

一、流动性风险管理

(一)概述

流动性风险是指银行无法以合理成本及时获得充足资金用于偿付到期债务、履行其他支付义务与满足正常业务开展的其他资金需求风险。它主要包括市场流动性风险与融资流动性风险两类。其中,市场流动性风险指市场深度不足或市场动荡,银行无法以合理市场价格出售资产以获得资金的风险。它反映的是银行在无损失或微小损失下迅速变现的能力。而融资流动性风险指银行不影响日常经营或财务状况下无法及时有效满足资金需求的风险。它反映的是银行合理时间成本条件下迅速获取资金的能力。它主要源于银行自身资产负债结构错配。当银行用短期存款支付长期贷款时就会出现期限错配。若银行资产与负债不能滚动且不产生新业务,那么短期内到期负债多于短期内到期资产,就会导致银行现金净流出而产生流动性风险。期限错配程度越大则潜在流动性风险越大。

例如,突发性事件与信用、市场、操作及声誉等风险间转换、市场流动性收紧未能以公允价值变现或质押资产以获取资金等,都会导致银行产生流动性风险。

(二)风险控制

流动性风险控制要从资产与负债两方面着手处理。资产管理方面要管控资产到期日与资产组合等。而负债管理方面要确保负债来源分散化与保持"市场接触"等。

资产到期日管理指银行需控制资产到期日结构,尤其控制与负债期限错配程度。它经常被用来应对中长期结构性流动性风险。短期资产流动性强但收益低。银行需平衡流动性与收益性,以风险容忍度等方式公布符合银行特性风险取向并在内部达成共识。银行通常会制定特定比例来管理资产到期日。如中长期贷款比例。银行资产负债结构也隐含着期日管理。而资产组合管理指银行应对潜在流动性危机,需建立多层次流动性储备为其缓冲,且需资产方配置流动性组合以应对潜在危机带来的现金流出。如 2016 年 12 月 31 日银行账户被分为 I 类、II 类、III 类。再如 2018 年 7 月 1 口我国施行《商业银行流动性风险管理办法》对商业银行流动性风险实施"分层"监管。

知识窗

I 类、II 类、III 类账户

2016 年 12 月 31 日银行账户被分为 I 类、II 类、III 类。类别不同功能不同。

I 类账户是"钱箱"：全功能账户，资金流入、流出无限额。作为工资账户或个人财富主账户，主要用于现金存取、大额转账、大额消费、购买投资理财产品、公用事业缴费等。不必随身携带以减小银行卡遗失带来的风险。

II 类账户是"钱夹"：主要是理财账户，资金来源于 I 类账户，单日交易限额 10000 元，用于理财则不限。用来进行日常刷卡消费、网络购物、网上缴费等，还可购买银行投资理财产品，但是不能存取款和转账。既可满足日常使用又可避免大额资金损失。

III 类账户是"零钱包"：主要用于小额高频交易，账户余额不超过 1000 元，适用于绑定支付账户及日常小额高频交易(如二维码支付、手机 NFC 支付等)。可随用随充，便捷安全。

负债管理是国外货币中心型银行流动性管理的重要手段。它认为流动性的重要来源是批发性融资。依赖负债管理的银行应高度关注负债流动性风险管理，以避免过度依赖批发性融资规模为前提完善负债来源分散化管理与保持"市场接触"管理。

负债来源分散化管理指银行在期限、交易对手、金融工具类型、是否抵押状态、货币及地理位置上保持适度分散性。它应体现在银行每年流动性规划与限额体系中。同时，银行应限制自身从单一融资来源或某一特定期限获得资金的集中度，以确保批发性融资来源的有效性，保持较高未抵押高流动性资产比例，并有能力从多种渠道获得各种货币资金。

保持"市场接触"管理指银行应建立持续"市场接触"管理机制。它包括建立合适系统、法律文档、信息获取体系与操作流程等。银行应积极管理与定期测试其市场接触能力。根据融资策略要求在融资市场上保持适当活跃度。在市场接触管理中银行还需要将中央银行作为交易对手且与其保持密切沟通。

此外，银行除了监测正常市场条件资金净需求外，还要定期进行压力测试，以便根据不同假设情况(可量化极端范围)进行流动性测算，以确保银行储备足够流动性应对可能出现的各种极端状况。

二、信用风险管理

(一)概述

信用风险指债务人或交易对手未能履行合同规定义务或信用质量发生变化，影响金融产品价值从而给债权人或金融产品持有人造成经济损失的风险。它很大程度由个案因素造成，观察数据少、不易获取且具有明显非系统性风险特征。大多数银行贷款是最主要的信用风险来源。它既存在传统贷款与债券投资等表内业务又存在贷款承诺与衍生品交易等表外业务。信用风险对金融产品会产生影响。就基础金融产品，信用风险造成损失最多是债务全部账面价值。就衍生产品，信用风险造成损失虽小于衍生产品名义价值但由于衍生产品名义价值巨

大因此潜在风险损失不容忽视。

(二)风险控制

信用风险控制包括限额管理及关键流程与环节控制。其中,限额管理对控制银行业务活动风险至关重要。银行信贷业务层面授信限额是银行管理层面资本限额的具体落实,如表9-2所示。

表9-2 信用风险控制具体内容

项 目		具体内容
目的		确保所发生的风险总能被事先设定的风险资本加以覆盖
主要内容	银行管理层面	限额管理体现商业银行董事会对损失的容忍程度,反映商业银行在信用风险管理的政策要求、风险资本抵御与消化损失能力
主要内容	信贷业务层面	商业银行对客户、行业、区域和资产组合的授信限额管理,有利于分散信用风险与降低信贷集中度

关键流程与环节控制包括以下两个方面。

其一是信贷业务流程应结构清晰、职能明确。在业务处理过程中应做到关键岗位相互分离、相互协调、相互制约,同时满足业务发展与风险管理需要。具体流程包括授信权限管理、贷款定价、信贷审批与贷后管理等。

其二是信贷资产证券化。它是指将缺乏流动性但能产生可预期未来现金流的资产(如银行贷款、企业应收账款等),通过结构安排对资产风险与收益要素进行分离、重新组合、打包进而转换成金融市场上可出售并流通的证券。它通过证券化真实出售与破产隔离功能,可将不具有流动性的中长期贷款置于资产负债表外以优化资产负债结构与缓解银行流动性压力。信贷资产证券化具有三项优势。第一是通过对贷款进行证券化而非持有到期,可改善资本状况,以最小成本增强流动性及提高资本充足率。第二是通过资产证券化转化不良资产为可流通金融产品,盘活部分资产流动性以化解不良资产及降低不良贷款率。第三是增强盈利能力以改善银行收入结构,也可为其他银行资产证券化提供担保及发行服务而赚取收益。

👥 知识窗

知识图谱

2012年5月17日 Google 正式提出了知识图谱概念,其初衷是为了优化搜索引擎返回的结果以提高用户搜索质量及体验。假设我们想知道“王健林的儿子” 是谁,百度或谷歌一下,搜索引擎会准确返回王思聪的信息,说明搜索引擎理解了用户的意图,知道我们要找“王思聪”,而不是仅仅返回关键词为“王健林的儿子”的网页。实际上知识图谱并不是一个全新概念,早在 2006 年就有文献提出语义网概念,呼吁推广、完善使用本体模型以形式化表达数据中隐含语义,RDF(即资源描述框架)模式和 OWL(即万维网本体语言)就是基于上述目的产生的。

用电子科技大学徐增林教授的论文原文来说: 知识图谱技术出现正是基于以上相关研究,它是对语义网标准与技术的一次扬弃与升华。目前,随着智能信息服务应用的不断发展,知识图谱已广泛应用于智能搜索,智能问答,个性化推荐等领域。

知识图谱本质上是一种揭示实体之间关系的语义网络。

(资料来源：顾鹏. 什么是知识图谱？[EB/OL])

第四节 远 程 银 行

伴随金融科技的发展，银行风险管控有了新的内涵。它涵盖银行前端、银行中端与银行后端三个层面。但它更多移到了银行前端即客户端。通过大数据银行对客户精准画像，通过联邦学习技术银行在保护客户私隐的同时共享客户资源，进一步构建与客户相关的知识图谱，有效分析客户信息精准营销，以降低银行经营风险。这是一项系统性工程，正如第一章我们介绍的建设银行新一代核心系统建设工程(以下简称"新一代")，这项工程自 2010 年 12月启动实施，于 2017 年 6 月竣工投产。历时 6 年半、投入约 9500 人、版本变更超 2 万次，这是中国金融业有史以来最为庞大的系统建设工程。这项在金融科技助推下的系统工程不仅有助于商业银行的风险管理，也有助于商业银行更有效提供金融服务，以应对金融科技公司的挑战。

除了建行"新一代"，前面章节关于金融科技与商业银行的融合，我们提到了监管沙箱、智能手机银行、智慧银行、百融大数据、百融云计算、开放银行、远程银行与联邦学习技术等。今天将就 RPA 重塑银行业中后台运营，进一步引导读者思考机器人流程自动化(PRA)如何赋能商业银行风险管理。

👍 课后案例

兴业数金发布"金田螺"RPA 流程机器人

2019 年 5 月 28 日兴业数金在上海发布"金田螺"RPA 流程机器人。推出信贷机器人、客服机器人、报表机器人、运管管理机器人、财务机器人等流程机器人产品系列，为金融业数字化转型、客户体验提升提供有效解决方案。成熟的银行机构都会在内部部署多个业务平台和管理系统，以实现业务流程的信息化。但大多数银行工作人员仍然必须每天往返于多个系统之间完成大量的手动工作，目的是为了协调和转录数据以及处理各种交易。因此，重复单调的低价值操作性任务仍然存在，使员工疲于应对，无暇发挥其创造性和主观能动性。通过优化业务流程，加大对人力资源的有效利用并最终提高运营效率，则成为数字化流程创新的重要探索方向，机器人流程自动化(RPA)在这个背景下应运而生。简言之，PRA 通过模拟人机交互，代替或补充人的操作，重复程序化流程，实现 7×24 小时全天候自动化运作，从而达到解放劳动力、实现精益化管理的目的。2017 年 10 月，兴业数金正式推出"金田螺"RPA 流程机器人品牌系列产品，为金融机构提供流程自动化的创新服务，并率先在兴业银行集团内部进行应用。

兴业数金总裁陈翀介绍，过去 18 个月中，在兴业银行落地的 15 条流程已经带来了 2.2万人/天及 515 万元的运营成本节约，助力收入增长 2.33 亿元。更重要的是其带来的客户体验提升。"金田螺"系列产品目前已涵盖信贷审批、客服服务、报表制作、信用卡业务、运营管理以及财务管理等众多业务领域，涉及半自动、全自动、智能型等产品类型。截至目前，兴业数金在包括兴业银行在内的超过 20 家金融行业客户中上线了 200 余个流程机器人，为客户的降本增效、营收增长带来了显著成效。

基于对 RPA 发展趋势的预想,兴业数金结合 RPA 实施与金融云的服务经验,已推出流程机器人 RaaS 云端服务,RaaS(机器人即服务),让用户无须再购买机器人许可,直接可以享受到流程机器人的服务。兴业数字金融服务(上海)股份有限公司(兴业数金)成立于 2015 年 12 月,由兴业银行持股 51%,三家上市公司高伟达(17.290,0.13,0.76%)、金证科技、新大陆(17.280,0.25,1.47%)作为战略股东分别持股 10%,并实施员工持股,为兴业银行集团布局金融科技的先行军。兴业数金金融云服务如表 9-3 所示。

表 9-3 兴业数金金融云服务

专业	融合	开放	创新
为超过 350 家银行客户,提供 400 多项全方位金融行业云服务。(根据兴业数金内部统计数据)	构筑银行、非银、支付等领域专业能力,融合生态,提供更多金融+科技选择	基于 API 技术,通过打造开放银行平台,成为金融机构和产业之间的"链接器"	建立孵化创新机制加速平台上的业务微创新,科技赋能金融产品与服务,融入商业生态场景

(资料来源:新浪财经,2019 年 5 月 28 日)

问题分析

1. 结合案例思考 RPA 如何在银行风险管理中发挥作用。

2. 除了风险管理,RPA 在商业银行很多业务领域替代了银行从业人员,请深入思考商业银行哪些业务领域是 RPA 不可替代的?

财商小剧场

第二章、第七章和第八章内容,让大家明白了银行资本金管理与国际业务等对外开放都有助于银行安全性与流动性目标实现并促进其获利。因此普通投资者与银行打交道要首选安全系数高的银行。那么接下来我们回到银行本身来思考。

【思考】什么是中国银行圈血统?包商银行事件是不是打开潘多拉魔盒?

【问题解析】你可能认为自己对银行很熟悉,但仔细想想并不一定是这么回事。如工商银行与招商银行的差别在哪里?再如若要办信用卡,到底哪家银行更靠谱?办理个人与企业贷款又该找哪家银行?这些问题你以为自己很熟悉但却无法准确回答。

中国现在有各类银行4000多家,种类多样。它包括六大国有银行、全国性股份制银行、城市商业银行与农村商业银行。首先,"历史悠久、分支机构庞大、国家隐性信用保底"决定六大国有银行属于"皇帝女儿不愁嫁"。此外,吸储能力好、信用好,它们明显处于银行圈上流阶级。但是五大行因为分支机构太多以致监管出现缺失。2014年著名的泛亚金融诈骗案中有近 70 亿理财产品通过中行内蒙古分行代售。因此普通投资者不要一看到六大行就感到很安全而要形成分辨意识。

除了国有商业银行以外,股份制银行属于银行业第二梯队。平时我们经常听到的招商、浦发、民生、兴业都属于此类银行。它们也是全国性银行，但股权结构较灵活。与六大国有商业银行相比吸储能力略弱，它们必须做特色业务以差异化竞争。差异化竞争后产生特色银行。如信用卡办理哪家强？深圳蛇口招商银行是著名的零售银行，它的信用卡业务在全国首屈一指。首先是发行量大、申请方便。招行各地或线上网点都可以申请。此外，招行线下业务做得特别好，它的落地商铺特别多。相比其他行招行卡餐饮折扣大且对于年轻客户信用卡额度大。再说，小微企业上哪贷款？在 2015 年定向降准鼓励小微贷前，民生银行算是做得比较有特色了，它一开始就不和大行竞争大的对公业务，定位小微企业。此外，除了提供理财产品利率稍高点，股份制银行员工素质高、业务有创新性、服务态度好、手续费较低，因此在做个人业务时应选择股份制银行。

除了国有商业银行与股份制银行外，中国还有一类特殊银行，即城市商业银行，简称城商行。如上海银行、北京银行、重庆银行等。此类银行其前身是 20 世纪 80 年代时各地设立城市信用合作社，有 5000 多家。到 90 年代中期后中国开始施行《商业银行法》以全面整顿信用社并在其基础上组建城商行以服务地方中小型企业。它们特殊在哪里呢？中国金融是自上而下中央货币财政体系。在这样体系与发展背景下城商行实行双线管理。一方面它们属于地方政府控股，行政上属于地方政府，但由于它们的业务是金融业务又归口银监会。因此，在各城市城商行是当地政府的钱袋子。若各地搞建设，很多土地财政贷款都会通过此类城商行进行。但从规模、体量、实力上，它们与国有银行及股份制银行有差距。同时，城商行是地域性特别强的银行。如我们国家有 100 多家城商行，但它们差异大。经济发达地区城商行实力很强，如上海银行。它已经是全国 500 强企业。而北京银行，有人认为它甚至比部分股份制银行实力还强。十几年，有 16 家城商行已上市，而有些大的城商行看上去与股份制银行已几乎无差别。但大多数城商行还是地方性银行，在资金实力、规模与信誉度没有冲出省城，它们吸储能力较差。因此这些城商行就会发行或代理激进理财产品以致产品利率高。当我们购买这些理财产品时要多加小心。

此外，中国还有上千家农村金融机构，但此类机构隶属于当地政府，主要是当地县政府。相对而言，它们体量小，但在当地政府与我国支持农业发展政策导向下在当地发展也不错。

接下来我们通过包商银行案例了解中国银行圈。2019 年 5 月 24 日金融市场炸出大雷，人民银行与银保监联合发布公告称，包商银行由于出现严重信用风险依法被进行接管，接管期一年。很多人认为这好比潘多拉魔盒被打开，这是过去 20 年来第一次银行被接管。新中国成立以来，在普通投资者潜意识里银行信用就是国家信用，即使银行出岔子最后国家会兜底，即"刚兑"。人民银行与银保监以官宣方式告知天下包商银行严重信用风险被接管，像是要把"刚兑"这个盖子打开。包商银行被接管但不等于破产。如央行接管方案中对个人储户严格保护。个人存款全额保证支付及其他个人业务照常进行。而对 5000 万元以下对公存款与金融同业存款全额支付，这是维护银行最基础信用即储户信用，不能让金融市场风波蔓延变成社会风险。而对包商银行同业负债部分是简单债务重组模式。按照负债金额量分别以100%、90%、80% 到 70% 比例兑付。承兑汇票也是同样思路，按金额进行部分承兑保障。"用接管而不是破产"表明是家务事，中央有注入资金解决问题的能力与意愿。但公开解决也是释放强烈信号，告诉市场政策转向的决心与力度。

中小型银行已占银行总资产 50% 左右，对整个社会信用扩张其实起到重要作用。因此，在此背景下包商银行事件本身即使不是大事，但它会影响整个市场预期，引起部分银行惶恐，甚至市场出现短暂流动性风险可能性较大。近年银行扩张很快，影子银行问题凸显则监管无法穿透。金融风险不可控则普通投资者钱袋子不安全，投资者财富会大量缩水，这是央行最担心的事情。包商银行事件打开潘多拉魔盒告诉市场政策转向的决心与力度。未来5~10年中国金融市场定会朝着更透明直接融资市场发展。关于中小银行处置问题，其实在中央层面与地方层面有不同意见。请就所在城市与未来行业思考，你认为应该抑制地方性小银行发展还是鼓励地方性小银行发展？一个看上去与你生活不一定相关的事件有时会产生蝴蝶效应，也会对未来普通投资者财富甚至择业造成很大影响。

(资料来源：香帅的金融江湖(公众号))

📚 本章小结

(1) 商业银行作为经营货币信用的特殊企业，其显著特征是高风险性。在金融一体化与经济全球化背景下金融市场不确定性增大，商业银行识别风险、预测风险、管控风险重要性凸显。商业银行对风险管理应贯穿于资产业务、负债业务及其他各项业务全过程。

(2) 银行风险形成因素来自外部经济环境与内部经营管理。其中，外部经济环境因素包括宏观经济政策、经济周期、金融监管、行业竞争、市场风险与法律条文变更等，内部经营管理则包括银行经营策略与管理水平等。

(3) 银行风险预测指通过对潜在各种风险进行系统归类与全面分析，以对特定风险发生的可能性或造成损失的范围与程度进行预测。风险预测作为风险管理重要环节，不仅是银行整个风险管理中最重要与最难处理部分而且还是风险控制的前提条件。风险预测主要包括调查分析、风险识别与风险预测三部分。

(4) 定量分析指利用历史数据资料通过数学推演来估计银行未来风险的方法。建立数学模型是定量分析的关键，常见的方法有时间序列预测法、马尔科夫链预测法、累计频率预测法、弹性分析法等。弹性分析法指在风险因素与风险损益因果关系基础上分析风险因素变化给风险收益带来的影响，即差量分析法或敏感性分析法。该方法通常用于汇率或利率风险预测。

(5) 定性分析又称判断预测法。它是熟悉业务、拥有理论储备、具有综合判断能力的专业人员通过已掌握的银行相关资料、情况或自身经验教训，对银行可能面临的风险进行预测的方法。定性分析是定量分析的补充，常用定性分析方法有专家意见法、德尔菲法、主观概率法、交叉影响法、领先指标法等。

(6) 内部控制指银行内部按规定的经营目标与工作程序，对各个部门、人员与业务活动进行组织、协调与相互制约，以减少与控制潜在风险确保银行完成任务并实现预期目标的管理制度。

(7) 银行稽核工作应遵循一定原则以有利于稽核工作效果与效率提高。它主要有回避原则、重要原则、经济原则、适合原则、从简原则、行动原则与直辖原则等。银行进行稽核时常见的方法有观察法、审阅法、听证法、复查法、核对法、盘点法、查询法等。在稽核中应将各种方法有机结合同时注意稽核形式。稽核有全面稽核与专项稽核之分、定期稽核与不定期稽核之分、独立稽核与会同稽核之分等。因此，有效稽核应是上述原则指导下对稽核方法与方式进行有效搭配以有效实现内部控制。

(8) 流动性风险指银行无法以合理成本及时获得充足资金用于偿付到期债务、履行其他支付义务与满足正常业务开展的其他资金需求风险。它主要包括市场流动性风险与融资流动性风险两类。其中，市场流动性风险指市场深度不足或市场动荡，银行无法以合理市场价格出售资产以获得资金的风险。

(9) 流动性风险控制要从资产与负债两方面着手处理。资产管理方面要管控资产到期日与资产组合等。而负债管理方面要确保负债来源分散化与保持"市场接触"等。此外，银行除了监测正常市场条件下资金净需求外，还要定期压力测试，还应根据不同假设情况(可量化极端范围)进行流动性测算，以确保银行储备足够流动性应付可能出现的各种极端状况。

(10) 信用风险是指债务人或交易对手未能履行合同规定义务或信用质量发生变化，影响金融产品价值从而给债权人或金融产品持有人造成经济损失的风险。它很大程度由个案因素造成，观察数据少、不易获取且具有明显非系统性风险特征。大多数银行贷款是最主要信用风险来源。它既存在传统贷款与债券投资等表内业务又存在贷款承诺与衍生产品交易等表外业务。信用风险对金融产品会产生影响。就基础金融产品，信用风险造成损失最多是债务全部账面价值。就衍生产品，信用风险造成损失虽小于衍生产品名义价值但由于衍生产品名义价值巨大因此潜在风险损失不容忽视。

(11) 信用风险控制包括限额管理及关键流程与环节控制。其中，限额管理对控制银行业务活动风险至关重要。银行信贷业务层面授信限额是银行管理层面资本限额的具体落实。

关键流程与环节控制包括以下两个方面：其一是信贷业务流程应结构清晰与职能明确；其二是信贷资产证券化。

 练习与思考

一、名词解释

1. 流动性风险
2. 利率风险
3. 内部控制
4. 信用风险
5. 风险预测
6. 定性分析
7. 国别风险
8. 信贷资产证券化
9. 定量分析

二、简答题

1. 商业银行如何进行流动性风险资产管控？
2. 商业银行内部稽核包含哪些内容？
3. 如何进行商业银行信用风险控制？

4. 什么是商业银行内部控制的四原则?

三、单选题

1. 在风险识别基础上,对风险发生的可能性、后果及严重程度进行充分分析和评估,从而确定风险水平的过程是(　　)。

　　A. 风险监测　　　B. 风险报告　　　C. 风险计量　　　D. 风险控制

2. 银行因资产到期不能足额收回,进而无法偿付到期债务、履行其他支付义务或满足正常业务开展需要,从而给银行带来损失,这类风险属于(　　)。

　　A. 信用风险　　　B. 操作风险　　　C. 市场风险　　　D. 流动性风险

3. 下列关于流动性风险管理表述,错误的是(　　)。

　　A. 银行有较为充足的资本时,就不会陷入流动性危机

　　B. 为妥善管理流动性风险,银行需具备完善的流动性管理体系和措施

　　C. 银行获取资金的能力取决于银行总体的资产负债情况、银行在市场中的头寸和环境

　　D. 银行在解决流动性问题时,更需要的是现金流入

4. 下列不属于银行市场风险的是(　　)。

　　A. 利率风险　　　　　　　　　　B. 股票价格风险

　　C. 汇率风险　　　　　　　　　　D. 违约风险

5. 下列不属于商业银行内部控制目标的是(　　)。

　　A. 保证商业银行发展战略和经营管理目标的全面实施和充分实现

　　B. 保证商业银行经营无风险点

　　C. 保证国家法律法规和商业银行内部规章制度的贯彻执行

　　D. 保证风险管理的有效性

6. "不要将所有的鸡蛋放在一个篮子里"属于(　　)。

　　A. 风险分散　　　　　　　　　　B. 风险对冲

　　C. 风险缓释和转移　　　　　　　D. 风险规避

7. 商业银行内部控制应当在治理结构、机构设置及权责分配、业务流程等方面形成相互制约、相互监督的机制,这体现了银行建立与实施内部控制应当遵循的(　　)。

　　A. 相匹配原则　　　　　　　　　B. 制衡性原则

　　C. 审慎性原则　　　　　　　　　D. 全覆盖原则

8. 下列不属于政治风险的是(　　)。

　　A. 政府更替　　　B. 财产征用　　　C. 洗钱　　　　D. 政治冲突

9. (　　)是商业银行进行有效风险管理的最前端。

　　A. 外部风险监督机构　　　　　　B. 内部审计部门

　　C. 法律合规部门　　　　　　　　D. 财务控制部门

10. (　　)是指市场利率变动不确定性给商业银行造成损失的可能性。

　　A. 利率风险　　　B. 汇率风险　　　C. 股票风险　　　D. 商品风险

四、多选题

1. 商业银行进行风险管理的主要策略包括(　　)。

A. 风险分散   B. 风险对冲   C. 风险规避

D. 风险隐藏   E. 风险补偿

2. 下列关于风险管理与商业银行经营关系的说法，正确的有(　　)。

A. 承担和管理风险是商业银行的基本职能，也是商业银行业务不断创新发展的原动力

B. 风险管理从根本上改变了商业银行经营管理模式

C. 风险管理不能够为商业银行风险定价提供依据

D. 健全的风险管理体系能够为商业银行创造附加价值

E. 风险管理水平体现了商业银行的核心竞争力

3. 下列选项中，属于商业银行内部控制的目标的有(　　)。

A. 保证商业银行业务记录、会计信息、财务信息和其他管理信息真实、准确、完整和及时

B. 保证商业银行经营规模与盈利水平提升

C. 保证商业银行发展战略和经营目标的实现

D. 保证商业银行风险管理的有效性

E. 保证国家有关法律法规及规章的贯彻执行

4. 下列关于汇率风险的表述，正确的有(　　)。

A. 黄金被纳入汇率风险考虑，其原因在于黄金曾长时间在国际结算体系中发挥国际货币职能，从而充当外汇资产使用

B. 汇率风险指由于汇率不利变动导致银行业务发生损失的风险

C. 商业银行发放外币贷款时汇率波动可能导致信用风险增加

D. 人民币升值会降低我国商业银行面临的汇率风险

E. 根据产生原因汇率风险可分为两类，即外汇交易风险和外汇结构性风险

5. 以下关于商业银行信用风险的表述，正确的有(　　)。

A. 信用风险仅存在于传统贷款、债券投资等表内业务中

B. 信用风险与流动性风险互无关系

C. 对于大部分商业银行而言，贷款是最大最明显的信用风险来源

D. 信用风险是指债务人未能履行合同所规定义务而给银行带来损失的可能性，因而又称为违约风险

E. 当债务人或交易对手履约能力不足或信用质量下降时银行面临信用风险

6. 下列(　　)管理不到位，可引发流动性风险。

A. 操作风险   B. 国别风险   C. 市场风险

D. 声誉风险   E. 信用风险

7. 根据商业银行业务特征及诱发风险原因，通常可将商业银行面临的风险划分为(　　)。

A. 信用风险   B. 市场风险   C. 操作风险

D. 流动性风险   E. 声誉风险

8. 下列属于商业银行客户的是(　　)。

A. 证券公司   B. 自然人   C. 合伙制企业

D. 工商银行   E. 中国人民银行

9. 2007 年年底美国爆发次级债危机。长期以来有些美资商业银行员工违规向信用分数较低、收入证明缺失、负债较重的人提供贷款，由于房地产市场回落，客户负担逐步到了极限，大量违约客户出现，不再偿还贷款形成坏账则次级债危机产生了。危机使信用衍生产品市场大跌，众多机构投资受损并进一步致使银行间资金吃紧。危机殃及许多全球知名商业银行、投资银行和对冲基金，使长期以来它们在公众心目中稳健经营的形象大打折扣。上述信息包含了( )等风险。

    A. 市场风险   B. 信用风险   C. 操作风险

    D. 流动性风险   E. 声誉风险

10. 内部控制作为有机系统，包括( )环节。

    A. 决策   B. 建设与管理   C. 执行与操作

    D. 监督与评价   E. 改进

附录　练习与思考答案

第一章

一、名词解释

1. 2015 年新修订的《商业银行法》规定：商业银行是指依照该法和《中华人民共和国公司法》设立的吸收公众存款、发放贷款、办理结算等业务的企业法人。

2. 信用中介职能是商业银行最基本也最能反映其经营活动特征的职能，其实质是指商业银行通过负债业务，把社会上的各种闲散货币资金集中到银行，再通过资产业务，把它投向社会经济各部门。商业银行在发挥这一信用中介职能时，作为货币资本的贷出者和借入者实现货币资本的融通，实现资本盈余与短缺之间的调剂，不改变货币资本的所有权，改变的只是其使用权。

3. 支付中介职能是商业银行利用活期存款账户，为客户办理各种货币结算、货币收付、货币兑换和转移资金等货币经营业务的职能。它有两个明显的作用：一是使商业银行持续拥有比较稳定的廉价资本来源；二是可节约社会流通费用与增加生产资本投入。从历史上看，商业银行的支付中介职能要早于信用中介职能。

4. 在 20 世纪 30 年代大危机后的美国立法，将投资银行业务和商业银行业务严格地划分开，保证商业银行避免证券业的风险。该法案禁止银行包销和经营公司证券，只能购买由美联储批准的债券。

5. 分行制是指法律允许商业银行除了总行外，可在本地或国内外各地设立分支机构，而总行普遍在各大中心城市设立。这种组织结构起源于英国股份制银行。与单一银行制相比，分行制更适应现代经济发展需要，是当代商业银行主要的外部组织结构。

6. 银行控股公司制又称集团制，是指由成立股份公司的一家集团来收购或控制若干独立银行，这些独立银行的业务与经营决策归属于股份公司。这种组织结构在美国最为流行，它克服了美国长期实行单一银行制而造成银行资金实力较弱、抵御风险与参与市场竞争能力不足的缺陷。它有两种类型，即非银行控股公司和银行控股公司。前者是由主营业务不是银行业务的大企业控制银行股而组织起来的，后者由一家大银行直接组织控股公司，而其他较小银行从属于这家大银行。

7. 流动性目标指商业银行能够随时满足客户提现和必要贷款需求的支付能力，包括资产流动性和负债流动性两重含义。其中，资产流动性指资产在不发生损失情况下迅速变现的能力，既包括速动资产数量，又包括速动资产不足时其他资产在不发生损失情况下转变为速动资产的能力。

8. 营利性目标指商业银行经营活动的最终目标，这一目标要求商业银行以追求银行盈利最大化为其经营管理第一要义，即利润最大化。

9. 商业银行制度是一个国家用法律形式所确定的该国商业银行体系、结构及组成这一体系的原则总和。其建立的基本原则是有利于银行业竞争、有利于保护银行体系的安全、使银行保持适当的规模。这三个基本原则强调保护竞争、保障安全及保持适度规模。

二、简答题

1. 结合商业银行的发展历程，其性质是以追求利润最大化为目标，以金融资产和负债为对象，全能化多职能的金融企业，简单来讲，其具有企业性与特殊性。企业性是指与一般工商企业一样，商业银行具有现代企业的基本特征，即拥有从事业务经营所需自有资金，需独立核算、自负盈亏，还需要把追求利润最大化作为经营目标，这是商业银行产生和发展的基本前提与其经营的内在动力。特殊性是指与一般工商企业有所不同，商业银行是特殊企业。主要表现：一是商业银行经营对象和内容具有特殊性；二是商业银行对整个社会经济的重要性和其受整个社会经济的影响具有特殊性；三是商业银行责任具有特殊性。

2. 商业银行在现代经济活动中发挥的职能主要有信用中介、支付中介、信用创造、金融服务、调节经济与风险管理六项。其中，信用中介与支付中介是商业银行的两项基本职能，其他职能是在这两项基本职能的基础上衍生而来的。商业银行在发挥其职能服务于消费者金融消费时，其与资金需求者和资金供给者之间分别形成债务债权关系，即间接融资。信用中介职能是商业银行最基本也最能反映其经营活动特征的职能，其实质是指商业银行通过负债业务，把社会上的各种闲散货币资金集中到银行，再通过资产业务，把它投向社会经济各部门。支付中介职能是商业银行利用活期存款账户，为客户办理各种货币结算、货币收付、货币兑换和转移资金等货币经营业务的职能。信用创造职能又称货币创造职能，是在支付中介和信用中介职能的基础上产生的。金融服务职能是商业银行利用其在充当信用中介和支付中介过程中所获得的大量信息为客户提供其他金融服务，即担保、信托、租赁、保管、咨询、经纪、代理融通等业务。调节经济职能是商业银行通过其信用中介活动调剂社会各部门之间资金余缺，同时结合央行货币政策和国家其他宏观政策，调节投资消费比例并引导资金流向，实现产业结构调整及消费对生产的引导作用，也可通过国际金融市场融资活动以调节本国国际收支状况。风险管理职能是商业银行通过借入高风险资金而向资金需求者发行低风险间接证券，以承担管理信用风险与市场风险，实现金融市场风险套利职能。

3. 商业银行外部组织结构主要有单一银行制、分行制与银行控股公司制三种类型。单一银行制又称独家银行制，指商业银行不设立分支机构。这样的组织结构主要集中在美国。美国作为联邦制国家，为了保护中小银行以实现平衡发展，一些经济相对落后的州政府禁止或者限制他区银行到本州设立分行以阻止金融渗透，防止本州银行被吞并。但单一银行制本身与美国经济外向发展存在矛盾。分行制是指法律允许商业银行除了总行外，可在本地或国内外各地设立分支机构，而总行普遍在各大中心城市设立。这样的组织结构起源于英国股份制银行。银行控股公司制又称集团制，是指由成立股份公司的一家集团来收购或控制若干独立银行，这些独立银行的业务与经营决策归属于股份公司。这样的组织结构在美国最为流行。它有两种类型，即非银行控股公司和银行控股公司。前者由主营业务不是银行业务的大企业控制银行股而组织起来，后者由一家大银行直接组织控股公司，而其他较小银行从属于这家大银行。

4. 商业银行制度是一个国家用法律形式所确定的该国商业银行体系、结构及组成这一体系的原则总和。其建立的基本原则是有利于银行业竞争、有利于保护银行体系的安全、使银行保持适当的规模。这三个基本原则强调保护竞争、保障安全及保持适度规模。但随着经济金融全球化及金融自由化的趋势，外界对上述三项原则中的保护竞争、保障安全两原则没有异议，但对保持适度规模原则，学界尚存在不同观点，实践中也存在不同的做法。如 20 世纪 90 年代银行业发生的并购浪潮实质上是银行追求新的竞争优势和应对国际金融危机的必然结果：其有利于扩大规模以增强竞争优势；有利于实现优势互补以拓展业务范围；有利于采用最先进的管理和经营手段进行金融创新以更好地服务于社会；有利于银行提高盈利能力；有利于推动社会经济发展和高科技产业发展。然而超大规模银行的出现，对银行业发展和国际金融业发展也带来新问题：一是大银行因规模大以至于管理难度增大；二是大银行因信用创造能力强以至于干扰中央银行货币政策的效果；三是文化冲突难以避免。

三、单选题

1. 【D】解析：中国银行保险监督管理委员会(英文名称：China Banking and Insurance Regulatory Commission)，成立于 2018 年，是国务院直属正部级事业单位，其主要职责是依照法律法规统一监督管理银行业和保险业，维护银行业和保险业合法、稳健运行，防范和化解金融风险，保护金融消费者合法权益，维护金融稳定。

2. 【B】解析：我国社会信用体系的缺乏造成了信托业的先天不足，信托业一直陷于"发展—违规—整顿"的怪圈，先后经历 5 次大规模的清理整顿。自 2007 年 3 月 1 日起施行的《信托公司管理办法》规定了信托公司所应遵守的规范。故本题应选 B 选项。

3. 【C】解析：新中国第一家信托投资公司是中国国际信托投资公司，成立于 1979 年。故本题应选 C 选项。

4. 【D】解析：商业银行不得向关系人发放信用贷款；向关系人发放担保贷款的条件不得优于其他借款人同类贷款的条件。商业银行的关系人：①商业银行的董事、监事、管理人员、信贷业务人员及其近亲属；②前项所列人员投资或者担任高级管理职务的公司、企业和其他经济组织。故本题应选 D 选项。

5. 【D】解析：中华人民共和国银行业金融机构，是指在中华人民共和国境内设立的商业银行、城市信用合作社、农村信用合作社等吸收公众存款的金融机构以及政策性银行。故本题应选 D 选项。

6. 【B】解析：诚实信用原则要求银行业从业人员应当以高标准职业道德规范行事，品行正直，恪守诚实信用的原则。故本题应选 B 选项。

四、多选题

1. 【ABCE】解析：通常所说的资本是指会计资本，也就是账面资本，等于商业银行合并资产负债表中资产减去负债后的所有者权益。资本的作用主要体现在以下几个方面：①资本为商业银行提供融资；②吸收和消化损失；③限制商业银行过度业务扩张和风险承担；④维持市场信心；⑤为商业银行管理，尤其是风险管理提供最根本的驱动力。故本题应选 A、

B、C、E 选项。

2.【ABCD】解析：我国的商品期货市场起步于 20 世纪 90 年代初，目前只有四个，分别为上海期货交易所、大连商品交易所、郑州商品交易所和中国金融期货交易所。故本题应选 A、B、C、D 选项。

3.【ABCD】解析：金融市场的发展在为银行提供有利条件的同时，也对银行形成了巨大的挑战，主要表现：①随着银行参与金融市场程度的不断加深，金融市场风波对银行资产价值的影响会不断加大，银行经营管理特别是风险管理的难度也将会越来越大。②金融市场会放大商业银行的风险事件。③随着资本市场的发展，一方面，大量储蓄者将资金投资于资本市场，会减少银行的资金来源；另一方面，大量的优质企业在资本市场上筹集资金，会减少在银行的贷款，造成银行优质客户的流失。故本题应选 A、B、C、D 选项。

4.【CDE】解析：三家国家政策性银行，即国家开发银行、国家进出口银行、国家农业发展银行。故本题应选 C、D、E 选项。

第二章

一、名词解释

1. 核心资本包括实收普通股、永久非累积优先股、公开储备。公开储备是指通过保留盈余与其他盈余的方式在资产负债表上明确反映的储备。

2. 风险加权资产是指对银行的资产加以分类，根据不同类别资产的风险性质确定不同的风险系数，以这种风险系数为权重所得的资产。

3. 经济资本是指一定置信度水平下为抵补未来一定期限内银行资产或投资组合面临的非预期损失所需要的资本。因此经济资本不是银行实实在在拥有的资本，其本质是风险概念，又称为风险资本。商业银行分配经济资本可采取自上而下、自下而上或两者相结合的模式。

4. 基于《巴塞尔协议》关于银行资本充足性的规定，资本充足性是指银行资本金数量必须超过金融监管机构规定并能足够保障日常正常经营与维护银行信誉的最低金额。银行资本金应实现银行风险资产安全与效益的动态平衡，这是衡量银行业务经营状况是否稳健的重要标志。资本充足性涵盖资本数量充足性与资本结构合理性两方面含义。

5. 1975 年 2 月根据英格兰银行总裁理查森的建议，国际清算银行发起并主持瑞士巴塞尔市聚会，与会成员有比利时、荷兰、加拿大、英国、法国、意大利、德国、瑞典、日本与美国十国集团成员国及瑞士与卢森堡两个观察员国的中央银行代表，会后建立了"国际清算银行关于银行管理和监督活动常设委员会"以监督及协调国际银行活动。该常设委员会简称巴塞尔委员会。

6. 信用风险又称违约风险，主要是指借款人或交易对象因各种原因不愿或无力履行合同条件而构成违约，以致银行遭受损失的可能性。银行借款人或交易对象信用等级下降可使银行持有相应资产贬值，这也属于信用风险。总之，信用风险存在于一切信用活动中，银行所有业务都有可能面临信用风险，其中以信贷业务信用风险最大。例如，自 2015 年以来，世界性不良资产问题反映出信用风险对银行的严重影响。严重信用风险不仅可能威胁银行自身经营安全，还可能导致银行信用体系与支付体系崩溃而引发货币金融危机。

7. 流动性风险主要是指银行掌握的可用于即时支付的流动性资产无法满足支付需要，从而使其丧失清偿能力的可能性。它是银行破产倒闭的直接原因，但实际情况往往是由于其他风险长时间隐藏积累，最后以流动性风险的形式爆发出来，因此防范流动性风险必须与控制其他风险相结合。如 2008 年欧美金融危机源于银行次级住房抵押贷款多重证券化，最后以流动性风险形式爆发并引致全球货币金融危机。

8. 银行风险资产会随其资产结构变化而变化，凸显原先资本与资产比率的不足。而资本与风险资产比率可说明银行资本充足性。一般认为该指标至少应达到 15%。比率中风险资产不包括银行一级、二级准备金在内的资产。同时，这一指标将不必用资本给予保障的资产排除在外，在较大程度上体现了资本"抵御资产意外损失"的功能，更具有科学性。但美中不足的是该指标并未考虑到不同类别资产的风险差异，即未考虑不同风险资产对资本需求量不同。

9. 其他一级资本是指非累积性、永久性、不带有利率跳升与其他赎回条款及本金与收益都应在银行持续经营条件下参与吸收损失的资本工具。它包括其他一级资本工具与其溢价(如优先股与其溢价)及少数股东资本可计入部分。对于我国银行业来说永续债是新型补充资本渠道。永续债没有固定期限或到期日为机构存续期，具有一定损失吸收能力，可计入银行其他一级资本。它是国际银行业补充其他一级资本较常用的一种工具，其有比较成熟的模式。

二、简答题

1. 核心资本包括实收普通股、永久非累积优先股、公开储备。普通股指商业银行股金资本的基本形式，它是一种权利证明。附属资本包括非公开储备、重估储备、普通准备金、混合资本工具和长期附属债务。

2. 分子对策指根据《巴塞尔协议》中资本计算方法，尽量提高银行资本总量及改善与优化资本结构。银行资本计划应建立在其经营目标所需银行资本金数额及金融监管机构所规定的银行最低资本限额要求基础上。实施过程中提高核心资本往往会造成股东权益与每股收益稀释或股息发放太少引致股价下跌等不良后果。因此不可过分提高核心资本。筹集附属资本一般成本较低可以带来银行杠杆收益，但监管层对其有数量进行限制以制约附属资本扩张。资本筹集常用方法有内源资本策略与外源资本策略，即资本筹集来源于银行体系内部还是外部。一般来说，补充核心资本首选内源资本，补充附属资本则首选外源资本。根据《巴塞尔协议》分母对策在于优化资产结构以尽量降低风险权数高资产在总资产的比重。此外加强表外业务经营策略以尽可能选择转化系数小与相应风险权数小的表外业务。因此分母对策的重点是压缩银行风险资产规模及调整银行风险资产结构。

3. 巴赛尔市聚会后，为加强保护银行资本金以促进国际银行体系稳健发展，并消除国际金融市场上国际银行之间不平等竞争条件。1988 年 7 月巴塞尔委员会通过《巴塞尔协议Ⅰ》，旨在通过制定资本对信贷风险资产比例及确定防止信用风险的最低资本充足率，以构建国际银行稳健经营环境。该协议主要包括以下三方面内容，即统一监管资本定义、建立资产风险衡量体系、确定资本金充足率监管标准。2004 年 6 月巴塞尔委员会颁布新的监管资本要求准则《巴塞尔协议Ⅱ》，其目的是通过引入与银行所面临更加一致的风险为基础的监管资本要求。鼓励银行要识别当前及未来风险，并通过改进现有风险管理体系以管理风险资产，构建更具前瞻性的资本监管方法。该协议主要包括以下三方面内容，又称三大支柱。具体包括最低风险资本要求、监督检查与外部监管、市场约束与信息披露。《巴塞尔协议Ⅱ》的三大支柱保持了原有《巴塞尔协议Ⅰ》的资本充足率要求，同时增加了监管约束与市场约束两项新要求。它构建的资本充足性要求对风险更加敏感并能防范更多类型风险。2008 年全球金融危机使商业银行遭遇严峻考验,为实现商业银行经营管理目标与加强国际协调,各国金融监管机构与巴塞尔委员会围绕资本金管理对银行监管资本提出更高要求。相比《巴塞尔协议Ⅱ》,《巴塞尔协议Ⅲ》核心一级资本保留最低资本要求,但新增留存超额资本要求、逆周期超额资本要求、系统重要性银行附加资本要求。主要包括三方面内容,即强化资本充足率监管标准、引入杠杆率监管标准、建立流动性风险量化监管标准。

4. 我国银行业资本监管面临两大难题。一是银行资本自我累积能力差、筹资渠道较少、资本来源单一及银行盈利能力与部分国际知名银行还存在较大差距,我国银行业过于倚重传统信贷业务,金融创新与中间业务仍需开疆拓土。二是银行风险管理能力偏弱。银行必须在风险与收益之间寻求最佳平衡点。国内银行业风险管理理念相对落后,同时国内银行业风险管理组织构架还不完善,风险管理部门往往容易受制于其他部门与管理层的影响而无法充分发挥其监督作用。基于《巴塞尔协议》框架,我国银行业资本监管策略有三条路径。一是拓宽筹资渠道。开办新业务、寻求多种融资筹资渠道以补充资本;积极主动引进境外战略投资伙伴以多方面开展金融创新业务。二是优化资本结构。资本结构调整选择条件在于通过比较各种融资方式的成本与收益从而达到资本成本最小;银行需要根据自身实际情况与发展目标优化资本结构以降低风险。三是增强风险管理。提高对银行风险管理的重视程度,引进与时俱进的管理人才与管理技术,完善内部评估体系以落实资本风险管理措施。

三、单选题

1. 【B】解析:《巴塞尔协议》规定商业银行资本充足率不得低于 8%,核心资本充足率不得低于 4%。故本题应选 B 选项。

2. 【D】解析:商业银行要提高资本充足率,主要有两个途径:一是增加资本;二是降低风险加权总资产。银行也可以"双管齐下",同时采取两个对策。故本题应选 D 选项。

3. 【C】解析:核心一级资本充足率、一级资本充足率和资本充足率分别为 5%、6%和8%。故本题应选 C 选项。

4. 【A】避免银行倒闭不属于银行资本的作用,银行资本的作用主要表现在维持经营、维持客户和市场信心以及维持银行管理等方面。故本题应选 A 选项。

5. 【D】解析:《巴塞尔协议Ⅲ》补充设置了 2.5%的储备资本要求,用于应对严重经济衰退带来的损失。故本题应选 D 选项。

6. 【B】解析:市场约束旨在通过市场力量来约束银行的运营,其运作机制主要是依靠利益相关者的利益驱动,其中利益相关者包括银行股东、存款人、债权人等。故本题应选 B 选项。

7. 【C】《巴塞尔协议Ⅱ》构建了"三大支柱"的监管框架,第一支柱:最低资本要求;第二支柱:监督检查;第三支柱:市场纪律。故本题应选 C 选项。

8. 【C】解析:就银行管理角度来看,相对于监管资本,经济资本更好地反映了银行的风险状况和资本需求,对银行风险变动具有更高的敏感性,目前已经成为先进银行广泛应用的管理工具。故本题应选 C 选项。

9. 【C】解析:经济资本是描述在一定的置信度水平下(如 99%),为了应对未来一定期限内资产的非预期损失而应该持有或需要的资本金。故本题应选 C 选项。

10. 【A】解析:经济增加值,也称经济利润,是扣除全部资本机会成本后的剩余利润。

EVA＞0，表明银行的资产使用效率较高，银行价值增加；如 EVA＜0，说明银行的盈利仅能满足债权人和投资者预期获得的最低报酬，银行价值未变化。故本题应选 A 选项。

四、多选题

1. 【CD】解析：商业银行资本的分类，依据银行资本渠道，可将其资本分为内源资本和外源资本；依据银行资本的概念和内容可将其资本分为一级资本和二级资本。故本题应选 C、D 选项。

2. 【ACDE】解析：核心一级资本是指在银行持续经营条件下无条件用来吸收损失的资本工具，具有永久性、清偿顺序排在所有其他融资工具之后的特征。公开储备属于二级资本。故本题应选 A、C、D、E 选项。

3. 【ABCD】解析：根据《巴塞尔协议》的规定，核心资本包括永久的股东权益和公开储备。永久的股东权益也称资本，主要包括已经发行并完全缴足的普通股和永久的非累积性优先股。公开储备是从商业银行税后利润中提留的，一般由留存盈余(未分配利润)和资本盈余(如股票发行溢价)等组成。故本题应选 A、B、C、D 选项。

4. 【ABC】解析：负债业务是形成商业银行资金来源的业务，自有资金包括成立时发行股票所筹集的股本以及公积金、未分配利润，这部分也称为权益资本。发行金融债券是外来资金的获取渠道。故本题应选 A、B、C 选项。

5. 【ABCE】解析：商业银行全部资金来源包括自有资金和吸收的外来资金两部分。自有资金包括成立时发行股票所筹集的股本以及公积金。外来资金的获取渠道主要是吸收存款，向中央银行借款，从同业拆借市场拆借，发行金融债券，从国际货币市场借款等，其中又以吸收存款为主。故本题应选 A、B、C、E 选项。

6. 【ACD】解析：《巴塞尔协议Ⅱ》的第一支柱是最低资本要求。明确商业银行总资本充足率不得低于 8%，核心资本充足率不得低于 4%，资本要全面覆盖信用风险、市场风险和操作风险。故本题应选 C、D、E 选项。

7. 【ABCDE】解析：扩大资本覆盖面，增强风险捕捉能力：一是提高资产证券化交易风险暴露的风险权重。大幅提高再证券化风险暴露的风险权重，提高资产证券化设计的流动性和便利的信用风险转换系数；二是大幅度提高内部模型法下市场风险的资本要求和定性标准；三是大幅度提高场外衍生品和证券融资交易的交易对手信用风险的资本要求；四是在第二支柱框架下明确商业银行全面风险治理架构的监管要求。故本题应选 A、B、C、D、E 选项。

8. 【ABC】解析：根据《巴塞尔协议Ⅲ》，第一大支柱为最低资本充足率，第二大支柱为监管部门的监督检查，即外部监督。第三大支柱为市场约束，旨在通过市场力量来约束银行的运营。故本题应选 A、B、C 选项。

9. 【ACD】解析：EVA 体现经济利润，反映企业的价值创造，协调管理者与股东的利益，激励管理者有效行为。但是 EVA 指标计算复杂困难，并且对下层管理者的激励作用并不是很理想，根据排除法可得出答案。故本题应选 A、C、D 选项。

10. 【ABC】解析：经济资本是指在一定的置信度和期限的前提下，为了覆盖和抵御银行超出预期的经济损失(即非预期损失)所需要持有的资本数额。经济资本的内容包括经济资本的分配以及风险绩效考核，经济资本的分配实质上是对风险的分配。故本题应选 A、B、C 选项。

第三章

一、名词解释

1. 银行负债指商业银行承担的能以货币计量、需要用银行自有资产或提供劳务去偿还的债务。它代表商业银行对其债务人所承担的全部经济责任。它是支撑商业银行资产业务的重要资金来源。银行负债可分为广义负债与狭义负债。广义负债主要指除了自有资本以外的银行一切资金来源。狭义负债主要指非资本性债务,其中资本性债务隶属于三次《巴塞尔协议》界定的监管资本范畴。本章所述商业银行负债皆为狭义负债。

2. 回购协议指银行出售证券等金融资产时,约定未来某一时间以约定价格再购回该证券的交易协议。根据该协议所进行的交易称回购交易。它可增强长期债券的变现性,因此它有风险。回购协议最常见的交易方式有两种:一种是证券卖出与购回采用相同价格,协议到期时以约定收益率在本金外再支付费用;另一种是购回证券时价格高于卖出时价格,其差额是即时资金提供者的合理收益率。回购协议中的金融资产主要是证券。

3. 长期借款的主要来源包括资本性金融债券、一般性金融债券与国际性金融债券。资本性金融债券指为弥补银行资本不足而发行介于存款负债与股票资本之间的债务,《巴塞尔协议》称之为附属资本或次级长期债务。

4. 同业拆借指银行之间短期放款。主要满足银行临时性调剂头寸。发达国家同业拆借市场是无形市场。而 1996 年我国开通的全国同业拆借一级网络与各省市融资中心均为有形市场。它具有期限短、金额大、风险低、手续简便等特点。我国同业拆借市场由 1~7 天头寸市场与期限在 120 天内的借贷市场组成,其中短期限品种交易占据主导地位。

5. 银行利用国际金融市场借款,最典型的是欧洲货币市场借款。欧洲货币市场又称离岸金融市场,特指经营非居民间融资业务,即外国投资者与外国筹资者之间资金借贷业务所形成的金融市场。

6. 再贷款指银行向中央银行直接借款。银行资金周转不畅时可将其持有合格票据、银行承兑汇票、政府公债等有价证券作为抵押品,开出银行本票向中央银行取得贷款。直接借款在数量与期限方面都比再贴现灵活。银行在资金不足时只要通过电话就可以进行借款,即将政府债券交给中央银行并与中央银行签订借款协议便可取得相应贷款。

7. 大额可转让定期存单又称大额可转让存款证,它是银行印发的一种定期存款凭证。凭证上印有票面金额、存入期与到期日及利率,到期后可按票面金额与规定利率提取全部本金与利息,逾期存款不计息。它可流通转让自由买卖。它是银行负债证券化的产物。它的产生是为了规避利率管制。

8. 转抵押借款指银行遇到资金临时性短缺、周转不灵时,通过抵押方式向其他银行取得贷款。它的抵押物多为工商企业向其举借抵押贷款提交的抵押品,故有"转抵押"之名。

9. 短期借款主要来源于国内外市场。国内借款包括同业借款、向中央银行借款、回购协议与大额可转让定期存款。国外借款主要指国际金融市场借款。若商业银行缺钱其最快获取资金满足流动性的渠道是同业借款与向中央银行借款。

二、简答题

1. 存款创新原则包括规范性、营利性、连续性与社会性原则。其中,规范性原则指创新要依据银行存款所固有功能进行设计，期限越长利率越高，对不同利率形式、计息方法、服务特点、期限差异、流通转让程度、提取方式等进行选择、排列与组合以创造多样性存款品种。如 20 世纪 80 年代至 20 世纪 90 年代初我国银行曾热衷于有奖储蓄存款"创新"。效益性原则指多种存款品种平均成本以不超过原有存款平均成本为原则。银行存款创新最终以获取利润为目标。它应当是客户需求与银行供给动机的有效组合。连续性原则指银行存款工具创新必须坚持连续开发创新的原则。金融服务新产品没有专利权不受知识产权法律保护，一家银行推出有市场潜力存款工具很快就会被其他银行模仿与改进。因此我国银行应进行合理取舍及改进以力求推陈出新适合我国国情的存款新品种。社会性原则指存款工具创新不能有损社会宏观经济效益，它应当有利平衡社会经济发展所必然出现的货币供求矛盾，以合理调整社会生产与消费关系及缓和社会商品供应与货币购买力之间的矛盾。

2. 长期借款管理策略如下所述。

1) 债券发行与资金使用衔接紧密

银行根据自身资金平衡要求制订好相应的债券发行计划、用款计划与还款计划。世界各国对银行发行金融债券数量有规定，通常规定发行总规模不得超过银行资本金与法定准备金之和的一定比例。此范围内银行根据实际需要合理确定发行规模。对所筹资金使用范围有的国家规定只能用于专项贷款或投资，而有的国家则没有明确要求。

2) 发行价格与发行费用成本控制

金融债券发行价格通常有平价发行、溢价发行与折价发行三种。银行应综合金融债券种类与市场利率水平合理确定发行价格。银行发行债券除必须向持有人支付利息外，还要承担发行费用。它主要包括发行手续费、印制费、上市费、律师费、付息手续费、还本手续费与其他服务费等。

3) 利率变化与货币选择适时调整

金融债券发行应根据利率变化趋势决定计息方式与偿还年限。若预期利率有上升趋势应采取固定利率计息方式；反之则应采取浮动利率计息方式。若利率有下降趋势应考虑缩短固定利率债券偿还年限或在发行合同中列明提前偿还条款，这样可以以较高利率偿还旧债，以较低利率发行新债。金融债券利率通常高于同期限银行存款利率。银行在发行国际债券时必须综合考虑国际金融市场上利率、汇率的变化来选择计值货币，以做到既降低成本又易销售。

4) 发行时机选取综合多因素考量

银行应选择市场资金供给大于需求利率较低时机发行债券。发行国内债券由于利率相对稳定而时机选择主要取决于资金供给充裕程度。国内债券发行银行必须根据项目建设周期来确定债券期限，同时也应结合市场利率变化趋势来确定：当市场利率呈下降趋势时应考虑缩短固定利率债券期限；反之亦然。在发行时机的确定上银行应选择市场资金充裕利率较低时发行债券，并做到资金筹集与使用相衔接，以避免出现边发行边闲置现象。

5) 债券推销与购买心理契合紧密

能否顺利推销金融债券在很大程度上取决于投资者的购买心理。因此银行必须认真研究与充分理解投资者对所购买金融债券收益性、安全性与流动性方面的需求，并以客户需求为导向而积极研发新债券品种。

3. 短期借款管理策略如下所述。

1) 借款时机恰当

借款时机恰当指正确选择借款到期时机与金额，在不浪费短期借款使用空间的前提下，满足短期借款流动性需要。

首先，应根据银行资产一定时期的流动性状况选择扩大或缩小短期借款规模。若银行流动性状况良好且即时市场利率较高，此时无须扩大短期借款规模；反之亦然。其次，银行应根据一定时期金融市场资金供求状况与利率变动选择借款时机，在市场利率较低时适当多借资金；反之亦然。最后，银行应根据中央银行货币政策变化而对短期借款进行控制。当中央银行实行紧缩货币政策时，不但再贷款与再贴现成本会提高，其他短期借款成本也会相应提高，此时银行需适当控制借款；反之亦然。

2) 借款规模适度

借款规模适度指尽量把借款到期时间及金额与存款增长规律协调一致，把借款控制在自身承受能力允许范围内，争取利用存款增长来满足一部分借款流动性需要。银行要全面权衡"三性"目标以测算出合适的借款规模。当短期借款成本高于扩大资产规模利润时，银行应缩小短期借款规模。

3) 借款结构合理

借款结构合理指主动把握借款期限与金额，有计划地实现借款到期时间与金额分散化以减小流动性需要过于集中的压力，并通过多头拆借办法分散借款对象与金额以力求形成部分可长期占用借款余额；同时各种借款在短期借款总额中的比重应合理安排，应尽可能利用更多的低息借款与不利用或少利用高息借款以降低短期借款的成本。

4. 同业拆借利率是指货币市场重要的基准利率。如上海同业拆借利率(Shibor)。它发布流程为每个交易日全国银行同业拆借中心根据各报价行报价，剔除最高最低各 4 家报价，对其余报价进行算数平均计算后得出每一期限 Shibor，并于当日 11:00 通过中国外汇交易中心暨全国银行间同业拆借中心网站发布。报价银行是公开市场一级交易商或外汇市场做市商。同时，中国人民银行成立 Shibor 工作小组，依据《上海银行间同业拆放利率(Shibor)实施准则》确定与调整报价银行团成员，监督与管理 Shibor 运行，规范报价行与指定发布人的行为。目前对社会公布的 Shibor 品种包括隔夜、1 周、2 周、1 个月、3 个月、6 个月、9 个月及 1年品种。

三、单选题

1. 【B】解析：银行业务营运的起点和前提条件是负债业务。故本题应选 B 选项。

2. 【C】解析：资本性金融债券是为弥补银行资本不足而发行的介于存款负债和股票资本之间的一种债务，《巴塞尔协议》称之为附属资本或次级长期债务。故本题应选 C 选项。

3. 【B】解析：商业银行主动通过金融市场或直接向中央银行融通资金采取的形式是非存款负债形式。故本题应选 B 选项。

4. 【D】解析：回购协议从即时资金需求者的角度，称为正回购协议；回购协议从即时资金供给者的角度，称为逆回购协议，又称为返回购协议。故本题应选 D 选项。

5. 【A】解析：西方商业银行通过发行短期金融债券筹集资金的主要形式是可转让大额定期存单。故本题应选 A 选项。

6. 【A】解析：商业银行维持日常性资金周转，解决短期资金余缺、调剂法定准备头寸而相互融通资金的重要方式是同业拆借。故本题应选 A 选项。

7. 【A】解析：提前支取的定期存款计息方式如下：支取部分按活期存款利率计付利息，提前支取部分的利息同本金一并支取。因此，小李支取的 10 000 元应按活期存款利率 0.36%

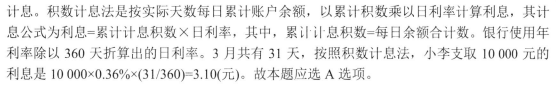

计息。积数计息法是按实际天数每日累计账户余额，以累计积数乘以日利率计算利息，其计息公式为利息=累计计息积数×日利率，其中，累计计息积数=每日余额合计数。银行使用年利率除以 360 天折算出的日利率。3 月共有 31 天，按照积数计息法，小李支取 10 000 元的利息是 10 000×0.36%×(31/360)=3.10(元)。故本题应选 A 选项。

8. 【D】解析：定活两便存款账户是一种预先规定基本期限但又含有某些活期存款性质的存款账户，定活两便体现在该存单可在定期存款和活用存款之间自由转换有权利按期提款，但在基本期限之前提取的依活期存款计息，超过基本期限按基本存款和定期存款利率计息。故本题应选 D 选项。

9. 【A】解析：金融当局的货币政策属于宏观因素。故本题应选 A 选项。

10. 【C】解析：被动性负债又称"存款负债"。商业银行的被动负债是指存款类负债。故本题应选 C 选项。

四、多选题

1. 【ABD】解析：在实际操作中，银行对存款工具的设计和创新必须坚持规范性原则、效益性原则、连续性原则和社会性原则。故本题应选 A、B、D 选项。

2. 【ABC】解析：各国商业银行的传统存款业务有活期存款、定期存款和储蓄存款。故本题应选 A、B、C 选项。

3. 【ABD】解析：主要的新型活期存款品种有 NOW 账户、超级 NOW 账户、货币市场存款账号、协定账户和货币市场共同基金。故本题应选 A、B、D 选项。

4. 【ABCD】解析：商业银行的短期借入负债包括同业借款、向中央银行借款、回购协议、大额可转让定期存单和国际金融市场借款(同业借款包括同业拆借、转贴现和转抵押贷款三种具体形式)。故本题应选 A、B、C、D 选项。

5. 【ABCD】解析：欧洲货币市场之所以对各国商业银行有很大的吸引力，主要是因为以下几个特点：欧洲货币市场不受任何国家政府管制和纳税限制；其存款利率相对较高，放款利率相对较低，存放款利率差额较小；欧洲货币市场资金调度灵活、手续简便；欧洲货币市场的借款利率由交易双方依据伦敦同业拆借利率具体商定。故本题应选 A、B、C、D 选项。

6. 【ABD】解析：商业银行的非存款业务，是指商业银行吸收各种非存款资金的业务，这些业务通常被称为商业银行的"主动型负债"。商业银行的非存款资金可以划分为短期借入资金和长期借入资金。商业银行的短期借入资金业务包括同业拆借、回购、向中央银行借款、向国际金融市场借款等。而商业银行的长期借入资金业务主要是指通过发行金融债券来借入资金。故本题应选 A、B、D 选项。

7. 【AD】解析：债券回购是商业银行短期借款的重要方式，包括质押式回购与买断式回购两种。故本题应选 A、D 选项。

8. 【BC】解析：商业银行向中央银行借款的形式有两种，一种是直接借款，也称再贷款，另一种为间接借款，即所谓的再贴现。故本题应选 B、C 选项。

9. 【ABCD】解析：金融债券是指银行及其他金融机构所发行的债券。按其不同性质可分为国内债券、资本性债券、一般性债券和国际债券。故本题应选 A、B、C、D 选项。

10. 【ABCD】解析：根据《中华人民共和国商业银行法》的规定，办理储蓄业务，应当遵循"存款自愿、取款自由、存款有息、为存款人保密"的原则。故本题应选 A、B、C、D 选项。

第四章

一、名词解释

1. 贷款指经批准可经营贷款业务的金融机构对借款人提供的并按约定利率与期限还本付息的货币资金。贷款是商业银行最主要的资产业务，又是银行最主要的资金运用。贷款业务是指银行发放贷款相关的各项业务。

2. 消费贷款又称"消费者贷款"，它指对消费者个人贷放用于购买耐用消费品或支付各种费用的贷款。它有覆盖面广、利率黏性、周期敏感性等特点。它一般包括个人汽车贷款、助学贷款、个人消费额度贷款、个人耐用品贷款、个人权利质押贷款五类。

3. 担保贷款指银行要求借款人根据规定担保方式提供贷款担保而发放的贷款。1995年10月1日颁布施行的《中华人民共和国担保法》(以下简称《担保法》)规定的担保方式主要有保证、质押与抵押三种，相应地我国担保贷款也包括保证贷款、质押贷款与抵押贷款三种。2021年1月1日，《民法典》仍沿用了这个分类。

4. 抵押指债务人或者第三人不转移抵押财产的所有权而将该财产作为债权的担保。银行以抵押方式作担保而发放的贷款就是抵押贷款。以抵押担保方式发放贷款时，当借款人不履行债务时银行有权按《担保法》规定以抵押财产折价或以拍卖变卖抵押财产的价款优先受偿。

5. 利润最大化原则主要因为银行是经营货币信用业务的特殊企业，作为企业实现利润最大化始终是其追求的目标。信贷业务是银行传统主营业务，而存贷利差是银行利润的主要来源。

6. 贷款承诺费指银行对已承诺贷给顾客而顾客又没有使用得当的那部分资金收取的费用，即银行已与客户签订贷款意向协议并为此做好资金准备，但客户并没有从银行贷出这笔资金，承诺费就是对这部分已作出承诺但没有贷出的款项所收取的费用。承诺费由于是顾客为取得贷款而支付的费用因而构成了贷款价格的一部分。

7. 补偿余额是指贷款期间银行要求借款人必须在贷款银行账户上保持最低数额的活期存款或低利率定期存款数额。它通常被称为银行同意贷款的条件而写入贷款协议中。它属于贷款组成部分，借款人要为此支付利息而又不能使用这部分贷款，这无形中增加了借款人的贷款成本。因此银行因补偿余额要求而增加的收益应计入贷款价格中，它相当于变相提高了银行实际贷款利率。

8. 综合分析指银行在接到借款人提出的消费贷款申请后，应对借款人进行全面信用分析，对借款申请中所列情况进行深入细致调查了解以作出"贷与不贷"决策。为准确把握贷款风险，在贷款经营中应对不同质量贷款进行分类管理。1998年中国人民银行制定《贷款风险分类指导原则》。此后商业银行开始实行新的贷款五级分类办法，即从贷款偿还的可能性出发将贷款分为五个档次(即正常贷款、关注贷款、次级贷款、可疑贷款与损失贷款)并以此来评估贷款质量以揭示贷款真实价值。上述五类贷款中前两类属于正常或基本正常贷款，而后三类借款人已出现明显还款问题，即属于不良贷款。

9. 审贷分离制度指按横向制衡与纵向制约原则，将信贷业务办理过程中调查、审查、审批及经营管理各环节工作职责进行科学分解，由不同层次与不同部门承担，并规范各相关责任者的行为以实现信贷部门相互制约的制度。它将贷款推销调查信用分析、贷款评估审查发放、贷款监督检查风险监测收回三阶段分别由三个不同岗位来完成，即将信贷管理人员分为贷款调查评估人员、贷款审查人员与贷款检查人员。贷款调查评估人员负责贷前调查评估以承担调查失误及评估失准责任；贷款审查人员负责贷款风险审查以承担审查失误责任；贷款检查人员负责贷款发放后的检查与清收以承担检查失误清收不力责任。

二、简答题

1. 实践中我们发现大多数借款人在违约之前往往会表现出各种各样的不正常现象。若银行信贷管理人员能够密切监测借款人各方面情况变化就能给贷款提供预警信号，以便银行及时采取措施防患于未然。具体而言，银行信贷人员可从企业银行账户、企业报表、企业人事管理、企业与银行关系与企业经营管理等表象分析产生不良贷款的原因。

其一是企业银行账户预警。如企业银行账户经常止付支票或退票、经常出现透支或超过规定限额透支、应付票据展期过多、要求借款用于偿还旧债、要求贷款用于炒作本公司股票或进行投机性活动、银行存款余额持续下降、经常签发空头支票、贷款担保人要求解除担保责任、借款人被其他债权人追讨债务或索取赔偿、借款人不能按期支付利息或要求贷款展期、从其他机构取得贷款特别是抵押贷款等。其二是企业报表预警。如企业财务报表出现应收账款账龄明显延长、现金状况恶化、应收账款与存货激增、成本上升收益减少、销售上升利润减少、销售额下降、违反会计准则(如折旧价计提、存货计提等)、主要财务比率发生异常变化、呆账增加、审计不合格等现象。其三是企业人事管理预警。如企业主要负责人之间不团结、董事会或所有权发生重要变动、公司关键人物健康出现问题且接班人不明确或能力不足、主要决策人投机心理过重、某负责人独断专行限制其他管理人员积极性发挥、无故更换会计师或高层管理人士、对市场供求变化与宏观经济环境变化反应迟钝及应变能力差、用人不当致使各部门之间不能相互协调配合、缺乏长远经营战略且急功近利、借款人婚姻家庭出现危机等。其四是企业与银行关系预警。如企业管理人员对银行态度发生变化如缺乏坦诚的合作态度、在多家银行开户或经常转换往来银行、故意隐瞒与某些银行的往来关系等。其五是企业经营管理预警。如经营管理混乱、环境脏乱差、员工老化、纪律松弛、设备陈旧、维修不善、利用率低、销售旺季后存货仍大量积压、丧失一个或多个主要客户、关系到企业生产能力的某些主要客户的订货变动无常、企业主要投资项目失败、企业市场份额逐步缩小、企业生产规模不适当扩大等。

2. 银行政策一般指商业银行贷款政策。它指商业银行为实现其经营目标而制定的指导贷款业务的各项方针与措施的总称，也是银行为贯彻安全性、流动性、营利性三项原则的具体方针与措施。科学合理的贷款政策文件指银行贷款管理人员进行贷款业务等相关经营活动的指导纲领，这对控制贷款风险及形成优质贷款具有重要意义。银行贷款政策因其经营品种、规模大小与所处市场环境不同而有所不同，但各类型商业银行的基本贷款政策应当是大体相同的，基本都包括贷款业务发展战略、贷款工作规程及权限划分、贷款规模与比率控制、贷款种类及地区、贷款担保、贷款定价、贷款档案管理政策、贷款日常管理与催收制度及不良贷款管理九方面内容。同时，制定贷款政策一般应考虑五要素，即有关法律法规与国家财政货币政策、银行资金状况、银行负债结构、服务地区的经济条件与经济周期及银行信贷人员素质。

总之，商业银行制定贷款政策的目的首先是保证业务经营活动协调一致，贷款政策是指导每一项贷款决策的总原则，理想的贷款政策首先可以支持银行作出正确的贷款决策并对银行经营作出贡献；其次是保证银行贷款质量。正确的信贷政策能够使银行信贷经营保持在理想水平，以避免风险过大，并能够恰当地选择业务机会。

3. 相比消费者贷款，工商贷款在银行贷款结构中占比最高。同时消费者贷款定价因存在个体差异性而贷款基本定价结构较复杂，而工商贷款基本定价结构一致。广义的工商贷款价格构成五要素主要有贷款利率、贷款承诺费、贷款调查评估费、补偿余额与隐含价格。

不是每笔贷款价格都同时包含这五要素，许多期限短、金额小的工商贷款，其价格中只包括其中的两三个要素，但贷款利率是所有工商贷款价格构成的必要要素。因此贷款利率又称狭义贷款价格，我们日常提到的贷款价格指的就是贷款利率。贷款利率指一定时期客户向贷款人支付的贷款利息与贷款本金比率。它是贷款价格主体也是贷款价格的主要内容，贷款利率高低主要是市场竞争的结果。银行贷款利率一般有基准水平，它取决于中央银行货币政策及有关法律规章、资金供求状况与同业竞争状况。如 2019 年 8 月 17 日印发的中国人民银行公告〔2019〕第 15 号指出，改革完善贷款市场报价利率(LPR)形成机制，促进贷款利率进一步市场化以提高利率传导效率及推动降低贷款实际利率水平。

贷款承诺费指银行对已承诺贷给顾客而顾客又没有使用得当的那部分资金收取的费用，即银行已与客户签订贷款意向协议并为此做好资金准备但客户并没有从银行贷出这笔资金，承诺费就是对这部分已作出承诺但没有贷出的款项所收取的费用。承诺费由于是顾客为取得贷款而支付的费用因而构成了贷款价格的一部分。贷款调查评估费指对某些金额大、期限长、复杂程度高的贷款尤其是项目贷款，收取的专门用于贷款可行性调查与分析的费用。它一般是在贷款合同签订前，由银行根据贷款可行性调查与分析的实际需要，向借款人收取并专项用于对贷款项目的可行性调查与评估。大部分数额小且期限短的贷款没有贷款调查评估费。补偿余额是指贷款期间银行要求借款人必须在贷款银行账户上保持最低数额的活期存款或低利率定期存款数额。它通常被称为银行同意贷款的条件而写入贷款协议中，属于贷款组成部分，借款人要为此支付利息而又不能使用这部分贷款，这无形中增加了借款人的贷款成本。因此银行因补偿余额要求而增加的收益应计入贷款价格中，它相当于变相提高了银行实际贷款利率。隐含价格指贷款定价的一些非货币性内容。银行在决定给客户贷款后，为保证客户能偿还贷款通常会在贷款协议中加上一些附加条款。附加条款可以是禁止性的即规定融资限额及各种禁止事项；也可以是义务性的即规定借款人必须遵守的特别条款。附加条款不能直接给银行带来收益，但可防止借款人经营状况发生重大变化给银行利益造成损失，因此它可视为贷款价格的一部分。

4. 信用贷款指银行完全凭借借款人的良好信用而无须提供任何财产抵押或第三者担保而发放的贷款。它以借款人的信用作为还款保证。从广义上讲它仍然是担保贷款，只不过是以借款人本身的信用作为担保。与其他贷款相比，信用贷款有以借款人信用与未来现金流为还款保证、风险大利率高、手续简便三个特点。同时，银行发放信用贷款时应注意对借款人进行信用评估、正确选择贷款对象、合理确定贷款额度与期限、关注贷款发放与监督作用四项操作要点。

三、单选题

1. 【C】解析：个人住房贷款是个人贷款最主要的组成部分，是指向借款人发放的用于购买、建造和大修理各类型住房的贷款。故本题应选 C 选项。

2. 【C】解析：技术改造贷款是指用于现有企业以扩大再生产为主的技术改造项目而发放的贷款。故本题应选 C 选项。

3. 【B】解析：可疑类贷款是指当借款人无法足额偿还贷款本息，即使执行担保，也肯定要造成较大损失的贷款。故本题应选 B 选项。

4. 【D】解析：固定资产贷款，又被称为项目贷款，是为了弥补企业固定资产循环中所出现的资金缺口，用于企业新建、扩建、改造、购置固定资产投资项目的贷款。故本题应选 D 选项。

5. 【A】解析：按客户类型分类，可将贷款分为个人贷款和公司贷款。故本题应选 A 选项。

6. 【C】解析：商业银行贷款审批应遵循审贷分离、分级审批原则。故本题应选 C 选项。

7. 【D】解析：次级贷款是指缺陷已很明显的贷款，即正常经营收入已不足以保证还款，需要通过出售、变卖资产或对外融资，乃至执行抵押担保来还款的贷款。故本题应选 D 选项。

8. 【C】解析：并购贷款是指银行为境内企事业法人在改制、改组过程中，有偿兼并、收购国内其他企事业法人、已建成项目，以及进行资产、债务重组发放的贷款。故本题应选 C 选项。

9. 【A】解析：商业银行资产业务中，最主要的是发放贷款。故本题应选 A 选项。

10. 【C】解析：个人经营贷款是指银行对自然人发放的、用于合法生产、经营的贷款。个人申请经营贷款，一般需要有一个经营实体作为借款基础，经营实体一般包括个体工商户、个人独资企业投资人、合伙企业投资人等。故本题应选 C 选项。

四、多选题

1. 【ABCDE】解析：个人贷款的贷款审批人应对以下内容进行审查：①借款人资格和条件是否具备；②借款用途是否符合银行规定；③申请借款的金额、期限等是否符合有关贷款政策和规定；④借款人提供的材料是否完整、合法、有效；⑤贷前调查人的调查意见、对借款人资信状况的评价分析以及提出的贷款建议是否准确、合理；⑥对报批贷款的主要风险点及其风险防范措施是否合规有效；⑦其他需要审查的事项。故本题应选 A、B、C、D、E 选项。

2. 【ABCDE】解析：个人贷款贷前咨询的主要内容包括：①个人贷款品种介绍；②申请个人贷款应具备的条件；③申请个人贷款需提供的资料；④办理个人贷款的程序；⑤个人贷款合同中的主要条款，如贷款利率、还款方式和还款额等；⑥获取个人贷款申请书、申请表格及有关信息的渠道；⑦个人贷款经办机构的地址及联系电话；⑧其他相关内容。故本题应选 A、B、C、D、E 选项。

3. 【ABCDE】解析：在个人贷款签订合同时，如出现下列行为之一的，均属于违约行为：①借款人未能或拒绝按合同的条款规定，及时足额偿还贷款本息和应支付的其他费用；②借款人和担保人未能履行有关合同所规定的义务，包括借款人未按合同规定的用途使用贷款；③借款人拒绝或阻挠贷款银行监督检查贷款使用情况的；④借款人和担保人在有关合同中的陈述与担保发生重大失实，或提供虚假文件资料，或隐瞒重要事实，已经或可能造成贷款损失的；⑤抵押物受毁损导致其价值明显减少或贬值，以致全部或部分失去了抵押价值，足以危害贷款银行利益，而借款人未按贷款银行要求重新提供抵押、质押或保证的；⑥抵押人、出质人未经贷款银行书面同意擅自变卖、赠与、出租、拆迁、转让、重复抵(质)押或以其他方式处置抵(质)押物的；⑦借款人、担保人在贷款期间的其他违约行为。故本题应选 A、B、C、D、E 选项。

4.【ABCDE】解析：商业银行应按照《贷款风险分类指引》，至少将贷款划分为正常、关注、次级、可疑和损失五类。故本题应选 A、B、C、D、E 选项。

5.【ABCDE】解析：借款人、担保人在贷款期间发生违约事件，贷款银行可采取以下任何一项或全部措施：要求限期纠正违约行为；要求增加所减少的相应价值的抵(质)押物，或更换担保人；停止发放尚未使用的贷款；在原贷款利率基础上加收利息；提前收回部分或全部贷款本息；定期在公开报刊及有关媒体上公布违约人姓名、身份证号码及违约行为；向保证人追偿；依据有关法律及规定处分抵(质)押物；向仲裁机关申请仲裁或向人民法院起诉。故本题应选 A、B、C、D、E 选项。

6.【ABCDE】解析：影响个人贷款定价的因素主要包括资金成本、风险、利率政策、盈利目标、市场竞争、担保、选择性因素等。故本题应选 A、B、C、D、E 选项。

7.【ABDE】解析：在签订合同时，应对借款人、担保人的违约行为作出规定。借款人、担保人必须严格履行合同下的各项条款。如发生下列情况之一，均构成违约行为：①借款人未能或拒绝按合同的条款规定，及时足额偿还贷款本息和应支付的其他费用；②借款人和担保人未能履行有关合同所规定的义务，包括借款人未按合同规定的用途使用贷款；③借款人拒绝或阻挠贷款银行监督检查贷款使用情况的；④借款人和担保人在有关合同中的陈述与担保发生重大失实，或提供虚假文件资料，或隐瞒重要事实，已经或可能造成贷款损失的；⑤抵押物受毁损导致其价值明显减少或贬值，以致全部或部分失去了抵押价值，足以危害贷款银行利益，而借款人未按贷款银行要求重新提供抵押、质押或保证的；⑥抵押人、出质人未经贷款银行书面同意擅自变卖、赠与、出租、拆迁、转让、重复抵(质)押或以其他方式处置抵(质)押物的；⑦借款人、担保人在贷款期间的其他违约行为。故本题应选 A、B、D、E 选项。

8.【AB】解析：贷款的支付方式有委托扣款和柜面还款两种方式。C、D、E 三个选项都是还款方式而不是贷款的支付方式。故本题应选 A、B 选项。

9.【ABCDE】解析：贷款受理人应要求借款申请人以书面形式提出个人贷款申请，并按要求提交能证明其符合贷款条件的相关申请材料。对于有共同申请人的，应同时要求共同申请人提交有关申请材料。个人贷款申请应具备以下条件：第一，借款人为具有完全民事行为能力的中华人民共和国公民或符合国家有关规定的境外自然人；第二，贷款用途明确合法；第三，贷款申请数额、期限和币种合理；第四，借款人具备还款意愿和还款能力；第五，借款人信用状况良好，无重大不良信用记录；第六，贷款人要求的其他条件。故本题应选 A、B、C、D、E 选项。

10.【ABCDE】解析：个人贷款贷前调查包括但不限于以下内容，即材料一致性、借款人基本情况、借款人信用情况、借款人收入情况、担保情况、借款用途。故本题应选 A、B、C、D、E 选项。

第五章

一、名词解释

1. 中央银行存款又称存款准备金，指商业银行存放在中央银行准备金账户上的存款。是金融机构为保证客户提取存款与资金清算需要而准备的资金，它包括法定存款准备金与超额存款准备金。系统风险又称市场风险、不可分散风险。主要是由政治、经济及社会环境等宏观因素造成的，包括政策风险、利率风险、购买力风险和市场风险等。

2. 狭义现金资产指银行库存现金。库存现金又称业务库存现金，是指银行持有以满足日常交易之需的通货。它是非营利性资产因此所需防护保险等费用较高，需严格控制以保持适度规模。

3. 超额准备金率指商业银行在中央银行存款准备金账户中超过法定存款准备金的那部分存款与存款总额的比例，商业银行可自主决定。

4. 存放同业存款指银行在其他银行或非银行金融机构的存款。它便于同业间开展代理业务与结算收付以满足随时支付之需。

5. 在途资金又称托收中现金。指银行间转账过程中的票据金额，但需经银行确认后方可提现使用。它在途时间短并属于资金占用。

6. 总量适度原则指银行现金资产量必须保持适当规模，即在保证流动性需求的前提下银行付出最低机会成本的现金资产数量。规模太小则无法满足客户提取需要增加流动性风险，甚至引发信誉危机，威胁银行经营安全；反之亦然。

7. 经营性租赁又称操作性租赁、作业性租赁或服务性租赁。指出租人向承租人出租设备并提供设备维修保养服务。它属于短期租赁。由于租赁合同可中途解约且回收期长，以致于出租人需不断出租设备才能收回对租赁设备的投资。因此它是一个反复出租的过程。

8. 杠杆租赁又称为平衡租赁或代偿租赁。指出租人资金实力有限而租赁规模较小。它是融资性节税租赁。出租人一般只需提供租赁项目的金额20%～40%便可获得设备所有权，其余60%～80%资金是以设备为抵押向银行或其他金融机构贷款，得到后将设备租给承租人以此收取租金偿还贷款。杠杆租赁是银行常见的融资性租赁方式。

9. 无界开放银行(API Bank)是以API架构驱动的全新银行业务与服务模式，即以开放、共享、高效、直达的API开放平台为承载媒介，将多种能力输出嵌入各个合作伙伴平台与业务流程中，实现以客户为中心或场景为切入点进行产品与服务快速创新，形成跨界金融服务、无界延伸银行服务触点、无限创新服务与产品。

二、简答题

1. 现金资产有狭义与广义之分。狭义现金资产指银行库存现金。库存现金又称业务库存现金，是指银行持有以满足日常交易之需的通货。它是非营利性资产，因此所需防护保险等费用较高，需严格控制以保持适度规模。广义现金资产包括库存现金、中央银行存款、存放同业存款、在途资金。中央银行存款又称存款准备金，指商业银行存放在中央银行准备金账户上的存款。它指金融机构为保证客户提取存款与资金清算需要而准备的资金，包括法定存款准备金与超额存款准备金。其中，超额准备金率指商业银行在中央银行存款准备金账户中超过法定存款准备金的那部分存款与存款总额的比例，商业银行可自主决定。而金融机构按规定向中央银行缴纳的存款准备金占其存款总额的比例就是存款准备金率，它由中央银行规定。存放同业存款指银行在其他银行或非银行金融机构的存款，以便于同业间开展代理业务与结算收付以应对随时支付。在途资金又称托收中现金，指银行间转账过程中的票据金额，但需经银行确认后方可提现使用。它在途时间短并属于资金占用。

2. 商业银行自身证券投资资产组合是其为获利而持有的各种组合证券，主要通过团队科学测算及金融技术运用进行投资组合。其获利将会纳入银行资产负债表。此外，银行通过管理证券交易账户可间接参与证券交易过程,此时银行作为证券市场专家可为客户提供咨询与建议或利用证券交易账户成为国债一级市场主要承销商。甚至于在证券市场作为"造势者"广泛参与证券交易。这些行为产生的资本利得收入属于非利息收入,虽不纳入资产负债表,但可拓宽银行利润增长点。

3. 现金资产是维持银行安全稳定的必要储备,是协调银行安全性与营利性目标的重要工具。现金资产管理任务指在保证银行经营过程流动性需求的前提下,将持有现金资产达到最适度规模以降低机会成本,实现安全性与营利性双目标,并最终服务于银行经营全过程的最优化目标。它包括"总量适度、适时调节、安全保障"三原则。总量适度原则指银行现金资产量必须保持适当规模,即在保证流动性需求的前提下银行付出最低机会成本的现金资产数量。规模太小则无法满足客户提取需要,增加流动性风险,甚至引发信誉危机,威胁银行经营安全;规模太大,则可能增加银行经营成本,并最终影响银行利润。适时调节原则指银行根据现金流量动态变化及时调整资金头寸。当资金流入小于资金流出时存量下降,需要及时筹措资金、补充头寸;反之亦然。安全保障原则指银行必须严格执行业务操作流程、加强安全保卫制度、提高工作人员职业道德与业务素质。银行日常安保活动包括保管、清点、运输等。特别是银行现钞易面临抢劫盗窃、清点包装出错、贪污挪用、自然灾害等损失风险。

4. 浦发银行无界开放银行是服务与技术、开放与生态、能力与场景的有机统一体。以其为例思考 API 与银行相结合是如何改变传统银行经营模式。将从四个方面重构银行业经营模式。一是全新银行触点,即银行不再只存在于网点与电子渠道而是存在于所有合作方门户或 App 中。二是全新服务模式,即用户通过场景化服务获得流畅与个性化使用体验。 三是全新发展理念,即打破银行服务门槛与壁垒并以更简单的方式提供服务。四是全新的生态关系,即银行与合作伙伴和谐共生,共同为用户提供最佳服务。

三、单选题

1. 【D】解析:现金资产管理原则包括适度存量控制原则、适时流量调解原则、安全性原则。故本题应选 D 选项。

2. 【A】解析:各国监管当局和商业银行广泛使用的流动性风险评估方法是流动性比率/指标法,指标包括现金头寸指标额、负债依赖度贷款总额与总资产的比率、易变负债与总资产的比率。故本题应选 A 选项。

3. 【C】解析:传统观念认为贷款是商业银行盈利资产中流动性最差的资产;易变负债与总资产的比率可以衡量商业银行在多大程度上依赖易变负债获得所需资金,当市场发生对商业银行不利的变动时,这部分资金来源容易流失;大额负债依赖度仅适合用来衡量大型特别是跨国商业银行的流动性风险;流动性资产与总资产的比率越高,表明商业银行存储的流动性越高。故本题应选 C 选项。

4. 【C】解析:优先股股息优先于普通股股息支付,且通常可累计。故本题应选 C 选项。

5. 【C】解析:商业银行划分了银行账户与交易账户后,有助于银行加强自身的风险管理;商业银行自营交易的盈亏将由暗变明;交易员基本不可能再利用银行账户,将交易类证券转到投资类证券以隐瞒交易损失;交易人员不能秘密进行"寻利性交易"。故本题应选 C 选项。

6. 【C】解析:同业拆借是指中国人民银行批准进入同业拆借市场的金融机构之间,通过全国统一的同业拆借网络进行的无担保资金融通行为,拆借利率不是由中央银行预先规定的，我国的同业拆借利率是以"上海银行间同业拆放利率"为基础的。同业拆借的特点是期限短、金额大、风险低、手续简便。故本题应选 C 选项。

7.【B】解析：票据贴现是指商业汇票的合法持票人，在商业汇票到期以前为获取票款由持票人或第三人向金融机构贴付一定的利息后，以背书方式所进行票据转让。票据贴现属于银行授信业务。故本题应选 B 选项。

四、多选题

1.【ABCD】解析：货币市场是指以短期金融工具为媒介进行的、期限在一年以内(含一年)的短期资金融通市场，主要包括同业拆借市场、回购市场、票据市场、大额可转让定期存单市场等。故本题应选 A、B、C、D 选项。

2.【AD】解析：资产质量下降属于内部指标/信号；外部评级下降、市场上出现关于该商业银行的负面消息属于外部指标/信号。故本题应选 A、D 选项。

3.【ADE】解析：保持良好的流动性对商业银行的安全、稳健运营产生的积极作用包括降低银行借入资金时所需支付的风险溢价，而不是提高。故本题应选 A、D、E 选项。

4.【ABCD】解析：A、B、C、D 选项都能使商业银行获得合理的资金来源和使用分布结构，从而获得稳定的多样化的现金流量，降低流动性风险。E 选项以同业拆借、发行票据作为资金的主要来源，在不利情况下是会丧失流动性的。故本题应选 A、B、C、D 选项。

5.【BE】解析：个人理财策略在以下情况下应增加股票配置：预期未来经济增长比较快，预期未来温和通货膨胀，预期未来本币升值，预期未来利率水平下降。故本题应选 B、E 选项。

6.【ABCDE】解析：我国商业银行债券投资的对象主要包括国债、地方政府债券、金融债券、中央银行票据、资产支持证券、企业债券和公司债券等。故本题应选 A、B、C、D、E 选项。

7.【BD】解析：债券收益率是指在一定时期内，一定数量的债券投资收益与投资额的比率。由于投资者所投资债券的种类和中途是否转让等因素的不同，收益率概念和计算公式也有所不同。具体包括名义收益率、即期收益率、持有期收益率、到期收益率。故本题应选 B、D 选项。

第六章

一、名词解释

1. 表外业务是与银行表外资产相对应的业务。按巴塞尔委员会的定义，广义表外业务可分为或有债权/债务与金融服务类业务。通常所说的表外业务主要指或有债权/债务，又称狭义表外业务、风险表外业务。而金融服务类业务又称无风险表外业务。

2. 汇票指由出票人签发且委托付款人在见票时或在指定到期日无条件支付确定金额给收款人或持票人的票据。它有三个基本关系人，即出票人、收款人及付款人。根据出票人不同可分为银行汇票与商业汇票。

3. 国际托收结算指债权人为向国外债务人收取款项而向其开出汇票，并委托银行代收的结算方式。托收可分为光票托收与跟单托收两类。国际托收结算比国际汇款更加安全，但收款依靠商业信用且资金负担不平衡、费用略高、手续略多。

4. 代理中国人民银行业务指根据政策法规应由中国人民银行承担,但受限于机构设置与专业优势等原因,由中国人民银行指定或委托商业银行承担的业务,主要包括财政性存款代理、国库代理、发行库代理、金银代理等业务。

5. 代理保险业务指银行接受保险公司委托代其办理保险业务。它可受托代理个人或法人投保各险种的保险事宜,也可作为保险公司代表与保险公司签订代理协议代其承接有关保险业务。它主要包括代理人寿保险业务、代理财产保险业务、代理收取保费、支付保险金业务、代理保险公司资金结算业务。

6. 商业信用证是国际贸易结算的重要方式。它是指进口商请求当地银行开出证书授权出口商所在地另一家银行通知出口商。在符合信用证规定条件下,愿意承兑或付款承购出口商交来的汇票单据。信用证结算业务实际上是进出口双方签订合同后,进口商主动请求进口地银行为自己付款责任作出的书面保证。

7. 互换是交易各方根据预先制定的原则,在一段时间内交换一系列款项的支付活动。该业务往往发生在信用等级不同,筹资成本、收益能力也不同的筹资者之间。它能保持债务债权关系不变,并能较好地限制信用风险。银行可借助互换业务发挥其巨大信息优势与活动能力而获取较多收益,并丰富其风险管理手段,拓宽其业务范围。银行从事的互换交易主要是利率互换与货币互换。

8. 远期利率协议是交易双方以降低收益为代价,通过预先固定远期利率以防范未来利率波动,从而实现稳定负债成本或资产保值的一种金融工具。它可分为普通远期利率协议、对敲远期利率协议、合成外汇远期利率协议与远期利差协议等。它的定价应考虑远期利率、启用费与利差收益三个因素。

9. 信息风险指中间业务给银行会计处理带来诸多困难,因而无法真实反映银行财务状况,使银行管理层与客户不能及时得到准确信息,从而作出不适当投资决策而遭受的损失。

二、简答题

1. 银行中间业务有五个特点。一是不运用或不直接运用银行自有资金而利用银行自身信息与技术优势为客户提供各类金融服务并收取相应手续费。二是接受客户委托而开展业务。它包括委托人、代理行、受益人三个主要当事人。三是银行主要接受客户委托并以中间人身份开展业务,其经营风险主要由委托人承担。四是银行主要通过收取手续费方式稳定获利。五是为适应社会经济生活发展变化与满足客户日益增长的需求,银行中间业务类型层出不穷,规模也会日趋扩大,占银行业务的比重将不断上升。

2. 金融衍生交易类业务指银行为满足客户保值或自身头寸管理等需要而进行的货币与利率远期、掉期、期权等衍生交易业务。按交易目的可分为两类。一是套期保值类衍生产品交易,指银行主动发起,为规避自有资产负债的信用风险、市场风险或流动性风险而进行的衍生产品交易。它需符合套期会计规定并划入银行账户管理。二是非套期保值类衍生产品交易,指除套期保值以外的衍生产品交易。它包括由客户发起银行为满足客户需求而提供的代客交易与银行为对冲前述交易相关风险而进行的交易;银行持续提供市场买卖双边价格并按其报价与其他市场交易者进行交易;银行主动发起并据市场走势判断而运用自有资金以获利为目的而进行的自营交易。它归入交易账户管理。

3. 银行就表外业务建立管理制度,即银行建立信用评估制度、业务风险评估制度与双重审核制度来管理表外业务。①信用评估制度。加强对交易对手的信用调查与信用评估,避免与信用等级较低的交易对手进行交易。在交易谈判中坚持按交易对手信用等级确定交易规模、交割日期与交易价格。部分银行对期限较长的表外业务还要求定期重新协商合同条款以避免风险转嫁。②业务风险评估制度。对表外业务风险建立一整套评估机制与测量方法，在定性分析的基础上进行定量分析以确定每笔业务的风险系数，并按业务风险系数收取佣金。如美国银行对期限短与风险系数较小的备用信用证所收的佣金为担保金额的 25～50 个基本点，而对期限长与风险系数大的备用信用证则收取 125～150 个基本点佣金率，无追索贷款出售，收费率较低只有 15 个基本点。③双重审核制度。表外业务潜在风险大。为防患于未然各国银行吸取巴林银行教训，普遍实行双重审核制度，即前台交易员与后台管理人员各负其责，以便于银行对交易活动进行有效监管。前者要根据市场变化及时调整风险敞口额度，后者则做好跟踪结算、发现问题及时提出建议或向上级部门报告，以便及时采取补救措施。

4. 国际上对表外业务活动监管有完善的报告制度以加强信息披露、强化资信认证并限制市场准入、严格资本管制以避免风险集中三方面措施。一是完善报告制度以加强信息披露。如巴塞尔委员会要求银行建立专门表外业务报表，定期向金融监管机构报告交易的协议总额与交易头寸，以便采取适当补救措施。它还要求银行将交易账簿与贷款账簿分离，建立期权交易报告制度。后者记载套期抵补的受长期市场风险影响的期权头寸；前者记载受短期市场风险影响的期权头寸，短期风险又可分为特殊风险与一般风险，金融监管机构对它们分别实施监管。不少国家还要求银行对表外业务场外交易状况作详细说明。如报告期权交易经营收入。二是强化资信认证以限制市场准入。金融监管当局为规范表外业务及抑制过度投机，规定凡某些表外业务必须达到政府认可的权威资信评级机构给予的某个资信等级。如远期利率协议、互换等交易活动。三是严格资本管制以避免风险集中。巴塞尔委员会对银行从事表外业务提出严格资本要求。它认为将所有表外项目都包括在衡量资本充足的框架中是十分重要的，即通过信用转换系数把各类表外业务折算成表内业务金额，然后根据表外业务涉及交易对手方或资产的性质确定风险权数，再用这些权数将上述对等金额进行加总，并汇总到风险资产总额中，最后按标准资本比率对这些项目分配适宜资本。

三、单选题

1. 【A】解析：题干中的"资金收付业务"属于支付结算业务。支付结算业务是银行的中间业务，主要收入来源是手续费收入。故本题应选 A 选项。

2. 【C】解析：现金支票用来支取现金，转账支票只能用于转账，不能支取现金。普通支票可以用于支取现金，也可以用于转账。划线支票只能转账，不能取现。故本题应选 C 选项。

3. 【C】解析：银行本票是银行签发的承诺在见票时无条件支付确定金额给收款人或者持票人的票据。故本题应选 C 选项。

4. 【B】解析：银行本票提示付款期限为两个月。故本题应选 B 选项。

5. 【A】解析：代理政策性银行业务是指商业银行受政策性银行的委托，对其自主发放的贷款进行代理结算，并对其账户资金进行监管的一种中间业务。故本题应选 A 选项。

6. 【A】解析：托管业务包括资产托管业务和代保管业务。故本题应选 A 选项。

7. 【B】解析：代保管业务是银行利用自身安全设施齐全等有利条件设置保险箱库，为客户代理报关各种贵重物品和单证并收取手续费的业务。近年来，出租保管箱业务发展迅速，已成为代保管业务的主要产品。故本题应选 B 选项。

8.【D】解析：投资理财顾问是指商业银行向客户提供财务分析与规划、投资建议、个人投资产品推介等专业化服务。故本题应选 D 选项。

9.【B】解析：贷记卡是商业银行给予持卡人一定的信用额度，持卡人可在信用额度内先使用、后还款的银行卡。故本题应选 B 选项。

10.【D】解析：借记卡是指银行发行的一种要求先存款后使用的银行卡。借记卡与储户的活期储蓄存款账户相联结，卡内消费、转账、ATM 取款等都直接从存款账户扣划，不具备透支功能，需要先存款后消费，申办不进行资信审查。故本题应选 D 选项。

四、多选题

1.【ABCDE】解析：中间业务具有以下特点：①不运用或不直接运用银行的自有资金；②不承担或不直接承担市场风险；③以接受客户委托为前提，为客户办理业务；④以收取服务费(手续费、管理费等)、赚取价差的方式获得收益；⑤种类多、范围广，产生的收入在商业银行营业收入中所占的比重日益上升。故本题应选 A、B、C、D、E 选项。

2.【AC】解析：商业汇票是由出票人签发的，委托付款人在指定日期无条件支付确定金额给收款人或持票人的票据，出票人一般为企业。商业汇票又可分为商业承兑汇票(由银行以外的付款人承兑)和银行承兑汇票(由银行承兑)两种。支票是出票人签发的。银行本票是银行签发的。银行汇票是由出票银行签发的。故本题应选 A、C 选项。

3.【ABC】解析：目前我国普遍使用的支票有现金支票、转账支票和普通支票三种。选项 D，出票人签发的支票金额超过其付款时在付款人处实有的存款余额的为空头支票；选项 E，在普通支票左上角划两条平行线的是划线支票，划线支票只能转账，不能取现。故本题应选 A、B、C 选项。

4.【ABCE】解析：A、B、C、E 选项说法正确，D 选项错误，银行本票提示付款期限为两个月。故本题应选 A、B、C、E 选项。

5.【ABC】解析：汇款方式主要有电汇、票汇、信汇三种方式。故本题应选 A、B、C 选项。

6.【BCE】解析：代理中央银行业务是指根据政策、法规应由中央银行承担，但由于机构设置、专业优势等方面的原因，由中央银行指定或委托商业银行承担的业务，代理中央银行业务主要包括代理财政性存款、代理国库、代理金银等业务。A、D 两项属于代理政策性银行业务。故本题应选 B、C、E 选项。

7.【ABC】解析：代保管业务包括出租保管箱、露封保管业务和密封保管业务。故本题应选 A、B、C 选项。

8.【ABCDE】解析：目前，国内商业银行资产托管业务品种主要包括证券投资基金托管、保险资产托管、社保基金托管、企业年金基金托管、券商资产管理计划资产托管、信托资产托管、商业银行人民币理财产品托管、QFII(合格境外机构投资者)资产托管、QDII(合格境内机构投资者)资产托管等。故本题应选 A、B、C、D、E 选项。

9.【AE】解析：A 选项错误，我国发卡银行一般给予持卡人 20～56 天的免息期；E 选项错误，准贷记卡的备用金账户余额不足支付时，可在发卡银行规定的信用额度内透支。故本题应选 A、E 选项。

10. 【ABCD】解析：银行卡的功能包括支付结算、汇兑转账、储蓄、循环信贷、个人信用和综合服务。故本题应选 A、B、C、D 选项。

第七章

一、名词解释

1. 存款票券指由国际银行与世界银行所发行的中长期无抵押担保票券。其到期日一般为 9 个月、5 年、20 年等，还可长达 30 年，发行利率为固定利率或浮动利率。

2. 打包放款又称信用证抵押贷款，指银行以出口商收到的进口方银行开立的有效信用证或销售合同为抵押而向出口商提供的一种短期贷款，因该贷款初期主要用于解决受益人包装货物之需而被称为打包放款。

3. 福费廷又称"包买票据"，是银行为国际贸易提供的中长期融资方式。 在延期付款的国际贸易中出口商把经进口商承兑并经由进口地银行担保，期限在半年以上(一般为 5～10 年)的远期汇票，以贴现方式无追索权地出售给出口商所在地银行或其他金融机构，达到提前取得现款的目的。

4. 国际银团贷款也称国际辛迪加贷款，它是由一家或数家牵头，多家银行参与组成的国际性银行集团，共同向某一借款人或项目提供金额较大的中长期贷款。国际银团贷款是国际信贷的重要方式之一。

5. 远期外汇交易指以约定汇率在将来确定日期进行交割的外汇交易。其中，约定汇率称为远期汇率而交割日称为远期日。它的买卖报价采用远期汇率报价方法，是期汇交易合同中规定的双方将来交割时所执行的协议价格。

6. 外汇期货交易指在有形外汇交易市场上由清算所向下属成员清算机构或经纪人以公开竞价方式进行具有标准合同金额与清算日期的远期外汇买卖。外汇期货交易始于 1972 年芝加哥商品交易所国际货币市场，而后其他期货交易所也开始进行外汇期货交易。

7. 货币互换指交易双方相互交换不同币种、相同期限、等值资金债务或资产货币及利息的衍生外汇业务。它主要的功能是提供避险保值服务与降低融资成本。

8. 离岸金融业务指在本国境内发生的外国机构(或个人)之间以外币进行的交易。由于其资金来源于境外，资金运用也在境外，因此俗称 "两头在外"的银行业务。

9. 该类型市场基础是分离型市场，其模式是将境内金融业务与离岸金融业务在分账处理的前提下，居民存款业务与非居民存款业务分开，根据经济发展引资需要，允许一定比例离岸账户资金流入。这种类型主要出现在发展中国家，典型的如雅加达离岸金融市场。

二、简答题

1. 商业银行国际业务源于国际贸易的产生与发展。其中，国际贸易融资是银行的传统国际业务。随着国际贸易与经济全球化的发展，开展国际业务已然成为银行参与国际金融市场提高自身国际竞争力的重要手段。而银行作为现代金融中介核心，积极开展国际业务也成为历史必然。此外，现代金融科技的发展极大地促进了银行跨国经营。它改变了传统金融市场的运作方式，使银行业成为集信息网络技术与金融服务于一体的综合性服务行业。2019 年 9 月 12 日商务部、国家统计局、国家外汇管理局联合发布的《2018 年中国对外直接投资统计公报》披露，中国已成为第二大对外投资国，投资覆盖全球 188 个国家与地区，且投资存量相对集中、投资行业分布广泛、门类齐全、六大行业存量规模超千亿美元等。其中，六大行业覆盖租赁与商务服务、批发零售、金融、信息传输、制造及采矿等。因此，如此庞大的海外投资企业急需中资银行提供与之相配套的国际金融服务，这亦为中资银行国际化发展带来机遇。

2. 福费廷业务与一般贴现业务有四种区别：一是票据无追索权；二是票据多与出口大型设备相联系，包括数张等值汇票(或期票)及票据间隔时间一般为 6 个月；三是票据需要有一流银行作担保；四是贴现手续较复杂，贴现费用负担较高，除按市场利率收取利息外，一般还要收取管理费、承担费、罚款等费用。而它与保付代理业务有四种区别：一是用于大型成套设备交易，即金额较大、付款期限长及多在较大企业间进行；二是票据需进口商所在地银行担保；三是经进出口双方协商确定；四是业务内容单一，即主要用于大型成套设备出口与结算。

3. 外汇期货交易制度包含五方面内涵。一是订单或指令制度。所谓订单或指令指客户决定在外汇期货交易时向期货经纪商下达的买或卖某种外汇期货合约的指示。二是公开叫价制度。外汇期货市场交易指通过公开叫价，表示客户买或卖某种外汇期货合约要求。在激烈竞争的外汇期货市场上通过公开叫价竞争达成买卖外汇期货合约，有利于维护公平、公开与公正竞争原则以保护参与者的利益。三是保证金制度。买卖双方需缴纳保证金，其目的是保障买卖双方权利以作为买卖双方都能履行其权利或义务的保证。外汇期货市场通常会存在信用风险，若市场汇价不利一方则会出现亏损，亏损达到一定程度则亏损方很可能会选择违约。因此，保证金制度可以防止买卖双方违约行为发生，使外汇期货市场能正常有序进行。它是外汇期货市场核心机制。四是逐日盯市制度。外汇期货市场每天进行结算。当市场价格变动不利于投资者，保证金比例降到或低于维持保证金水准时，交易所即要求投资者将保证金追加到交易前水平；当价格变动有利于投资者而出现盈利时，投资者也有权从保证金账上将其获利部分提出。五是现金交割制度。大多数外汇期货交易者并非以实际买卖期货为目的，其目的在于投机。大多数期货合约都在交割日前以反向交易方式冲销掉，即买进再卖出或卖出再买进。据估计仅 5%左右外汇期货合约等到交割日到期时进行实际交割。因此，当合约进行现金结算时就按冲销汇价进行清算以计算头寸损益。

4. 离岸金融市场根据业务范围有"内外一体型""避税港型""内外分离型"与"分离渗漏型"四种主要类型。其一是"内外一体型"。它指境内外金融市场业务融为一体。居民与非居民均可从事各种货币的存贷款业务，银行离岸业务与在岸业务没有严格界限。较为典型的一体式金融市场为伦敦离岸金融市场与中国香港离岸金融市场。内外一体型离岸金融市场模式代表着国际离岸金融市场的发展方向。其二是"避税港型"。该类型市场没有实际离岸资金交易，只是办理其他市场交易记账业务，目的是逃避交易市场所在地税收。其主要位于自身经济规模极小的小型国家或地区，因所处位置政局稳定、税赋低，产生的投资效应、就业效应与国民收入效应很低，该类型市场以加勒比海地区开曼与巴哈马的离岸经济为代表。其三是"内外分离型"。境内金融业务与离岸金融业务分账处理。居民存贷款业务与非居民存贷款业务分开。一方面便于金融管理当局对在岸业务与离岸业务分别加以监管，另一方面可较为有效地阻挡国际金融市场对国内金融市场的冲击。该类型市场以纽约、新加坡和东京的离岸经济为代表。其四是"分离渗透型"。该类型市场的基础是分离型，其模式是将境内金融业务与离岸金融业务在分账处理前提下，居民存款业务与非居民存款业务分开，根据经济发展引资需要，允许一定比例离岸账户资金流入。这种类型主要出现在发展中国家，典型的如雅加达离岸金融市场。

三、单选题

1. 【A】解析：货币市场是指期限在一年以内的金融资产交易市场。故本题应选 A 选项。

2. 【B】解析：离岸金融业务是指在本国境内发生的外国机构(或个人)之间以外币进行的交易。故本题应选 B 选项。

3. 【C】解析：逆差指在对外贸易中，一定时期内(一般是一年)一国的进口额大于出口额。国际收支逆差会导致本国外汇市场上外汇供给减少，需求增加。故本题应选 C 选项。

4. 【C】解析：国际储备的最基本作用为弥补国际收支逆差。故本题应选 C 选项。

5. 【B】解析：外汇采用间接标价法的国家有美国和英国及一些英联邦国家。包括中国在内的世界上绝大多数国家目前都采用直接标价法。在国际外汇市场上，日元、瑞士法郎、加元等均为直接标价法。故本题应选 B 选项。

6. 【B】解析：伦敦外汇市场是建立最早的世界性市场，是久负盛名的国际外汇市场，它历史悠久，交易量大，拥有先进的现代化电子通信网络，是全球最大的外汇市场之一。故本题应选 B 选项。

7. 【C】解析：外汇风险可能具有两种结果，或是获得利润，或是遭受损失。在一个国际企业组织的全部活动中，即在它的经营活动过程、结果、预期经营收益中，都存在着由于外汇汇率变化而引发的外汇风险。在经营活动中的风险为交易风险，在经营活动结果中的风险为会计风险，预期经营收益的风险为经济风险。外汇汇率受众多因素的影响，变幻莫测。故本题应选 C 选项。

8. 【B】解析：这个问题的关键是在于计价货币，贬值与升值也是基于此种货币而言的。如人民币贬值，单位计价货币的购买力增强，对于出口产品而言则是价格降低，因此同等条件下价格低的竞争能力更强，所以是有利于出口的。故本题应选 B 选项。

9. 【A】解析：由于国际收支平衡表采用的是复式记账原则，使平衡表的借方总额必然等于贷方总额，但这只是会计上的平衡，在经济意义上往往是不平衡的。国际收支不平衡是一个规律。在国际收支理论的研究中，按交易发生的动机，可以将国际收支平衡表中所记录的国际经济交易分为自主性交易和补偿性交易。从理论上讲，国际收支不平衡是指自主性交易的不平衡。故本题应选 A 选项。

10. 【A】解析：国际储备运营管理有三个基本原则，即安全、流动、盈利。故本题应选 A 选项。

四、多选题

1. 【ABCD】解析：国际金融中心的形成需具有一定的经济基础，稳定的政治环境，健全的金融制度，并有配套的金融机构。故本题应选 A、B、C、D 选项。

2. 【AC】解析：按照国际金融市场产生的历史可将国际金融市场分为传统的国际金融市场，新型的国际金融市场。故本题应选 A、C 选项。

3. 【ABC】解析：辛迪加贷款又称"银团贷款"，是指由一家或几家银行牵头，若干家商业银行联合向借款人提供资金的贷款形式。20 世纪 60 年代发展成为国际上中、长期筹资的主要途径。借款人只需委托一家银行牵头组织贷款，手续方便；借款成本 (包括利息和各种费用) 相对较低; 贷款金额较大, 可达数十亿美元; 贷款期限长, 从 3 年到 15 年不等, 通常采用分期偿还方式, 大部分采用浮动利率。故本题应选 A、B、C 选项。

4. 【AB】解析:武士债券又称"日元外债", 是外国债券的一种, 是外国发行者在日本国内发行的以日元计值的中长期债券。扬基债券是在美国债券市场上发行的外国债券, 即美国以外的政府、金融机构、工商企业和国际组织在美国国内市场发行的、以美元为计值货币的债券。故本题应选 A、B 选项。

5. 【CD】解析:长期债券和短期债券以时间区分。故本题应选 C、D 选项。

第八章

一、名词解释

1. 商业银行贷款理论强调银行贷款以商业行为为基础并以真实票据为抵押, 该理论也被称为"真实票据理论"。

2. 资产转移理论又称转移理论。它是关于资产流动性理论。该理论认为银行流动性强弱取决于其资产迅速变现能力。因此保持资产流动性的最好方法是持有可转换资产。这类资产需具有信誉好、期限短、流动性强等特点, 以保障银行在需要流动性时资产能迅速转化为现金。

3. 预期收入理论认为银行资产流动性取决于借款人预期收入, 而不是贷款期限长短。借款人预期收入有保障则期限较长, 贷款可安全收回; 借款人预期收入不稳定, 则期限短贷款也会丧失流动性。

4. 超货币供给理论认为只有银行能够利用信贷方式提供货币。随着货币形式多样化非银行金融机构也可供给货币, 银行信贷市场面临竞争压力。因此银行资产应超出单纯提供信贷货币界限而提供多样化服务。

5. 存款理论的主要观点包括五项。其一存款是银行最主要资金来源, 它是资产业务基础。其二存款能否形成是存款人自主决策的结果。其三银行应当支付存款利息以作为存款人出让资金使用权的报酬。其四为保证银行经营的安全性与稳定性, 银行资金运用必须以其吸收存款沉淀余额为限。其五存款可分为初始存款与派生存款两类, 银行利用支票账户创造派生存款具有扩展信用的功能, 但此功能受央行货币政策影响。

6. 购买理论有三种观点。其一银行对存款不是消极被动等待, 而是可以主动出击。其二银行购买资金的资本是为了增强其流动性。其三银行吸收资金的适宜时机是通货膨胀时期。

7. 销售理论基本观点认为银行是金融产品制造企业, 银行负债管理中心的任务就是迎合顾客需要并努力推出金融产品以扩大银行资金来源与增大收益水平。该理论给银行负债管理注入了现代企业营销理念。

8. 结构对称原则指银行资产结构与银行负债结构间必须保持相互对称与统一动态平衡关系, 即银行资产与负债期限应相对应, 避免"短期资金长期运用"或"长期资金短期运用"。

9. 利率敏感性缺口管理法, 指银行在对利率进行预测基础上调整考察期内利率敏感性资产与负债的对比关系, 以规避利率风险或从利率风险中提高利润水平。它是目前最常用的利率风险分析与技术。

二、简答题

1. 银行经营管理的理论经历了一个管理重心由资产转向负债，又由负债转向全面综合管理的变化过程。资产管理理论强调的是使资产保持流动性，在负债一定的前提下，通过调整资产结构来满足流动性要求。而负债管理理论强调的是通过扩大负债获得银行的流动性，银行在经营中就没有必要经常保持大量高流动性资产，而应将它们投入高盈利的贷款或投资中，在必要时，银行扩大贷款规模也可以用借款来支持。资产管理和负债管理均有失偏颇，资产管理过于偏重安全性和流动性，不利于实现营利性目标，负债管理过于偏重资产扩张和追求盈利，将流动性过高地依赖于外部环境，具有较大风险。20 世纪 70 年代后，金融市场利率大幅度上升，波动加剧，银行倒闭现象增加，促使人们重新审视以往的经营管理策略，向资产负债综合管理转变。资产管理理论具体包括商业贷款理论、转换理论和预期收入理论。总体而言，认为商业银行的负债规模与结构是既定的因素，资产规模与结构只能被动地适应负债的规模与结构，银行是在承认现有负债水平和结构的前提下，通过资产安排和调整来解决营利性、流动性和安全性问题。

2. 利率敏感性缺口(ISG)是指在一定时期(如距付息日 1 个月或 3 个月)以内将要到期或重新确定利率的资产和负债之间的差额，如果资产大于负债，为正缺口，反之，如果资产小于负债，则为负缺口。当市场利率处于上升通道时，正缺口对商业银行有正面影响，因为资产收益的增长要快于资金成本的增长。若利率处于下降通道，则又为负面影响，负缺口的情况正好相反。通过改变利率敏感性缺口可以改变利率风险，但是这种方法在实际中是如何加以运用的呢？一般来说，银行总的生息资产规模短期内不变，当期资产的净收益率 i(扣除各项成本因素)也可以确定下来，设在将来一段时期存在着利率变化的可能 Δr，则为将净收入的变化控制在一定的范围内银行必须首先确定好利率敏感性缺口的大小。

3. 答题要点：①资产管理阶段。管理重心：资金来源是不可控制的外生变量，银行应主要通过资产方面项目的调整和组合来实现"三性"目标。所处环境：商业银行是主要的金融机构，其负债来源较为固定，业务范围狭窄，国际国内金融市场不够发达。这种理论又包括商业性贷款理论、资产转换理论、预期收入理论三种。②负债管理阶段。管理重心：资金来源出现了紧张的局面，银行应管理好存款和主动购买资金来实现"三性" 目标。所处环境：通货膨胀率高；其他金融机构和非金融机构参与竞争；商业银行面临较强的贷款需求。这种理论又包括负债理论和资金购买理论。③资产负债管理阶段。管理重心：资产负债协调管理，避免了资产管理和负债管理的片面性。通过对资产结构和负债结构的合理调整，可以实现资金来源与资金运用的"三性"动态平衡。所处环境：利率管制放松，利率变动频繁，经济一体化、金融自由化和金融全球化。

4. 存在问题：①持有流动性资产的机会成本太大。货币资金、贷款、证券和固定资产是银行资产的重要组成部分，其中固定资产变动较小，因此资产管理主要是指对货币资金、贷款和证券三种流动性资产的管理，其关键是对三种资产的持有量进行合理配置。商业银行的资产主要是货币资金和证券投资，货币资金虽然具有很强的流动性，但过多的货币资金保有量不能给企业创造利润，还要为其保管、运输浪费大量的资源，这无疑增加了商业银行持有流动性资产的机会成本。②贷款结构不合理。在我国特定的经济体制下，商业银行的贷款大都是企业贷款。一方面，商业银行将大量资金投向了经营比较稳定的国有企业，但是国企低效的管理体制有可能使贷款成为不良资产，给银行带来巨大损失。另一方面，商业银行对国内中、小企业的贷款比重较小，不符合资产分散化原理，给资产保有带来了极大的风险。③负债结构单一。商业银行的负债较大部分来源于存款，而存款属于被动型负债。一般情况下，这是一种稳定的资金来源，但存款也有不稳定的一面，容易受外部环境的影响，若因某种原因而造成存款外流，将给商业银行的流动性带来极大的风险。另外，存款可分为活期和定期两种，活期存款支取频繁，同时由于我国对定期存款提前支取限制条件较宽松，定期也不能算是真正的"定期"，这些都加大了银行的流动性资金需求。基于此，负债结构单一给商业银行的经营稳定性带来了极大的影响。

解决对策：①调整资产结构减少货币资金的持有量，降低流动性资产的机会成本。货币资金具有很强的流动性，但并不能给银行带来收益，且会增加流动性资产的机会成本。所以商业银行应减少货币资金的持有量，将多余的货币资金用于证券投资，以丰富资产的结构，提高资产的收益，降低流动性资产的机会成本。②改善负债结构。在现阶段商业银行的负债结构中，存款依然占非常大的比重。存款占负债的比重过高，会降低商业银行的收益，也极容易增加商业银行的流动性风险。所以，商业银行的资产负债管理中，必须加强负债的管理，优化负债结构。a.增加金融市场融资。增加金融市场融资是指加大借入负债的比重，由于借入负债具有很大的灵活性和稳定性，从而可提高商业银行在流动性管理中的主动性，以便随时根据商业银行自身的需要来选择适当的负债产品，方便对资金的运用做出前瞻性决策。b.扩大服务领域，加强结算管理。市场经济是不断发展变化的，为了跟上时代的步伐，商业银行应该扩大自身的服务领域，加强结算管理，扩大结算范围。对于个体经济和联营经济，要变单一的存贷款为存贷和结算相结合的全方位服务，这就要求增加结算方式，大力推广信用卡、支票卡、自动存取款机和记账卡等方式，增加对结算资金的合理占用，通过负债业务多样化改善负债结构。c.提高资产的利用效率。商业银行作为一个营利性机构，必须提高资产的利用效率，以增加银行的收益。结构上的不合理必将导致资金的浪费，造成资产利用的低效率。所以商业银行可以适量减少货币资金的持有量，增加债券的比重，以提高银行收益率。

三、单选题

1.【A】解析：对于商业银行来说，传统资产负债管理的对象就是银行的资产负债表。故本题应选 A 选项。

2.【C】解析：净利息收入与生息资产平均余额之比为净利息收益率。故本题应选 C 选项。

3.【D】解析：资产负债管理长期目标可以概括为从银行整体战略出发，建立符合现代商业银行要求的资产负债管理体系，强化资本约束，提高风险控制水平，加强业务经营引导和调控能力，实现经济资本回报率最大化，进而持续提升股东价值回报。故本题应选 D 选项。

4.【A】解析：在短期内，银行现金流量的可预测性较强，风险相对可控，获取现金流量的时间对价值影响也不大，因此影响银行价值的主要变量是净现金流量。故本题应选 A 选项。

5.【D】解析：随着人民币汇率市场化形成机制的逐步完善，人民币汇率双向浮动区间将进一步扩大，汇率风险管理面临的挑战也日益加大。故本题应选 D 选项。

6.【D】解析：缺口管理法又称为利率敏感性缺口管理法，具体是指根据未来利率变动趋势和收益率曲线形状的预期，改变资产和负债的缺口。当预期利率上升，增加缺口，这里的缺口是指浮动利率资产和负债之间的差额。故本题应选 D 选项。

7.【B】解析：资金中心是指虚拟的资金计价中心，而非实体资金交易部门。故本题应选 B 选项。

8.【C】解析：收益率曲线主要具有五方面的用途：①用于设定所有债务市场工具的收益率；②用于远期收益率水平的指标；③用于计算和比较各种期限安排的收益；④用于计算相似期限不同债券的相对价值；⑤用于利率衍生工具的定价。故本题应选 C 选项。

9.【B】解析：风险免疫管理策略的核心思想是通过资产久期和负债久期的匹配，实现利率风险和再投资的相互抵销，进而锁定整体收益率。故本题应选 B 选项。

10.【B】解析：银行资产负债期限结构管理中的理想境界：当久期缺口为正，银行净值价值随利率上升而下降，随利率下降而上升；当久期缺口为负，银行净值价值随市场利率变化而同方向发生变化。当缺口为零时，银行净值的市场价值不受利率风险的影响。故本题应选 B 选项。

四、多选题

1.【AB】解析：负债的减少计入借方，所有者权益的增加计入贷方，资产的增加计入借方。故本题应选 A、B 选项。

2.【ABE】解析：资产负债匹配管理立足于资产负债管理，以流动性目标、资本充足率和资产负债相关项目的关联关系等为约束条件，进行资产负债匹配管理，持续优化资产负债组合配置的成本收益结构和期限结构。故本题应选 A、B、E 选项。

3.【ACDE】解析：资产负债管理体现了商业银行经营管理的最基本原则，即以安全性、流动性为基本前提，通过营利性实现银行价值最大化。故本题应选 A、C、D、E 选项。

4.【ABCDE】解析：资产负债管理的构成内容包括资本管理、资产负债组合管理、资产负债计划管理、定价管理、银行账户利率风险管理、资金管理、流动性风险管理、投融资业务管理、汇率风险管理。故本题应选 A、B、C、D、E 选项。

5.【ACE】解析：商业银行资产负债管理的对象和内涵也不断扩充，呈现出"表内外、本外币、集团化"的趋势。故本题应选 A、C、E 选项。

6.【ABDE】解析：商业银行结构指标的衡量指标包括资产结构、收入结构、负债结构、贷款结构和客户结构。故本题应选 A、B、D、E 选项。

7.【AC】解析：经济资本又称为风险资本，是指在一定的置信度和期限下，为了覆盖和抵御银行超出预期的经济损失(即非预期损失)所需要持有的资本数额，是银行抵补风险所要求拥有的资本，并不必然等同于银行所持有的账面资本，可能大于账面资本，也可能小于账面资本。A 选项正确，D、E 两项错误。经济资本是一种取决于商业银行实际风险水平的资本，商业银行的整体风险水平高，要求的经济资本较多，反之要求的经济资本较少。因此，经济资本的大小与商业银行的整体风险水平成正比，B 选项错误。经济资本被广泛应用于商业银行的下列领域：①绩效管理；②资源配置；③风险控制。C 选项正确。故本题应选 A、C 选项。

8.【ABDE】解析：为了确保实现管理目标，资产负债管理通常需要遵循以下四个原则：

①战略导向原则；②资本约束原则；③综合平衡原则；④价值回报原则。故本题应选 A、B、D、E 选项。

9. 【BD】解析：内部资金转移定价的作用主要表现在公平绩效考核和剥离利率风险两方面。故本题应选 B、D 选项。

10. 【ABCDE】解析：优化资产负债组合结构至少应包括：①优化资产负债品种、区域结构；②优化资产负债的期限结构、利率结构；③优化资产负债表内外结构。故本题应选 A、B、C、D、E 选项。

第九章

一、名词解释

1. 流动性风险指银行无法以合理成本及时获得充足资金用于偿付到期债务、履行其他支付义务与满足正常业务开展的其他资金需求风险。主要包括市场流动性风险与融资流动性风险两类。

2. 利率风险指因利率波动导致银行资产负债组合净利息收入或长期市场价值受削弱的风险。市场利率不确定性则影响银行盈利或内在价值预测值不准确性。

3. 内部控制指银行内部按规定经营目标与工作程序，对各个部门、人员与业务活动进行组织、协调与相互制约，以减少与控制潜在风险，确保银行完成任务并实现预期目标的管理制度。

4. 信贷风险指债务人或交易对手未能履行合同规定义务或信用质量发生变化，影响金融产品价值，从而给债权人或金融产品持有人造成经济损失的风险。它很大程度上由个案因素造成，观察数据少、不易获取且具有明显非系统性风险特征。大多数银行贷款是最主要的信用风险来源。

5. 风险预测指通过对潜在各种风险进行系统归类与全面分析，以对特定风险发生的可能性或造成损失的范围与程度进行预测。风险预测作为风险管理的重要环节，不仅是银行整个风险管理中最重要与最难处理部分，而且还是风险控制的前提条件。风险预测主要包括调查分析、风险识别与风险预测三部分。

6. 定性分析又称判断预测法。它是熟悉业务、拥有理论储备、具有综合判断能力的专业人员通过已掌握的银行相关资料、情况或自身经验教训，对银行可能面临风险进行预测的方法。定性分析是定量分析的补充，常用的定性分析方法有专家意见法、德尔菲法、主观概率法、交叉影响法、领先指标法等。

7. 国别风险指由某国或地区经济、政治、社会变化或突发事件导致该国或地区借款人或债务人没有能力或拒绝偿付银行债务，或银行在该国或该地区商业存在遭受损失的风险。同时，它可由一国或地区经济状况恶化，政治、社会动荡，资产被国有化或被征用，政府拒付对外债务，外汇管制，货币贬值等引发。

8. 信贷资产证券化指将缺乏流动性但能产生可预期未来现金流的资产(如银行贷款、企业应收账款等)，通过结构安排对资产风险与收益要素进行分离、重新组合、打包进而转换成金融市场上可出售并流通的证券。

9. 定量分析指利用历史数据资料通过数学推演来估计银行未来风险的方法。建立数学模型是定量分析的关键，常见的方法有时间序列预测法、马尔科夫链预测法、累计频率预测法、弹性分析法等。

二、简答题

1. 流动性风险控制在资产管理方面要管控资产到期日与资产组合等。而在负债管理方面要确保负债来源分散化与保持"市场接触"等。资产到期日管理指银行需控制资产到期日结构，尤其控制与负债期限错配程度。它经常被用来应对中长期结构性流动性风险。短期资产流动性强但收益低。银行需平衡流动性与收益性以风险容忍度等方式公布符合银行特性风险取向并在内部达成共识。银行通常会制定特定比例来管理资产到期日，如中长期贷款比例。银行资产负债结构也隐含着期日管理。而资产组合管理指银行应对潜在流动性危机，需建立多层次流动性储备为其缓冲，且需资产方配置流动性组合，以应对潜在危机带来的现金流出。如 2018 年 7 月 1 日我国施行《商业银行流动性风险管理办法》对商业银行流动性风险实施"分层"监管。

2. 商业银行稽核范围包括银行所有业务与管理活动，它主要有四方面。一是资产负债表稽核，稽核内容包括资产负债预计与实际规模、资产负债结构与变化趋向、资产质量与安全性、负债流动性与稳健性、证券交易价格与持有证券资产结构、利率与利差、资金流向等。二是会计与财务稽核。其中，会计稽核包括会计过程、结算户资格、结算方式与结算纪律、往来账户与清算、业务差错情况、出纳发行制度、现金收付与运送、库房管理、货币发行与回笼、出纳长短款等。而财务稽核内容包括财务预算与执行、各项收入支出、盈亏处理等。其三是金融服务稽核。稽核内容包括咨询、信托、租赁等银行业务规章与手续、收费标准与执行情况、服务质量与设备等。其四是横向联系稽核。稽核内容包括银行与客户及同业银行的关系与协作、是否有重大经济纠纷、业务以外经济关系等。

3. 信用风险控制包括限额管理及关键流程与环节控制。其中，限额管理对控制银行业务活动风险至关重要。银行信贷业务层面授信限额是银行管理层面资本限额的具体落实。限额管理体现的是商业银行董事会对损失的容忍程度，反映商业银行在信用风险管理的政策要求、风险资本抵御与消化损失能力。商业银行对客户、行业、区域和资产组合的授信限额管理，可以有效地分散信用风险，降低信贷集中度。

4. 商业银行内部控制实施有四原则。其中，全面原则指内部控制应当渗透银行各项业务过程与各操作环节并覆盖所有部门与岗位。它由全体人员参与，任何决策或操作均应当有案可查。审慎原则指内部控制应以防范风险与审慎经营为出发点，银行经营管理，尤其是设立新的机构或开办新的业务，均应当体现"内控优先"的要求。有效原则指内部控制应具有高度权威性，任何人不得拥有不受内部控制约束的权力，内部控制存在问题应能及时反馈与纠正。独立原则是指内部控制监督、评价部门独立于内部控制建设与执行部门及有直接向董事会、监事会与高级管理层报告的渠道。

三、单选题

1.【C】解析：风险计量是在风险识别的基础上，对风险发生的可能性、后果及严重程度进行充分分析和评估，从而确定风险水平的过程。故本题应选 C 选项。

2.【D】解析：流动性风险的含义。故本题应选 D 选项。

3.【A】解析：流动性风险是一类比较特别的风险，当银行发生流动性危机事件时，即使银行具有较为充足的资本，仍然有可能因为流动性问题而破产。在解决流动性问题时，更需要的是现金流入，而银行获取资金的能力取决于银行总体的资产负债情况、银行在市场中的头寸和市场环境。因此，从银行业目前的普遍做法来看，较少对流动性风险计提资本要求，而更多的是要求银行具备完善的流动性管理体系和措施。故本题应选 A 选项。

4. 【D】解析：市场风险可以分为利率风险、汇率风险、股票价格风险和商品价格风险。故本题应选 D 选项。

5. 【B】解析：商业银行内部控制的目标包括四个方面：①确保国家有关法律法规及规章的贯彻执行；②确保商业银行发展战略和经营目标的实现；③确保商业银行风险管理的有效性；④确保商业银行业务记录、会计信息、财务信息和其他管理信息的真实、准确、完整和及时。故本题应选 B 选项。

6. 【A】解析：由风险分散的含义可知，风险分散是指通过多样化投资分散并降低风险的策略性选择，即"不要将所有鸡蛋放在一个篮子里"。故本题应选 A 选项。

7. 【B】解析：制衡性原则指商业银行内部控制应当在治理结构、机构设置及权责分配、业务流程等方面建立相互制约、相互监督的机制。故本题应选 B 选项。

8. 【C】解析：政治风险指债务人因所在国发生政治冲突、政权更替、战争等情形，或者债务人资产被国有化或被征用等情形而承受的风险。故本题应选 C 选项。

9. 【D】解析：财务控制部门是有效风险管理的最前端。故本题应选 D 选项。

10. 【A】解析：本题考查利率风险的定义。利率风险是指市场利率变动的不确定性给商业银行造成损失的可能性。故本题应选 A 选项。

四、多选题

1. 【ABCE】解析：商业银行风险管理的主要策略包括风险分散、风险对冲、风险转移、风险规避和风险补偿五种策略。故本题应选 A、B、C、E 选项。

2. 【ABDE】解析：风险管理能够为商业银行风险定价提供依据，并有效管理金融资产和业务组合，所以 C 项不正确。故本题应选 A、C、D、E 选项。

3. 【ACDE】解析：商业银行内部控制的目标包括四个方面：①确保国家有关法律法规及规章的贯彻执行；②确保商业银行发展战略和经营目标的全面实施和充分实现；③确保风险管理体系的有效性；④确保业务记录、财务信息和其他管理信息的及时、真实和完整。故本题应选 A、C、D、E 选项。

4. 【ABE】解析：汇率风险是指由于汇率的不利变动，导致银行业务发生损失的风险。根据产生的原因，汇率风险可以分为两类：①外汇交易风险，主要来自两个方面：一是为客户提供外汇交易服务时未能立即进行对冲的外汇敞口头寸；二是银行对外币走势有某种预期而持有的外汇敞口头寸。②外汇结构性风险，是因为银行结构性资产与负债之间币种的不匹配而产生的。黄金被纳入汇率风险考虑，其原因在于，黄金曾长时间在国际结算体系中发挥国际货币职能。故本题应选 A、B、E 选项。

5. 【CDE】解析：信用风险又称为违约风险，是指债务人或交易对手未能履行合同所规定的义务或信用质量发生变化，从而给银行带来损失的可能性。对大多数银行来说，贷款是最大、最明显的信用风险来源。信用风险既存在于传统的贷款、债券投资等表内业务中，也存在于信用担保、贷款承诺等表外业务中，还存在于场外衍生品交易中。从发展趋势来看，银行正越来越多地面临着除贷款之外的其他银行业务中所包含的信用风险，包括承兑、同业交易、贸易融资、外汇交易、金融衍生业务、承诺和担保以及交易的结算等。因此，信用风险是银行最为复杂的风险种类，也是银行面临的最主要的风险。故本题应选 C、D、E 选项。

6.【ACDE】解析：流动性风险的产生除去因银行流动性计划不完善外，信用、市场、操作、声誉等风险的管理缺陷也会引起银行流动性不足，甚至引发风险扩散。故本题应选 A、C、D、E 选项。

7.【ABCDE】解析：商业银行作为具有经营风险的特殊机构，为了有效识别、计量、监测和控制风险，必须对其所面临的各种风险进行正确分类。根据商业银行的业务特征及诱发风险的原因，通常将商业银行面临的风险划分为八类，分别为信用风险、市场风险、操作风险、流动性风险、国别风险、声誉风险、法律风险及战略风险。故本题应选 A、B、C、D、E 选项。

8.【ABCDE】解析：一般来说，商业银行的客户主要包括以下类型：①主权国家或经济实体区域及其中央银行、公共部门实体，以及多边开发银行、国际清算银行和国际货币基金组织等；②银行类金融机构和非银行类金融机构；③公司(包括中小企业)、合伙制企业、独资企业及其他非自然人；④自然人/零售客户(包括小微企业)。故本题应选 A、B、C、D、E 选项。

9.【ABCDE】解析："违规"是操作风险；"信用分数"是信用风险；"房地产市场"是市场风险；"资金吃紧"是流动性风险；"形象"是声誉风险。故本题应选 A、B、C、D、E 选项。

10.【ABCDE】解析：这五个环节环环相扣，是密不可分的有机整体。故本题应选 A、B、C、D、E 选项。

参考文献

[1] 庄毓敏. 商业银行业务与经营[M]. 5 版. 北京：中国人民大学出版社，2008.

[2] 彼得·S. 罗斯，西尔维娅·C. 赫金斯. 商业银行管理[M]. 北京：机械工业出版社，2013.

[3] 大卫·H. 弗里德曼. 存款经营[M]. 北京：中国计划出版社，2001.

[4] 乔治·E. 鲁斯. 贷款管理[M]. 北京：中国计划出版社，2001.

[5] 约瑟夫·F. 辛基. 商业银行财务管理[M]. 北京：中国金融出版社，2002.

[6] 约翰·C. 赫尔. 风险管理与金融机构[M]. 北京：机械工业出版社，2013.

[7] 约翰·C. 赫尔. 期权、期货及其他衍生品[M]. 北京：机械工业出版社，2011.

[8] 斯蒂芬·A. 罗斯. 公司理财[M]. 北京：机械工业出版社，2011.

[9] 弗雷德里克·S. 米什金. 货币金融学[M]. 11 版. 北京：中国人民大学出版社，2016.

[10] 弗兰克·J. 法博齐. 金融市场与金融机构基础[M]. 北京：机械工业出版社，2011.

[11] 兹维·博迪. 金融学[M]. 2 版. 北京：中国人民大学出版社，2013.

[12] 彭建刚. 商业银行管理学[M]. 4 版. 北京：中国金融出版社，2014.

[13] 戴国强. 商业银行经营学[M]. 4 版. 北京：高等教育出版社，2016.

[14] 赫伯特·B. 梅奥. 金融学基础：金融机构、投资和管理导论[M]. 12 版. 北京：清华大学出版社，2019.

[15] 王晓光. 货币银行学[M]. 5 版. 北京：清华大学出版社，2019.

[16] 威廉·N. 戈兹曼. 千年金融史[M]. 北京：中信出版集团，2017.

[17] 中国人民银行. 中国金融年鉴，各年. http://www.pbc.gov.cn/.

[18] 中国人民银行. 中国支付体系发展报告，各年. http://www.pbc.gov.cn/.

[19] 金科创新社. 浦发银行万化：API Bank——打造数字生态银行的必经之路[EB/OL].
http://www. fintechinchina. com/plat/newsview. aspx?id=1169，2019 年 4 月 8 日.

[20] 赵钰莹. 对话微众银行：联邦学习技术在金融领域的实践方法及落地建议[J/OL].
https://www. infoq. cn/article/S72hXOUgAjtFrADTFIzu，2020 年 3 月 10 日.

[21] 顾鹏. 什么是知识图谱？[EB/OL]. https://zhuanlan. zhihu. com/p/71128505，2019-06-27.

[22] 兴业数金官网. http://www. cibfintech. com/，2020 年 9 月 3 日.

[23] 云阔科技官网. https://www. encoo. com/?utm_campaign=sem&utm_source=360
sem&utm_content=360sem&utm_term=CP，2020 年 9 月 3 日.